立金银行培训中心银行客户经理、产品经理资格考试丛书

商业银行客户经理
对公信贷业务技能培训

（第二版）

立金银行培训中心　著

中国金融出版社

责任编辑：贾　真
责任校对：刘　明
责任印制：陈晓川

图书在版编目（CIP）数据

商业银行客户经理对公信贷业务技能培训/立金银行培训中心著 . —2 版 .
—北京：中国金融出版社，2020. 5
ISBN 978 - 7 - 5220 - 0502 - 7

Ⅰ.①商…　Ⅱ.①立…　Ⅲ.①商业银行—信贷业务—中国—业务培训—教材　Ⅳ.①F832.4

中国版本图书馆 CIP 数据核字（2020）第 032098 号

商业银行客户经理对公信贷业务技能培训（第二版）
SHANGYE YINHANG KEHU JINGLI DUIGONG XINDAI YEWU JINENG PEIXUN
（DI-ER BAN）

出版
发行　**中国金融出版社**

社址　北京市丰台区益泽路 2 号
市场开发部　（010）66024766，63805472，63439533（传真）
网 上 书 店　www. cfph. cn
　　　　　　　（010）66024766，63372837（传真）
读者服务部　（010）66070833，62568380
邮编　100071
经销　新华书店
印刷　保利达印务有限公司
尺寸　169 毫米 ×239 毫米
印张　20. 5
字数　334 千
版次　2020 年 5 月第 1 版
印次　2025 年 2 月第 4 次印刷
定价　56. 00 元
ISBN 978 - 7 - 5220 - 0502 - 7
如出现印装错误本社负责调换　联系电话（010）63263947

再版说明

　　承蒙读者厚爱，立金银行培训中心一直没有间断对银行信贷方面图书的编写及出版。最近几年，我国连续出台关于信贷方面的监管政策，特别是2019年11月最高人民法院发布的《全国法院民商事审判工作会议纪要》（又称九民纪要）也在规范信贷业务操作。商业银行自身在不断地进行各类金融产品创新，为了跟上形势，为了给客户经理提供更好、更有针对性的辅导，我们将《商业银行客户经理对公信贷业务技能培训》一书进行了修订再版。

　　本书第二版修订部分内容如下：

　　一是对部分过时的信贷模式内容进行删除，如删除质纸票据查询、报价、土地储备机构贷款等内容。

　　二是根据监管政策、法律规定对部分产品进行更新。因监管政策层出不穷，要求越来越高，我们根据最新监管政策及法律法规，对部分信贷产品的相应风控要求作了更新，以符合新监管的要求。

　　三是案例更新。对部分过时案例进行了更新，尤其是案例使用的数据。

　　由于水平所限，书中难免存在遗漏和错误，恳请广大读者批评指正。

陈立金

第二版前言

如何成为一名绩效优异的银行客户经理

立金银行培训中心一直在各地培训商业银行客户经理，对如何培养客户经理，有自己的心得体会。我们希望给银行客户经理提供以下操作信贷项目的建议。

一、提高项目营销与本行审批政策的吻合度

客户经理在营销开始阶段就应当与审批人员积极沟通，掌握审批人员的偏好和政策底线。坚持在营销阶段就渗透风险考量要素，根据企业实际情况，兼顾风险和收益，合理设计授信方案，提高信贷项目申报效率。

二、做好老项目和老客户深度的营销

与其不断开发新客户、申报新方案，不如多对老客户进行授信挖潜。一般银行客户授信方案设计非常简单，无非就是贷款和银行承兑汇票，没有深度挖潜。所以，我经常建议，对老信贷客户，多从上下游及控制现金流角度来深挖潜。新客户的接触成本、营销成本和审批人员沟通成本都太高。

例如，我们给一个钢厂提供2亿元贷款额度，就可以考虑是否可以转化为2亿元供应链融资额度，要求钢厂推荐上下游客户，我们从对钢厂单一客户提供融资，转成向钢厂上下游客户提供供应链融资，风险没有变化，但是，对银行的收益大幅提升。

三、对信贷客户不断总结，提高授信方案设计水平

对已审批授信项目要进行不断现场跟踪回访，了解授信审批方案执行情况，调研授信方案实际执行情况和授信安全性，充分了解客户的需求，不断提高自己的经验。

做客户经理很像一个老中医，阅人无数后，你会慢慢成熟。做授信方案设计也是这样，需要你培养信贷项目感觉，不断总结提升，积累提高设计授信经验。

四、做好客户新陈代谢

把低质量及特别关注客户坚决压缩退出，随时监测客户经营变化和对银行贡献度，加强到期信贷催收；同时还注重存量客户结构调整，对于经营情况发生变化或存在一定隐患的客户，要及时列入特别关注客户，加强对其经营变化情况的监控，如果有风险信号，要坚决退出。

我们不要舍不得，客户出现新陈代谢是正常现象，需要退出的，要坚决退出。

时代的车轮滚滚向前，要么上车，要么被抛弃 。

陈立金

第一版前言

如何成为一名优秀的银行客户经理

立金银行培训中心一直在各地培训商业银行客户经理，对如何培养客户经理，有自己的心得体会。给每个客户经理一个最真诚的建议，在商业银行做公司业务，信贷资源是决定成败的核心关键，每个银行客户经理必须下大力气学会并精通信贷业务。

一、客户需要的不是银行产品，而是满足商务交易需要的支付工具

我们必须能够透过现象看本质。表面上，客户向银行申请贷款，其实客户需要的不是银行产品，而是一种商务需要的支付工具。

就像一个客户去饭馆，一会儿要包子，一会儿又要饺子。其实很简单，客户只是饿了。我们提供给客户套餐即可，既能满足客户的饥饿之需，又能使银行实现交叉销售，获得银行需要的商业利益。

对于银行客户经理，理解这个道理非常有意义。银行产品对于客户来说是否能解决客户的商务付款需求，是否能够提升企业的经营业绩，而银行提供的融资价格又在客户可以承受的成本控制之内，企业获得的商业利润可以覆盖融资成本，形成正向激励。

客户接受的不是各种名目的产品，而是使用银行产品所产生的效果，必须满足客户的商业经营需要。在产品的营销中我们必须学会，从单纯地等待客户需求，到了解客户需求设计产品、能够向客户有针对性地推荐产品。前者往往事倍功半，后者常常会效果明显。

我们应当能够透过现象看本质，找到企业的核心需要，精准地找到一个对应的银行支付对价的工具，满足企业的商务采购付款和扩大销售的需要。

商业银行客户经理有存在价值的前提是我们的客户需要我们，我们可以帮助客户扩大经营。

二、成为一代精通信贷业务的技术高手

在营销的过程中不断提高自己，通过与企业的沟通，能够精准地确认企业的需求，找到适合的融资产品，我们可以发现许多与企业合作的机会，这离不开丰富的业务经验。

银行客户经理这个职业是一门技术活儿，需要客户经理具备强大的产品组合运用能力，能够灵活使用。

客户经理需要在一次次与客户的沟通中、一次次产品方案的设计中努力地提升自己的业务素养、完善自己的产品理念、锻炼自己的工作意志。尽自己所能去了解客户、开发客户，通过各种产品的设计与结合去满足客户的需求，这也正是银行经理这个职业的魅力和挑战之所在。

客户经理是一个技术活儿，需要你有高超的技术。就像一个高明的厨师，能够庖丁解牛，为客户设计最合适的融资方案，实现银企双赢。

我们在各地培训的时候经常说，这个世界最伟大的职业就是银行客户经理，充满了职业挑战，会给个人带来极为丰厚的收益。这个世界，最有技术含量的职业也是客户经理，需要你精通各类型信贷产品。

感谢这个时代，给了我们无穷的机会，让我们可以展示自己的才华。

陈立金

目　录

一、客户经理必须了解信贷法律

商业银行公司业务经营的核心是信贷业务，法律是商业银行办理信贷业务必须遵守的规则，是控制信贷风险的底线，客户经理必须了解信贷法律基础，这是一个成熟的客户经理的必备条件，包括但不限于：

1. 《民法通则》《公司法》《担保法》《物权法》《商业银行法》《会计法》《票据法》《证券法》《贷款通则》等法律法规。

2. 《商业银行授信工作尽职指引》《银团贷款业务指引》《固定资产贷款管理暂行办法》《流动资金贷款管理暂行办法》《项目融资业务指引》《应收账款质押登记办法》等贷款新规。

3. 《企业财务会计报告条例》《企业会计准则》《企业会计制度》《小企业会计制度》等会计制度。

【点评】

法律并不是保护公平，而是保护规则；没有了规则，借款人将无所顾忌；规则是银行做信贷业务的坚实风险屏障，信贷是银企实现彼此商业利益的工具。没有了法律的制约，没有违约后必须承担的高额成本，我们很难相信企业借款后会守信履约。

二、信贷审批人员必须秉承的工作要求

信贷审批人员是银行风险控制的坚实保障。

信贷审批人员必须了解市场，提高辨别材料真伪的能力。注意好风险点，了解借款人的真实能力，注意交易是否真实。

1. 授信审查审批工作应遵循依法合规、客观公正、平衡风险与收益、分工独立、过程管理和节点管理相结合的原则。

2. 授信调查人员的尽职调查成果是授信审查审批工作的基础和对象。授信调查人员对尽职调查报告及提供的其他资料的真实性、完整性和有效性负责。

3. 审查审批人员针对授信调查人员的尽职调查报告及提供的其他资料，结合授信项目的具体特点，通过综合分析授信的合规性、申请人/保证人行业情况、经营与财务状况、授信用途和还款来源、抵（质）押缓释措施，在充分揭示授信风险的基础上，要提出明确的授信审查审批意见、放款前必须落实的前提条件、授信叙做和授信后管理的相关要求。

4. 审查审批人员应按照审查审批档案管理的有关要求保留完整的工作记录，并对授信项目审查审批资料的完整性、有效性和一致性负责。

【点评】
　　对银行信贷审批而言，审批是一种责任，是为了在控制风险的前提下，更好地提升审批的效率，而绝非权力在客户部门和审批部门之间的分割。千万不要把审批权当成一种可以炫耀的权力。应当战战兢兢、如履薄冰地承担职责。如同关心自己的命运一样谨慎地使用审批权。

　　信贷人员应该是四个方面的专家：财务专家、行业专家、企业家、心理学专家。为什么呢？首先在技术上要求我们的信贷人员明了企业财务，有从根本上分析企业的各种能力，能胜任信贷管理工作。

　　遗憾的是，我们的信贷人员大部分是只知皮毛，难以想象这样的信贷人员能够经营好我们宝贵的资产。信贷人员对行业不了解、不精通就不能辨别我们应该支持谁，不能辨别企业的生产、经营方向是否正确；不懂企业经营管理怎么能洞察企业的细微变化。

　　大风起于青萍之末。因此，信贷人员不精通行业分析，不懂企业经营无异于盲人骑瞎马，夜半临深池；信贷人员还应该是心理学家，商场如战场，一个企业领导人的言行可能就昭示着企业的兴衰和银行信贷资金的安全，深邃的洞察力对银行的信贷管理大有裨益。

三、什么是敞口

（一）敞口定义

理解敞口非常简单，打个比方：银行给你 100 万元授信，你办一笔保证金为 50%、票面金额为 200 万元的银行承兑汇票，那么你就用掉了这 100 万元的银行敞口，这 100 万元的授信也就叫作敞口授信。

敞口额度是企业最需要的资源，是企业发展壮大的资金营养，是经营中的杠杆。

敞口额度是企业实际可用于支付的表内信贷资金或者实际的表外担保额度，银行账面贷款或承兑额度等于敞口额度与保证金额度之和。

一般来说，实际信贷额度大于或等于敞口额度，其差额依保证金比例大小而定。

敞口是银行真正承担的风险，在上面的例子中，银行开出了 200 万元的银行承兑汇票，但是真正承担的风险仅有 100 万元。

以银行承兑汇票为例解释敞口：

银行风险敞口 ＝ 银行承兑汇票票面金额 － 首笔保证金 － 陆续回款

（二）敞口示范

单位：万元

票面金额	保证金金额	敞口金额
1. 银行承兑汇票 100	保证金金额 30	70
2. 银行保函 100	保证金金额 30	70
3. 国内信用证 100	保证金金额 30	70
4. 票据池 100	质押银行承兑汇票 100	0
5. 流动资金贷款 100	存单质押 20	80

【点评】

敞口是对一般风险信贷业务而言，如流动资金贷款、银行承兑汇票、银行保函、银行信用证等。对低风险业务而言，没有敞口的概念，如银行承兑汇票贴现、国内信用证议付等不存在敞口。

四、什么是授信额度

（一）授信额度定义

授信额度是指银行在评估借款人的最大偿债能力的基础上，为企业核定的可以使用信贷的总量。

银行取得相关资料后，依照自然人、企业组织所提供的现有资料来决定是否借贷，以及应该借贷多少金额。

企业有了授信额度，不代表银行一定会提供授信。

1. 如果是较为弱势的借款人，银行要求必须提供抵押和担保，只有落实抵押及担保后，才允许借款人启用授信额度。

2. 如果借款人各种条件都相当优良，银行可以直接提供免担保信用授信，如电信公司、电网公司、万科公司、百度公司等。

客户经理必须具备较强的分析能力，能够准确地分析客户的需求，找准客户的需求点，设计最合理的融资解决方案。

（二）保证金与免保证金

1. 保证金授信额度：需要交存保证金，才可以启用的授信额度，如银行承兑汇票、银行保函等。

2. 免保证金授信额度：不需要交存保证金，就可以启用的授信额度，如流动资金贷款。

【点评】

　　授信额度就是判断企业最大的偿债能力，是对企业经营能力和现金流状况的综合评价的结果，银行相信企业在这个金额范围内有足够的清偿能力，以控制企业的偿债能力风险。所以，只要是银行做信贷业务，首先必须为借款人核定授信额度。

　　担保和抵押的最大价值在于强化借款人的履约意愿，提高其违约成本，让借款人可以深切地评估违约后的惨重代价，不敢违约。

　　敞口额度 = 授信额度 − 保证金金额（或低风险缓释物）

　　我们应当首先判断企业是否有偿债能力，抵押和担保仅是一种控制手段，让企业做事有底线，不会轻易违约，控制企业的道德风险。不是有了抵押和担保我们就一定提供授信，首先企业必须有独立的偿债能力。

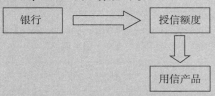

五、信贷审批审查要点

（一）信贷审批审查要点定义

　　信贷审批审查要点是指审查人员对授信业务在资料完整性、产品准入、担保准入等方面是否符合外部法律法规和银行内部管理规定进行审查，包括审查要点的原则、资料审查要点、产品审查要点、担保审查要点、内外部合规性审批文件一览表和审查要点结论。

（二）审查要点的原则

1. 审查人员收到经营单位申报的授信项目材料后，应首先按照资料审查要点、产品审查要点和担保审查要点提示的要求逐项进行审查。

2. 对于未达到内外部审查要点要求的，审查人员应在审查要点"备注"栏中注明并在授信审查报告中充分揭示相关情况。

对于其中暂时未达到但在授信启用前预计能够达到的，审查人员应在授信审查报告"前提条件"一栏中明示，并由终审机构在授信审批批复"前提条件"中明确相关合规性要求，在放款审核环节授信启用时进行审核把关；否则，审查人员视情况可将授信项目提交审议或按规定退回经营单位。

（三）资料审查要点

资料审查要点包括内部资料审查要点、授信申请人/保证人的资料审查要点两部分，需要分别填写相应的资料审查要点。

授信申请人及担保人的有权机构出具的同意向银行申请授信或提供担保的决议、公章和法定代表人的签字样本等资料可在放款审核环节提供。

内部资料审查要点

项　　目	审查要点
授信业务意见	1. 上报授信业务：主办客户经理、协办客户经理、经营单位负责人、相关业务部门签字齐全，意见明确
调查报告	2. 客户名称、行业类型、行业补充分类、股东信息、股权投资情况等客户信息准确、完整
	3. 电子报表与纸质报表类型、口径、分析数据一致
	4. 对客户股权结构、他行授信、授信用途、经营情况、管理能力、财务状况、担保措施以及还款来源分析较全面、客观
	5. 分析客户预警类信息形成的原因及影响，提出有效应对措施
	6. 按规定进行风险分类
	7. 按规定进行风险暴露初分
	8. 按规定进行客户评级和债项评级，按规定进行项目贷款评级、商品融资专业贷款评级等，按规定进行贸易融资、应收账款、中小企业批量授信打分卡等打分

续表

项　　目	审查要点
集团客户授信限额	9. 已按银行相关规定核定了集团客户授信限额，授信限额有效且本笔授信未超出授信限额的剩余额度
授信后检查报告	10. 如为存量叙做授信，审查人员查阅客户经理的各项授信后检查报告
需由其他部门提供的资料	11. 已按银行有关规定取得了其他部门提供的相关资料，如专业意见、操作方案等
	12. 属于名单制管理的范围，已纳入总行公布的相应名单

【点评】

在银行内部，审批是一种责任，绝非权力，更不允许有情绪化的审批。审批往往是一家银行信贷文化、风险价值观的综合反映。

每个银行客户经理都应当熟悉本行的信贷风险偏好，顺着风险偏好寻找客户，设计授信方案，按考试大纲答题。

信贷审批人员必须心思缜密，擅长逻辑推理，能通过细节发现真相。

六、企业法人资料审查要点

（一）企业法人定义

企业法人是指依据《中华人民共和国企业法人登记管理条例》《中华人民共和国公司登记管理条例》等，经各级工商行政管理机关登记注册的企业法人，具有符合国家法律规定的资金数额、企业名称、组织章程、组织机构、住所等法定条件，能够独立承担民事责任，经主管机关核准登记取得法人资格的社会经济组织。

（二）审查要点

项目	审查要点	用途
企业法人营业执照	1. 通过工商部门年检	证明企业为国家批准的合格的借款人（类似我们自然人的身份证、毕业证书等）
	2. 在营业期限内	
	3. 企业客户的分公司申请借款的，由法人提供书面授权	
客户组织机构代码证书	4. 通过年检	
	5. 在证件有效期内	
客户法定代表人	6. 提供法定代表人证明、法定代表人身份证复印件	
公司章程	7. 经营范围与营业执照经营范围一致	
	8. 借款及担保行为符合公司章程规定	
客户成立文件	9. 从事特殊行业的客户经国家有权机构审批文件	
客户验资报告	10. 首期出资比例符合公司法等法律法规规定	
	11. 股东按照出资计划、出资形式履行出资义务	
	12. 以实物、无形资产或土地使用权出资的，需提供资产评估报告	
	13. 全体股东的货币出资金额不得低于有限责任公司注册资本的30%	
客户财务报表	14. 提供近三年经财政部门核准或会计师事务所、审计师事务所审计的财务报告	证明企业具备还款能力的判断文件（类似我们自然人的工资卡）
	15. 提供三个月以内最近一期财务报表	
	16. 提供详细的会计报表附注	
	17. 集团客户提供合并及本部报表	
客户	18. 通过年审、在有效期内	判断企业诚信记录
	19. 打印信息资料	

注：凡是以×××公司名字存在的借款人都称为企业法人，如中国移动通信有限公司、北京首创置业有限公司。

【示例】 营业执照

"三证合一、一照一码"

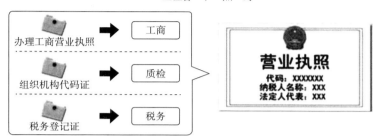

注：所谓"三证合一"，就是将企业依次申请的工商营业执照、组织机构代码证和税务登记证三证合为一证，提高市场准入效率；"一照一码"则是在此基础上更进一步，通过"一口受理、并联审批、信息共享、结果互认"，实现由一个部门核发加载统一社会信用代码的营业执照。

七、事业法人资料审查要点

（一）事业法人定义

事业法人是指以谋求社会公共利益为目的，从事国家管理和物质生产以外的社会活动的法人，如从事文化、教育、科研、卫生、体育、新闻、出版等事业的单位。

在中国，事业法人的独立经费，主要由国家预算拨给，也可以通过集资入股或由集体出资等方式取得。事业法人不以营利为目的，但可依法从事某些辅助性商品的生产和经营活动，如在校学生缴纳的学费、博物馆的门票收入、医院病人支付的医疗费等。根据国家有关法律和政策规定，事业单位所取得的收入可以作为预算的资金留作自用。依照法律或行政命令成立的事业单位，具备法人条件的，依法不需要办理法人登记，自成立之日起，即具有法人资格；由公民或法人自愿组建的事业单位，需经有关主管部门核准，并办理法人登记，方可取得法人资格。

（二）审查要点

项　　目	审查要点	用途
事业单位法人证书	1. 通过主管部门年检	证明事业法人为国家批准的合格的借款人（类似我们自然人的身份证、毕业证书等）
	2. 在有效期限内	
客户组织机构代码证书	3. 通过主管部门年检	
	4. 在证件有效期内	

续表

项　　目	审查要点	用途
客户法定代表人	5. 提供法定代表人证明、法定代表人身份证复印件	证明事业法人为国家批准的合格的借款人（类似我们自然人的身份证、毕业证书等）
客户成立文件	6. 从事特殊行业的客户经国家有权机构审批文件	
客户财务报表	7. 提供近三年经财政部门核准或会计师事务所、审计师事务所审计的财务报告	证明企业具备还款能力的判断文件（类似我们自然人的工资卡）
	8. 提供三个月以内最近一期财务报表	
	9. 提供详细的会计报表附注	
	10. 集团客户提供合并及本部报表	
客户	11. 通过年审、在有效期内	判断企业诚信记录
	12. 打印信息资料	

注：学校、医院、研究院、交易所等均属于事业单位，这类机构也可以对外借款，属于事业法人。事业单位往往具备一定的垄断及权力机构特点，属于刚需，经营效益普遍较好。近几年，民办优质学校、民办优质医院异军突起，非常值得各家银行关注和拓展。

【案例】 ××大学附属医院授信方案

（一）客户基本概况

××大学附属医院始建至今已有 50 余年的历史，是一所集教学、医疗、科研、康复和保健为一体的三级甲等医院，是大连市医保、开发区医保、金州医保、庄河市医保、旅顺口医保、长海县医保定点医院，大连市工伤保险和大连市医保生育保险定点医院。

经辽宁省卫生厅批准为三级甲等医院，现可利用床位 830 张。近年来，××大学附属医院总体规模、医疗水平、综合效益迅速提升，实现了跨越式发展。该医院顺利通过了 ISO 9000 质量认证。医院科系齐全，功能完善，拥有现代化的大型医疗设备，如大型 X 光机、CR、16 排 CT、国内首台直接转换式平板血管造影机（DSA 成像系统）、多功能电子内窥镜、电子胶囊胃镜、飞利浦 7500 多功能彩超、大型生化分析仪等，为医院成为一流医院提供了设备保证。

（二）银行授信方案

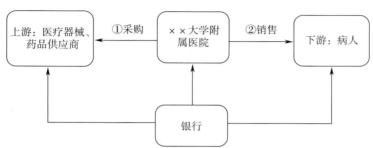

额度类型		公开授信额度		授信方式		综合授信额度	
授信额度（万元）		2500.00		授信期限（月）		12	
授信品种	币种	金额（万元）	保证金比例	期限（月）	利率/费率	是否循环	串用说明
商业承兑汇票贴现（直贴）	人民币	2500.00	0	12	按银行规定执行	是	不可串用
贷款性质	新增	本次授信敞口（万元）	2500.00	授信总敞口（万元）		2500.00	
担保方式及内容	信用						
授信前需落实条件	授信前提条件：授信启用前须提供申请人有权机构出具的同意向银行申请该笔授信的有效决议，确保银行债权合法有效。 授信要求： 1. 商业承兑汇票只能用于采购药品及医用材料，不得用于固定资产投资等长期资产投资，切实防范短贷长用； 2. 要求××大学附属医院出具承诺书每月将大连市城镇职工医疗保险管理中心划拨的医保款项全额转入其在银行开立的结算账户； 3. 要求经办机构严格执行流动资金贷款管理办法的相关规定，要求经办行严格监控授信资金用途，严禁挪用，严防银行信贷资金流入股市、房市，并不得用于股本权益性投资。 备注： 1. 本次授信为存量追加，含借款人现有授信余额。 2. 本次授信纳入（额度集团）××大学虚拟额度管理。						

担保方式由银行为其提供信用授信。

合作模式：

1. 商业承兑汇票只能用于采购药品及医用材料，不得用于固定资产投资等长期资产投资，切实防范短贷长用。

2. 要求××大学附属医院出具承诺书每月将大连市城镇职工医疗保险管

理中心划拨的医保款项全额转入其在银行开立的结算账户。

3. 要求经办机构严格执行流动资金贷款管理办法的相关规定，要求经办行严格监控授信资金用途，严禁挪用，严防银行信贷资金流入股市、房市，并不得用于股本权益性投资。

（三）相关效益分析

1. 综合效益测算

商票贴现收益：期限半年，基准利率（4.86%）。

贴现利息：2500×4.86% = 121.50 万元。

代理票据手续费：2500×1%×2 = 50 万元。

一年商业承兑汇票贴现额度循环使用两轮，一年银行贴现利息收益121.50 万元，中间业务收入 50 万元。

2. 交叉营销：医院已在银行办理了奖金代发、信用卡等业务。同时，上游供应商在银行办理商业承兑汇票贴现，为银行增加了大量的网上银行、链式融资、第三方存管、集体办信用卡和代发工资目标客户。

3. 该医院有可靠、稳定的收入来源，近三年来业务收入稳定。

4. 近三年来该医院未出现重大医疗责任事故，不存在可能导致较大损失的未决医疗诉讼。

本次为该医院提供 2500 万元综合授信额度，预计一年可为银行带来收益累计 170 万元，同时在工资代发、办理信用卡、网上银行、链式融资客户、贸易融资、第三方存管等方面带来综合收益。与该医院的合作前景看好，既能提高银行的社会知名度，增强社会效益，又能创造更大的经济效益。

八、机关法人资料审查要点

（一）机关法人定义

机关法人是指依法享有国家赋予的权力，以国家预算作为活动经费，因行使职权的需要而享有民事权利能力和民事行为能力的各级国家机关，包括交通厅、公路局、建设指挥部、民政局、体育局、水务局、林业局等（多设立政府背景国有公司具体实施项目）。

（二）审查要点

项　　　目	审查要点	审查结果	备注
成立文件	1. 取得机关法人批准成立文件		
客户组织机构代码证书	2. 通过主管部门年检		
	3. 在证件有效期内		
客户财务报表	4. 提供近三年经财政部门核准或会计师事务所、审计师事务所审计的财务报告		
	5. 提供三个月以内最近一期财务报表		
客户	6. 通过年审、在有效期内		
	7. 打印信息资料		

注：机关法人多是政府经营性质的主体，如交通厅、公路局、建设指挥部等，这类机构本身为政府的组成部门，同时肩负建设职能，需要对外融资。

九、产品审查要点

银行主要授信产品、产品类别的产品审查要点有 20 项，包括综合授信、一般流动资金贷款（含中期流动资金贷款）、打包贷款、商业承兑汇票包买及银行承兑汇票先贴后查、固定资产贷款（含项目融资）、房地产开发贷款（含住房和商用房开发贷款）、土地储备贷款、经营性物业抵押贷款、进出口结算类授信、保理类授信、国内信用证及其项下融资产品、保函类授信、法人账户透支、汽车保兑仓回购担保授信、保兑仓回购担保授信、债务融资授信、意向性贷款承诺函/贷款承诺函、法人客户商业用房按揭贷款、股东授信和重组、展期及借新还旧授信审查要点。

审查人员在对产品审查要点进行审查时，对于审查同意的授信产品和明确拟串用的授信产品，应分别填写相应产品、产品类别的产品审查要点。

对于授信审批环节较审查环节同意新增加的授信产品和明确拟串用的授信产品，应在出具授信批复前，由项目审查人员按有关要求补充相应产品、产品类别的产品审查要点。

【案例】　××省交通厅供应链营销案例

（一）企业基本概况

××省交通厅负责省内高速公路的建设、施工、资金筹措、资金管理、收费等业务，对省高速公路的建设和运营坚持实行集中统一的管理体制，即统一制定规划，统一组织建设，统一收费还贷，统一运营管理。××省交通厅是分行核心客户，除传统业务存款、贷款及结算外，双方在利率互换、信托理财及公路票据通业务方面均进行了合作。

该客户在银行贷款规模约36亿元，日均存款19亿元，结算资金规模300亿元，办理票据通2.3亿元，办理信托理财50亿元，实现利率互换收益1228万元，单户全年净收益约9000万元。

（二）银行切入点分析

产业链条架构：

上游客户：钢材供应商、水泥供应商、沥青供应商。

核心客户：××省交通厅、××省高速公路管理局、××省高速公路建设局。

下游客户：各大施工企业、工程承包商。

（三）银行授信方案

1. 上游客户融资方案

××省交通厅为确保重要工程的质量，有选择地统一采购钢铁、水泥、沥青等原料。在采购过程中，可应用商业承兑汇票、银行承兑汇票、应收账款转让确认等产品。

以沥青供应商为例，××省交通厅可以采取签发商业承兑汇票、银行承兑汇票方式付款，也可以采取向银行推荐供应商名单，供应商将应收账款转让给银行，银行办理应收账款转让确认方式支付工程款。

2. 核心客户融资方案

××省交通厅为统贷统还式管理，贷款资金到账后，划至省高速公路建设局，用于支付施工投入材料费用。由于××省交通厅在各家银行授信较多，传统贷款方式对其缺乏吸引力。为此，××分行认真分析交通厅需求，从降低财务费用的角度出发，设计了如下方案。

（1）中长期流动资金贷款。随着高速公路逐步竣工投入运营，项目融资陆续到期，道路的养护日益重要，在此阶段，适合做中长期流动资金贷款。

（2）公路票据通。由于贷款规模加大，交通厅的财务负担较为沉重。因此，对工程承包款项和劳务款项，可采用票据付款方式，降低财务成本。具体操作是以××省交通厅作为授信主体，授权其下属单位××省高速公路建设局使用其授信额度，办理银行承兑汇票及配套买方付息贴现业务，向供应商付款。××线已经使用此类公路票据通业务。

（3）公路建设资金监管。由于建筑施工企业挪用项目建设资金、拖欠工人工资等现象时有发生，银行可根据高建局的资金监管要求，协助监管相应建设资金。具体操作是银行为交通厅发放贷款，划入高建局专户，银行与高建局约定，委托银行对项目资金进行管理，银行与施工企业签订资金监管协议，对项目资金进行管理，对符合高建局规定的资金予以支付。

3. 下游客户融资方案

建筑类施工企业在参与高速公路建设中可应用的银行产品较多，如开立信贷证明进行资格预审，缴纳投标保证金（可进行贷款）或开立投标保函，中标后开立履约保函和预付款保函并缴纳履约保证金（可进行贷款）。在工程建设过程中，××省高建局按工程进度拨付资金，银行可根据工程进度提供中短期流动资金贷款或保理。

十、综合授信审查要点

（一）综合授信定义

综合授信是指商业银行在对客户财务状况和信用风险进行综合评估的基础上，确定能够和愿意承担的信贷风险总量，即最高综合授信额度，并加以集中统一控制的信用风险管理制度。

（二）综合授信对象

综合授信对象一般只能是法人，综合授信的形式是一揽子授信，即贷款、打包放款、进口押汇、出口押汇、贴现、信用证、保函、银行承兑汇票、保贴商业承兑汇票等不同形式的授信都要置于该客户的授信额度上限以内，以便集中统一管理和有效控制信用风险。

（三）综合授信利益

实行综合授信，对客户来说，既获得了银行的信用支持，解决了资金困难，又减少了资金占压。对银行来说，则争取和稳定了优质客户，推动了各种信用业务的发展，增强了自身的竞争力，并有效地控制了信用风险。同时，实行综合授信，简化了授信的手续。只要在综合授信额度内，客户根据需要可以随时向银行提出授信申请，银行可以立即放款，简化了内部审批的程序，提高了工作效率，实现了一次签约，多次授信。因此，综合授信已得到银行的普遍采用。

（四）审查要点

项　　目	审查要点	审查结果	备注
循环授信额度	1. 原则上应同时满足以下条件： （1）客户信用评级在 BBB 级（含）以上； （2）授信客户管理规范，具有长期发展潜力，并与银行建立了良好的合作关系； （3）资产负债率不高于客户所在行业的良好值； （4）或有负债余额不超过净资产； （5）近两年没有出现经营亏损，上一个半年总资产报酬率不低于行业平均水平； （6）近两年无不良信用记录		
	2. 对于中期流动资金贷款以外的特定产品，原则上不得给予循环授信额度		
1 年以上、3 年（含）以下的循环授信额度	每年重新审批的循环授信额度	3. 额度项下具体业务不超过 1 年		
	中小企业抵押贷款综合授信额度	4. 额度项下具体业务不超过 1 年		
		5. 不接受房地产开发企业不动产抵押		
	3 年（含）以下的循环授信额度，且额度项下具体业务可超过 1 年（满足条件之一）	6. 借款人为银行战略客户		
		7. 借款人为国务院国有资产监督管理委员会管理的中央企业，及其下属的进行主业经营、处于核心地位的控股子公司		
		8. 借款人为银行重点客户，且客户评级 A 级（含）以上		
		9. 借款人为中国 500 强企业或世界 500 强在华投资企业，且客户评级 A 级（含）以上		
		10. 借款人为客户评级 AA 级（含）以上，销售收入和总资产均不少于 50 亿元的特大型企业		
		11. 借款人为客户评级 A 级（含）以上的大型、特大型企业，且由以上五栏内企业担保，或以土地使用权、商用房抵押、变现能力强的动产、权利质押的		

【点评】

黄金授信法则：授信额度尽可能提供给核心企业或集团总公司，尽可能采取让核心企业的上下游配套企业使用授信额度或由总公司向下属子公司切分授信额度的方式，用信主体转化为上下游配套企业和下属子公司。

采用这种思路，授信风险可以得到控制，而用信后的综合收益会大幅提升。不是对一个主体提供授信和用信，而是对一个产业链进行综合授信和整体用信。

【文本示范】

_____集团公司授信额度切分使用授权书（子公司）

授 [   ] 第   号：

贵行与我公司签署的编号为_____的《综合授信协议》（以下简称综合授信协议），同意向我公司提供金额为_____人民币的授信额度（以下简称授信额度）。我公司以此授权委托书为凭证，授权我公司所属分（子）公司_____使用_____人民币授信额度，该公司以自身名义向贵行办理的借款及其他对贵行所负的债务均占用此授信额度。

子公司使用授信额度明细如下：

1. 流动资金贷款		
2. 法人账户透支		
3. 银行承兑汇票		
4. 国内信用证		
5. 保函		
6. 其他		
7. 连带责任担保		
8. 商业承兑汇票保贴/保押		

续表

9. 应付账款确认			
10. 三方协议付款			
11. 连带责任担保			
12. 三方协议敞口退款			
13. 四方协议回购			
14. 三方协议调剂销售			

对于上述授权，我公司承诺将督促分（子）公司履行其在借款合同项下的各项承诺和还款义务，同时承诺_____对贵行所负的债务在以上授权使用额度内承担连带保证责任。

授权期限自_____年____月____日至_____年____月____日。

授　权　人：_____

法定代表人：_____

年　　　月　　　日

【点评】
以总公司为统一授信主体，由总公司将授信额度切分给下属子公司，这是一种较为直观有效的营销思路。远远强于先营销下属子公司，由子公司向总公司申请批准，然后提供担保后，获得授信额度。

十一、一般流动资金贷款（含中期流动资金贷款）审查要点

（一）一般流动资金贷款定义

流动资金贷款是为满足客户在生产经营过程中短期资金需求，保证生产

经营活动正常进行而发放的贷款。

　　流动资金贷款按贷款期限可分为一年期以内的短期流动资金贷款和一年至三年期的中期流动资金贷款；按贷款方式可分为担保贷款和信用贷款，其中担保贷款又分保证、抵押和质押等形式；按使用方式可分为逐笔申请、逐笔审贷的短期周转贷款，以及在银行规定时间及限额内随借、随用、随还的短期循环贷款。

　　流动资金贷款作为一种高效实用的融资手段，具有贷款期限短、手续简便、周转性较强、融资成本较低的特点。

（二）审查要点

项　　目	审查要点
内部合规	1. 客户经理和审查人员分别在调查报告和审查报告中对借款人流动资金贷款需求量进行测算，严禁超过借款人自身经营需要的超贷融资
	2. 将流动资金贷款与企业签发的银行承兑汇票和商业承兑汇票合并计算企业的整体融资规模
	3. 在流动资金贷款需求量测算与借款人实际资金需求存在偏差的情况下，经营单位负责人对借款人的实际资金需求做进一步确认并详细说明理由
内部合规	4. 银行承兑汇票、国内信用证、商业承兑汇票授信品种可以串用为流动资金贷款业务品种，反向也可以
外部合规	5. 流动资金贷款不得用于固定资产、股权等投资，不得用于国家禁止生产、经营的领域和用途
	6. 流动资金贷款期限不得超过三年
	7. 纳入对借款人及借款人所在集团客户的统一授信额度管理

　　贸易型客户现金多，固定资产少，流动资产多，短期偿债能力较强，长期偿债能力较弱，适用银行承兑汇票和短期流动资金贷款。

　　制造类企业、学校、"铁公基"类（铁路、公路、基础设施）公司，流动资产较少，固定资产较多，长期偿债能力较强，短期偿债能力较弱，适用长期流动资金贷款。

【点评】

商业银行应当尽量减少单纯的流动资金贷款，多考虑提供控制用途的定向贷款，就是企业必须向银行告知明确的用途，银行贷款用于用途确定的支付，以防止企业挪用信贷资金。而且，企业必须指定回款账户，银行牢牢控制企业的销售回款，通过一去一回的锁定，控制企业的信贷风险。

【案例】××大学附属第五医院授信方案（贷款）

（一）客户基本概况

××大学附属第五医院，总占地面积 22 万平方米，建筑面积 14 万平方米，建有欧陆建筑风格的门诊大楼、住院大楼、医技楼、肿瘤治疗中心，拥有先进完善的现代化医疗配套设施，医院目前开展的项目包括先天性心脏病手术治疗、冠状动脉搭桥术、腹主动脉瘤切除术、人造血管置换术、螺旋水刀碎石经胆道镜治疗肝内胆管结石；胰体尾 + 脾脏切除术、介入热化疗治疗肝癌、人工肝、腹腔镜胆囊切除及胃肠手术；喉癌颈淋巴结清扫术及全喉切除术；同种异体穿透性角膜移植术、眼科疾病的激光治疗（后发性白内障的膜切开、闭角型青光眼的虹膜周切除术等）；输尿管镜下压弹道碎石术、经尿道前列腺电切 + 电汽化术、尿动力学检查；射频消融术、冠状动脉造影术、经皮腔内冠脉成形术 + 支架置入术、先心病封堵术、骨髓细胞移植术、自体（异型）外周血干细胞移植、血浆置换治疗 SLE、肾穿刺术、无痛胃肠镜检查、立体定向放射治疗（X 刀）、三维适形放射治疗、全脑全脊髓照射治疗、肿瘤大面积不规则的照射、肿瘤深部热疗、MARS 人工肝、血浆置换治疗重型肝炎、腹水超滤还输治疗顽固性腹水；胃腺体肠上皮化生的分型、12 种肿瘤标志物的同时定量检测、CT 冠状动脉钙化积分、冠状动脉 CT 血管成像、乳腺钼靶摄影检查、免疫荧光、免疫病理诊断等。具有微观、微量分析检测能力，可进行病毒检测、分子生物学检测、基因诊断、组织细胞培养、药物代谢动力学分析、血药浓度检测、组织配型及流式细胞仪检测等。

上下游客户及主要结算方式

供应渠道分析
从医院 2011 年药品采购情况来看，药品采购主要在广东地区，向广州市医药公司采购药品 423 万元，向××医药有限公司采购药品 425 万元，向××医药集团广州公司采购药品 268 万元。据了解，医院应付账款付款期限一般在 5 个月左右。

销售渠道分析
××大学附属第五医院立足珠海，服务珠海，已成为区域核心医院、终端医院，是珠海市处理突发公共卫生事件的主力，是珠海市收治患者最多的医疗机构之一，已成为珠海市规划中心必不可少的重要公立医院之一。 　　医院病床数从 267 张增加至 1300 张，门诊病人从 15.6 万人次/年增加至近 50 万人次/年，住院病人从 4635 人次/年增加至 30552 人次/年。

（二）银行授信方案

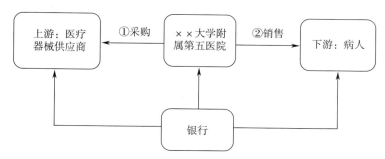

授信方案						
额度类型	公开授信额度		授信方式	综合授信额度		
授信额度（万元）	5000.00		授信期限（月）	12		
授信品种	币种	金额（万元）	保证金比例	期限（月）	利率/费率	是否循环
贷款性质	新增	本次授信敞口（万元）		5000.00	授信总敞口（万元）	5000.00
担保方式及内容	信用					

担保方式由银行为其核定信用授信额度。

（三）上游供应商情况简介

医院根据《××省医疗机构药品网上限价竞价阳光采购监督管理办法》的规定，以网上采购的形式进行公开招标，即医院根据经销商在××医药采购服务平台所提供的药品信息，以网上采购的形式采购药品，通过药品网上交易系统向经销商发送订单通知，经销商据此供货。药品销售按网上公布规定的零售价执行。

（四）合作模式

额度为流动资金贷款，用于医院采购药品、卫生材料及日常流动资金周转，可串用开立银行承兑汇票、保函、国内信用证等。银行拟先用信用方式给予企业5000万元一年期的流动资金贷款，待医院经营状况及财务状况进一步好转后，银行再考虑给予医院增加8500万元固定资产贷款，用于医院更新CT机、核磁共振等医疗设备。

（五）下游客户情况简介

××大学附属第五医院立足珠海，服务珠海，已成为区域核心医院、终端医院，是珠海市处理突发公共卫生事件的主力，是珠海市收治患者最多的医疗机构之一，已成为珠海市规划中心必不可少的重要公立医院之一。

（六）银企合作情况

银行给××大学附属第五医院5000万元的一年期流动资金贷款，××大学附属第五医院是具备还款能力的，主要依据有以下几方面：

（1）根据医院的资金安排，医院向银行申请的5000万元流动资金贷款将分五次使用，每次提款1000万元，将用于支付医院应付医药款项，银行贷款到期后，医院承诺将医院收入优先支付到期贷款；

（2）授信额度分批启用，拉开还款间隔，减少医院到期一次性还款的压力；

（3）为配合公立医院改革，××大学附属第五医院已向××大学申请将医院固定资产并入××大学统一管理，并提出1.1亿元医院的资金补助，××大学表示来年将会落实资金，支持公立医院改革。

优势、劣势分析。本次授信银行认为风险是可控的，主要是由于以下几方面的原因：

（1）从医院最近三年的收入情况来看，呈现稳步增长的态势，最近三年的收入分别为39831万元、42701万元、47585万元，预计2012年收入将达到56000万元；

（2）公立医院改革正稳步、有序推进，政府支持力度逐步加大；

（3）银行流动资金贷款早于其他行，风险也大大降低；

（4）珠海×行贷款风险分类形态的上调，也说明了该客户风险在逐步降低。

银行可采取以下措施来降低银行贷款风险：

（1）办妥收费权质押相关手续；

（2）要求客户在银行开立结算账户，按贷款比例将结算资金归集到银行。

综合以上分析，考虑到医疗行业的特殊性，本次授信风险是可控的，并且可以为银行带来以下收益：

（1）存款日均2000万～4000万元；

（2）贷款利息收入315万元。

相关效益分析。介入该客户后，银行积极营销上门收款、POS机收单、收入结算、代发工资等业务，预计流动资金贷款为银行带来315万元利息收入，日均存款2000万～4000万元。

【点评】

在实际应用中，流动资金贷款与银行承兑汇票、国内信用证差别很小，银行客户经理应当有意识引导客户多使用银行承兑汇票、国内信用证，而不是流动资金贷款。银行承兑汇票、国内信用证会给银行带来可观的保证金存款，而流动资金贷款对银行而言，基本都是资金的消耗。

十二、打包贷款审查要点

（一）打包贷款定义

打包贷款是指出口地银行为支持出口商按期履行合同、出运交货，向收到合格信用证的出口商提供的用于采购、生产和装运信用证项下货物的专项贷款。

（二）产品优势

打包贷款是一种装船前短期融资，使出口商在自有资金不足的情况下仍然可以办理采购、备料、加工，顺利开展贸易。

（三）打包贷款操作流程

1. 需与银行签订正式的《借款合同（打包贷款）》。
2. 凭以放款的信用证以融资银行为通知行，且融资银行可以议付、付款。
3. 信用证中最好不含有出口商无法履行的"软条款"。
4. 申请打包贷款后，信用证正本须留存于融资银行。
5. 正常情况下，信用证项下收汇款须作为打包贷款的第一还款来源。
6. 装运货物并取得信用证下单据后，应及时向银行进行交单。

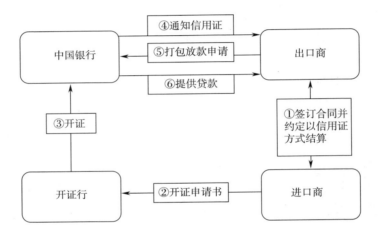

（四）审查要点

项　　目	审查要点
国际信用证项下 打包贷款	1. 授信企业为经国务院对外贸易主管部门、工商管理部门或者其委托的机构办理备案登记的对外贸易经营者
	2. 基础交易中的出口商品不属于国家禁止出口的商品，不涉及反倾销调查和贸易争端；如属于国家限制出口的商品，提交有关机构同意出口的证明文件
	3. 信用证项下打包贷款的期限，以信用证的期限为依据，一般为从放款日至信用证有效期后1个月。贷款期限原则上不超过90天，特殊情况最长（含展期后）不得超过180天
	4. 信用证项下打包贷款融资比例原则上不得超过信用证金额的80%

续表

项　　目	审查要点
国内信用证项下打包贷款	5. 一般情况下，打包贷款金额不能超过信用证金额的80%
	6. 打包贷款期限与信用证付款期限、业务流程合理匹配，以卖方押汇或议付款归还打包贷款，贷款期限不应超过信用证有效期；以信用证项下付款归还贷款，贷款期限不应超过信用证付款期加预计资金在途时间（1～3 天）

【点评】

　　银行必须牢牢记住：打包贷款并不是低风险业务，由于银行向企业提供贷款，如果企业挪用信贷资金，并没有将信贷资金用于组织货物的采购或生产，最终没有完成信用证规定的交货义务，那么银行凭以控制的信用证的付款将会落空。所以，打包贷款，银行应当要求借款人提供一定的担保或抵押。

【案例】××焦化集团有限公司出口打包贷款授信方案

（一）企业基本概况

　　该公司占地面积600余亩，是集洗煤、炼焦、化产、发电、出口贸易为一体的综合性焦化企业集团。企业已通过 ISO 9001 环境质量体系认证和安全生产认证。

供应渠道分析		
前三名供应商（按金额大小排名）	金额（万元）	占全部采购比率（%）
1　××焦煤公司	4219	8.6
2　××煤矿	4008	8.3
3　××煤化公司	3221	6.4
供应商均为长期合作关系，该公司为长期发展考虑，在××县投资了协议煤矿，原煤供应状况将大为改观		

续表

销售渠道分析		
前三名销售商（按金额大小排名）	金额（万元）	占全部销售比率（%）
1　××集团	34017	29.5
2　××钢铁公司	26421	22.9
3　××物资集团	25110	21.8
销售商均为国内大型客户，货款回笼及时、有保障		

（二）银行授信方案

本次为该公司首次向银行申请授信，申请授信额度10000万元，授信品种为出口打包贷款5000万元、银关保5000万元。该公司是外向型发展企业，通过国家商务部审核，获得焦炭出口资质，与××资源有限公司、××冶金能源有限公司等客户及国内焦炭出口企业建立了长期、稳定的合作关系，业界声誉良好。

该公司获得焦炭出口配额41万吨，在当年商务部下达的第一批焦炭出口配额中获得25万吨。由于当年焦煤价格上涨较快，造成企业原煤储备资金紧张，故向银行申请5000万元出口打包贷款。焦炭出口税率为25%，该公司每月出口装船约3万吨，需上缴出口关税约3000万元，但考虑到每月出口可能存在超量情况和焦炭价格上涨因素，核定银关保额度为5000万元。

【文本示范】

打包贷款合同

编号：

甲方：

营业执照号码：

法定代表人：

注册地址/主要办事机构所在地：　　　　　　　　邮编：

开户金融机构及账号：

电话：　　　　　　　　　　　　　　　传真：

乙方：中国_____银行_____分（支）行

负责人：

主要办事机构所在地：　　　　　　　邮编：

电话：　　　　　　　　　　　　　　　传真：

依据有关法律法规的规定，双方经协商一致，签订本合同，以共同遵守。

第一条　本合同所包含的额度种类与金额

1. 乙方同意向甲方提供最高不超过等值＿＿＿＿＿＿＿＿＿（币种、金额大写）＿＿＿＿＿＿＿＿＿（小写）的打包贷款总额度。

2. 乙方为甲方提供的打包贷款授信额度为＿＿＿＿＿＿＿＿＿（可/不可）循环使用的额度。

3. 单笔打包贷款金额最高不得超过信用证金额的＿＿＿%。

4. 截至本合同签订日甲方在乙方已发生的打包贷款授信余额视为在本合同项下发生的授信，占用本合同项下乙方为甲方核定打包贷款授信额度。

5. 甲方信用等级下降或发生其他乙方认为影响甲方正常生产经营业务的情况时，乙方有权调整直至取消甲方尚未使用的授信额度。

第二条　授信额度的使用期限

1. 本合同项下授信额度的使用期限自＿＿＿＿＿＿年＿＿＿月＿＿＿日至＿＿＿＿＿＿年＿＿＿月＿＿＿日止。

2. 额度使用期间届满时，本合同项下的授信额度自动终止，未使用的额度自动失效。甲方如需继续使用额度需重新向乙方提出申请，经乙方审核同意后重新签订协议。

3. 有关各方（包括甲方、乙方和担保方）在本合同及各单项协议项下因已发生的融资或授信而享有的权利和承担的义务不因授信额度使用期间届满或本合同的终止而受到任何影响和限制，甲方仍须按照本合同及单项协议的约定履行还款义务及其他相关义务，所产生的债权债务不受影响。

第三条　授信额度的使用

1. 本合同第一条所称的"可循环使用的额度"是指在本合同约定的有效使用期限内甲方可多次循环使用的额度；所称的"不可循环使用的额度"是指在约定的期限内不可循环使用（可在最高限额内一次或分次使用）的额度，分次使用的情况下，每次叙做业务时予以扣减额度，直至额度为零，不得循环使用。

2. 甲方使用授信额度办理的具体业务应符合乙方的规定，甲方应逐笔向乙方提出书面业务申请（一式二份），并提供办理该项业务的有关资料供乙方审核。乙方在对甲方的具体业务审查后，有权决定对某一具体业务是否需降低融资比例，并有权拒绝甲方的该项融资申请。

3. 本合同项下的授信额度一经甲方使用，即构成甲方对乙方之负债。乙方债权包括但不限于本金、利息、逾期利息、罚息、银行手续费、违约金、赔偿金及其他实现乙方债权有关的费用（包括但不限于诉讼费、仲裁费、律师费、财产保全费、差旅费、执行费、评估费、拍卖费等）。

4. 甲方在本合同授信额度期限内申请办理打包贷款，如果该贷款到期日在相应的授信额度的使用期限届满之后三个月，乙方有权拒绝甲方使用本合同项下相应的额度。如乙方同意甲方使用该额度办理业务，则有关各方在本合同项下因该贷款而发生的权利义务不受授信额度使用期限届满的任何影响和限制。

5. 如甲方需要在本合同及其他授信协议项下调剂使用额度，应向乙方提出申请，由乙方决定是否调剂及调剂的具体办法，并由甲乙双方签署相应的额度调剂使用补充协议。

第四条 利息、罚息、费用和汇率

1. 如本合同项下的单笔融资币种为人民币，则融资利率按照中国人民银行公布的同期人民币贷款利率执行，具体以经乙方确认的甲方所提交的申请书上记载的利率为准。

2. 如本合同项下的单笔融资币种为外币，则融资利率根据乙方当时适用的贷款币种的贷款利率确定，具体以经乙方确认的甲方所提交的申请书上记载的利率为准。

3. 融资逾期的罚息利率。乙方于融资到期日未收回融资款项，且甲乙双方就展期事宜未能达成协议，即构成融资逾期。融资发生逾期时，乙方有权按照中国人民银行的现行有关规定加收罚息利率，具体以经乙方确认的甲方所提交的申请书中的约定为准。

4. 甲方在本合同项下须向乙方支付的费用包括：

（1）额度管理费（本条为选择性条款，双方的选择是：1. 适用；2. 不适用），按总额度的____%计收，乙方将向甲方提供融资项下的账户管理、收汇跟踪、头寸调剂等服务；

（2）乙方办理本合同项下每项业务而实际发生的费用；

（3）乙方为收回与额度有关票据、保证和抵（质）押担保项下的款项向有关当事人追索而发生的费用；

（4）甲方应当承担与本合同及本合同项下担保有关的律师服务、保险、评估、登记、保管、鉴定、公证等费用。

第五条 使用授信额度需要签署的协议

甲方向乙方申请使用本合同项下的授信额度叙做具体的结算融资业务时，应与乙方签署《打包贷款申请书》，双方协商填写完毕（须由乙方签字并加盖公章或业务专用章）后，构成单项协议，与本合同是不可分割的整体。

在单项授信业务中双方签署的任何其他书面协议以及甲方向乙方提交或作出的其有效性得到乙方确认的借据、申请书、提款用函件和凭证等也构成单项协议的一部分。

单项协议构成本合同的组成部分，双方应依据单项协议和本合同确定双方的权利、义务，特别是乙方对甲方的债权余额。单项协议与本合同内容不一致的，以单项协议为准。

第六条 用途

甲方应将全部贷款仅用于购买、组织生产及安排出口/销售、运输申请打包贷款信用证项下的出口/销售的商品。

未经乙方书面同意，甲方不得将贷款用于其他目的。

第七条 打包贷款的条件

甲方申请叙做打包贷款须满足以下条件：

1. 向乙方预留与签署本合同有关的公司文件、单据、印鉴、相关人员名单和签字样本，并填妥有关凭证；

2. 办妥叙做业务所必备的法律和行政审批手续，按乙方要求提交相应审批文件的副本或与原件相符的复印件；

3. 在乙方为甲方核准的打包贷款额度使用期限届满前提出书面提款申请；

4. 提出书面申请及有关的贷款用途证明文件；

5. 将相关信用证正本交由乙方执管；

6. 按乙方要求开立用于提款、付息、付费及还款的账户；

7. 本合同第十条约定的担保协议已生效；

8. 甲方同意作出本合同第十一条约定的声明与承诺，未出现本合同第十二条约定的违约事件；

9. 乙方认为甲方应予满足的其他条件。

第八条 提款时间

如乙方接受甲方打包贷款的申请，乙方应按照经其接受的《打包贷款申请书》中约定的币种和金额将贷款支付给甲方，并有权按照《打包贷款申请书》中约定的期限、利率和方式收取利息和罚息。贷款期限自双方约定的提款日起至双方约定的最后一个还款日为止连续计算。如果双方约定的提款时间为特定的期间，上述"提款日"系指提款期的起始日。

甲方应按照《打包贷款申请书》中双方约定的时间提款，超过约定时间未提用的部分，乙方有权拒绝放款。如乙方拒绝放款，乙方在《打包贷款申请书》中所做的贷款承诺视为自动取消，乙方取消贷款承诺的决定无须通知甲方。如乙方同意放款，有权就甲方迟延提取部分按日＿＿＿＿的比例收取承担费。

第九条 还款

甲方发货交单、办理信用证项下收汇/收款而收回的货款是本合同下贷款的首要还款来源。甲方在此不可撤销地同意将信用证项下收汇/收款事宜委托乙方办理，并同意乙方将信用证项下收汇/收款所得款项自动冲抵本附件下的贷款本金、利息和费用。如甲方以办理打包贷款的信用证申请叙做出口押汇或其他融资的，甲方承诺将仅向乙方申请叙做，甲方同意乙方将出口押汇或其他融资款项首先自动冲抵本附件下的贷款本金、利息和费用，无论打包贷款是否已经到期。若甲方由于不能交货，单证不符或其他任何原因导致不能按期收回货款的，甲方应及时以其他资金来源偿还本合同下的本金、利息（包括罚息）和费用。

第十条 担保

本合同项下发生的甲方对乙方的全部债务采用如下第＿＿＿＿种方式担保：

1. 本合同依据双方之间的《综合授信协议》（编号为＿＿＿＿＿＿＿＿＿＿＿）而签订，是《综合授信协议》的从属协议（即具体业务协议），《综合授信协议》项下的担保方式同样适用于本合同项下乙方向甲方提供的任何授信或融资。

2. 本合同项下的担保方式为＿＿＿＿＿＿＿＿＿＿＿＿＿＿（连带责任担保/抵押担保/质押担保）。若以抵押或质押为担保方式，或者同时以抵押、质押两种形式担保，应当依法到有关登记部门办理登记手续。乙方与担保人就具体担保事项签订相应的担保合同，作为本合同的从属合同。担保文件名称为＿＿＿＿＿＿＿＿＿＿＿＿＿＿＿＿，编号为＿＿＿＿＿＿＿＿＿＿＿＿＿＿＿＿。

如甲方或担保人发生乙方认为可能影响其履约能力的事件，或担保文件变为无效，或担保人财务状况恶化或因其他原因导致偿债能力下降，或担保人在与乙方之间的合同包括其他担保类合同项下发生违约，或抵押物、质物贬值、毁损、灭失，致使担保能力减弱或丧失时，乙方有权要求甲方提供/增加保证金、更换保证人或提供新的抵押物、质物以担保本合同项下债务。

第十一条 甲方声明与承诺

甲方声明如下：

1. 甲方是依法设立和存续的企业法人，已经并将按期办理工商登记手续，具备所有必要的权利并能以自己名义履行本合同义务；

2. 签署和履行本合同系基于甲方的真实意思表示，已经按照企业章程或者其他内部管理文件的要求取得合法、有效的公司授权，且不违反对甲方有约束力的任何协议、合同和其他法律文件；

3. 甲方申请向乙方叙做的交易背景真实、合法，未用于洗钱等非法的目的，甲方按乙方要求向乙方提供任何文件不得解释为乙方对于甲方从事交易的真实、合法性负有审查义务和责任。

甲方承诺如下：

1. 甲方应及时向乙方提供使用打包贷款准备货物情况的说明，并接受乙方的随时监督检查；

2. 甲方应于信用证有效期限和信用证约定的交单期限内将信用证项下单据提交乙方办理信用证项下收汇/收款事宜；

3. 甲方在信用证项下的收汇/收款款项应优先用于偿还本合同下的贷款本息和费用；

4. 如出口/国内销售项下货物生产、销售发生严重困难或者发生其他可能影响甲方或担保人财务状况和履约能力的情况，包括但不限于减少注册资本、进行重大资产或股权转让、承担重大负债或在抵押物上设置新的重大负债、解散、撤销、（被）申请破产等，甲方应以最快捷的方式毫不迟延地通知乙方。

第十二条 违约事件

（一）下列事项之一即构成甲方在本合同项下违约：

1. 违反本合同第六条的约定，将贷款用于该条约定以外的任何用途；

2. 未按期偿还和支付贷款本金、利息、罚息、费用和其他应付款项；

3. 甲方偿还全部贷款本息和费用前，未经乙方书面同意，信用证的任何条款被任何人修改或者被撤销；

4. 由于任何原因导致甲方无法将信用证项下全套单据提交给乙方或甲方提供的单据经乙方审验后发现不符点，且甲方无法消除该不符点；

5. 由于任何原因导致信用证项下的款项未能按照信用证条款的约定全部按期收入。

（二）出现本条第一款约定的违约事件时，乙方有权分别或同时采取下列措施：

1. 按甲方逾期的实际天数和金额自应付日（包括当日）至实际支付日计收逾期利息。

2. 甲方未按本合同约定的用途使用贷款的，乙方有权就挪用贷款部分按挪用期间每日万分之_____的比例从甲方账户中直接扣收违约金。该违约金遇利率调整分段计算。

3. 立即中止支付甲方尚未提取的贷款金额。

4. 立即宣布尚未偿还的贷款、利息和其他应付款项立即到期，而无须向甲方提前发出任何通知。

第十三条 其他约定

甲方应全额支付本合同项下应付款项，不得提出抵销的主张，但乙方书面同意的除外。

未经乙方书面同意，甲方不得将本合同项下任何权利、义务转让予第三人。

若乙方因业务需要须委托中国_____银行其他分支机构（包括分行及各管辖支行）履行本合同项下权利及义务，甲方对此表示认可。乙方授权的中国_____银行其他分支机构有权行使本合同项下全部权利，有权向法院提起诉讼或将本合同项下纠纷提交仲裁机构裁决。甲方放弃对于中国_____银行其他分支机构有关诉讼或仲裁主体方面的任何异议。

在不影响本合同其他约定的情形下，本合同对双方及各自依法产生的承继人和受让人均具有法律约束力。

第十四条 权利保留

乙方如未行使本合同项下部分权利，或未要求甲方履行部分义务，并不构成乙方对该项权利或义务的放弃或豁免，亦不构成乙方对本合同中其他权利的放弃或对甲方其他义务的豁免。

乙方对甲方的任何宽容、展期或者延缓行使本合同项下的权利，均不影响乙方根据本合同及法律法规而享有的任何权利，亦不得视为乙方对上述权利的放弃。

第十五条 合同的变更、解除和解释

本合同经双方书面同意可以修改、补充或解除。本合同的任何修改和补充均构成本合同不可分割的一部分。

本合同任何条款的无效均不影响其他条款的效力。

第十六条 法律适用、争议解决及司法管辖

本合同适用中华人民共和国法律。

在合同履行期间，因履行本合同所发生的或与本合同有关的一切争议纠纷，双方可协商解决。协商不成的，任何一方可以采取如下第＿＿＿＿种方式加以解决：

1. 依法向乙方或者依照本合同行使权利义务的其他中国＿＿＿＿＿＿＿＿＿＿＿银行分支机构住所地的人民法院起诉。

2. 依法向有管辖权的人民法院起诉。

3. 提交位于＿＿＿＿＿＿＿＿＿＿＿（地点）的＿＿＿＿＿＿＿＿＿＿＿仲裁委员会仲裁。

第十七条 公证（此为选择性条款，双方的选择是＿＿＿＿：1. 适用；2. 不适用）

本合同签署生效后＿＿＿＿个银行工作日内，甲方与乙方到＿＿＿＿＿＿＿＿＿＿＿公证处办理强制执行公证。公证费用由＿＿＿＿方承担。

第十八条 生效条件

本合同自双方法定代表人或授权签字人签字并加盖公章之日起生效，以日期较后者为准。

本合同一式＿＿＿＿份，双方及担保人各执＿＿＿＿份，均具同等效力。

第十九条 特别提示

甲方与乙方已对本合同的所有条款进行了充分的协商。

乙方已提请甲方特别注意有关双方权利义务的全部条款，并对其作全面、准确的理解。乙方已经应甲方的要求对上述条款作出相应的说明。

甲方：   乙方：中国＿＿＿＿＿＿＿银行＿＿＿＿＿＿＿分行

法定代表人或授权签字人：   授权签字人：

          年   月   日   年   月   日

地点：   地点：

打包贷款申请书

编号：

现我公司因业务需要，依据我公司与贵行签署的＿＿＿＿＿＿年＿＿＿字＿＿＿＿号《打包贷款合同》，向贵行申请打包贷款。由于打包贷款而产生的权利义务，均按照前述协议、附件和本申请书的约定办理。

第一条　信用证的有关内容

开证行名称：＿＿＿＿＿＿＿＿＿＿＿＿＿＿＿＿＿＿＿＿＿＿＿＿。

商品名称：＿＿＿＿＿＿＿＿＿＿＿＿＿＿＿＿＿＿＿＿＿＿＿＿＿。

信用证编号：＿＿＿＿＿＿＿＿＿＿＿＿＿＿＿＿＿＿＿＿＿＿＿＿。

信用证金额：＿＿＿＿＿＿＿＿＿＿＿＿＿＿＿＿＿＿＿＿＿＿＿＿。

信用证有效期：＿＿＿＿＿＿＿＿＿＿＿＿＿＿＿＿＿＿＿＿＿＿。

信用证装期：＿＿＿＿＿＿＿＿＿＿＿＿＿＿＿＿＿＿＿＿＿＿＿。

第二条　金额

请贵行为我公司提供币种和金额为（大写）＿＿＿＿＿＿＿＿＿＿，（小写）＿＿＿＿＿＿＿＿＿的打包贷款。

第三条　期限

贷款期限为＿＿＿＿个月，自我公司与贵行约定的提款日起至最后一个还款日为止连续计算。

出口信用证项下收汇/收款款项在贷款到期日前全部收妥的，贵行有权以款项收妥之日作为贷款到期日。

第四条　利率与付息

1. 请按以下第＿＿＿＿＿＿种方式（均为年率）核算贵行为我公司办理本笔打包贷款的利息：

（1）双方协商确定的利率＿＿＿＿%；

（2）贷款时贵行确定/公布的利率＿＿＿＿%；

（3）贷款时 Libor/Hibor + ＿＿＿＿＿＿＿＿基点。

利息从我公司实际提款日起算，按实际提款额和用款天数计算。

2. 我公司将按以下第＿＿＿＿种方式向贵行支付本笔贷款的利息：

（1）每月支付利息一次，每月＿＿＿＿日为付息日。

（2）每月支付利息一次，以贷款发放日的对应日为付息日。

（3）到期结息，利随本清。

如贷款本金的最后一次偿还日不在付息日，则在贷款本金的最后一次偿还日付清全部应付利息。

3. 逾期打包贷款的利率和付息

如我公司未能按照上述协议和相关附件的要求偿还贵行对我公司的打包贷款款项，则该笔贷款的本金、利息及相关费用构成我公司对贵行的逾期债务，贵行可按本条第 1 款确定的利率加＿＿＿％的水平计收复利及/或罚息。

对于我公司的逾期债务，贵行有权：

（1）根据本款第一项的利率按月结息；且

（2）对于我公司应付未付的利息按照本款第一项的利率计收复利及/或罚息。

第五条 提款时间

我公司按照以下第＿＿＿种方式提款：

1. 于＿＿＿＿＿年＿＿＿月＿＿＿日一次性提款。

2. 自＿＿＿＿＿年＿＿＿月＿＿＿日起＿＿＿天内按本申请书约定的金额提清所有款项。

申请人（公章或经授权的其他印章）：

法定代表人（或授权签字人）：

　　　　　　　　　　　　　　　　　年　　　　月　　　　日

银行意见：

＿＿＿＿＿＿＿＿银行（签章）：

授权签字人：

　　　　　　　　　　　　　　　　　年　　　　月　　　　日

十三、商业承兑汇票融资审查要点

（一）商业承兑汇票定义

商业承兑汇票是由出票人签发的，委托付款人在指定日期无条件支付确定的金额给收款人或者持票人的票据。商业承兑汇票是由银行以外的付款人承兑。商业承兑汇票按交易双方约定，由销货企业或购货企业签发，但由购货企业承兑。

（二）审查要点

项　　目	审查要点
商业承兑汇票	1. 商业承兑汇票的承兑人应为重点客户或重点扶持的中小企业
	2. 特大型企业：管理规范、无不良信用记录的特大型企业（总资产和销售收入均在 50 亿元人民币以上的企业）
	3. 中小企业：管理规范、信用等级 BB 级（含）以上、无不良信用记录，或已取得银行其他一般授信的大型企业
	4. 商业承兑汇票原则上中小企业缴存不低于 30% 的保证金

（三）商业承兑汇票风控要点

1. 必须有贸易背景。签发商业承兑汇票的出票人与票面持票人之间必须存在贸易背景，确保票据的创设符合《票据法》的规定。

2. 持票人必须合理持票，付出合理对价。持票人对上手完成商务交付等，合理持有商业承兑汇票。

3. 商业承兑汇票的承兑人必须为特大型集团客户，重视自身信誉，有解付商业承兑汇票的能力。

（四）商业承兑汇票授信流程

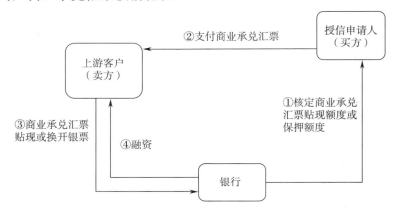

【案例】××集团商业承兑汇票授信方案

（一）企业基本概况

××集团，河南省著名企业、中国 AAA 级信用企业，集团已发展成为拥有近万名员工、数百家连锁机构遍布中原地区的大型集团公司。集团旗下30余家公司，投资涉及商业、文化、旅游、休闲康乐、食品加工、电子商务、物流、房地产等众多行业，已形成以服务业为主导的多元化产业链，正向规模化、多元化、专业化方向稳步发展。

（二）银行授信方案

银行对××集团核定授信额度3000万元，原来是流动资金贷款，后来银行追加3000万元商业承兑汇票额度。银行为××集团确定3个月、4个月、5个月的商业承兑汇票策略，××集团前3个月、4个月、5个月的商业承兑汇票，由供应商持商业承兑汇票换开6个月的银行承兑汇票，而且缴存的保证金比例不低于2、4、6，即保证金比例不低于20%、40%、60%。

【文本示范】商业承兑汇票票样

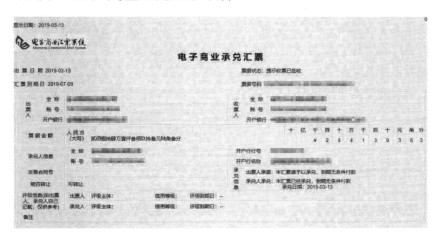

【点评】

商业承兑汇票的风险控制核心在于强势的承兑人，只要签发商业承兑汇票的企业足够有实力，兑付商业承兑汇票基本没有问题。对持票人只需要合规审核即可，持票人没有失信，没有因为工商、税务等罚款。

很多银行简单地认为，银行承兑汇票贴现风险较小，而商业承兑汇票贴现风险较大，这种不加区分的简单思维方式，是错误的。

一家中小农村商业银行承兑的银行承兑汇票风险很大，而中国铁路总公司承兑的商业承兑汇票风险很小。

附件1

商业承兑汇票保贴申请暨承诺书

编号：

××银行＿＿＿＿＿＿＿＿行：

1. 我公司签发并承兑如下商业承兑汇票，兹向银行申请保贴，我公司将按照上述票面金额的＿＿＿％在银行存入保证金，作为银行到期支付的保证，同时我公司承诺上述票据具有真实、合法的贸易背景。我公司保证在上述票据到期时无条件对持票人进行付款。

汇票有关信息如下：

汇票编号	收款人	金额（人民币）	出票日期	汇票到期日

2. 汇票到期，银行无须通知我公司，可以直接从我公司在银行开立的任意账户对以上票据划款解付票据，我公司对以上票据承担无条件还款义务。

3. 企业预留印鉴：

特此申请

＿＿＿＿＿＿＿＿＿＿公司

（签字盖章）

年　　月　　日

附件2

商业承兑汇票保贴承诺函

编号：

_____公司（承兑人）：

1. 贵公司已经在银行获得商业承兑汇票贴现额度，本次签发的商业承兑汇票对于合格的持票人，本银行保证予以提供商业承兑汇票贴现服务，商业承兑汇票贴现利率根据贴现的市场价格确定。

2. 商业承兑汇票有关信息如下：

汇票编号	付款人	收款人	金额（人民币）	汇票到期日

3. 合格持票人指符合相关法律法规及监管规定，且满足本银行贴现政策，并能够提供符合贴现要求的交易合同、增值税发票等证明交易背景的资料的贴现申请人。

_____银行

（签字盖章）

年　　月　　日

十四、固定资产贷款（含项目融资）审查要点

（一）固定资产贷款定义

固定资产贷款是银行为解决企业固定资产投资活动的资金需求而发放的贷款，主要用于固定资产项目的建设、购置、改造及其相应配套设施建设的中长期本外币贷款。

（二）审查要点

项 目	审查要点
借款人准入条件	1. 国家对拟投资项目有投资主体资格和经营资质要求的，符合其要求
	2. 借款人为新设项目法人的，其控股股东有良好的信用状况，无重大不良记录
	3. 地方政府融资平台公司自身具有稳定经营性现金流或可靠的偿债资金来源
投资项目 产业政策	4.《产业结构调整指导目录》或《鼓励外商投资产业目录》中的鼓励类项目
产业发展建设规划	5. 符合国家有关文件中对产业发展的建设规划
产业土地供应政策	6. 非《限制用地项目目录》和《禁止用地项目目录》中的项目
行业准入	7. 符合国家有关文件中对行业准入的具体规定，如《钢铁产业发展政策》《关于促进大豆加工业健康发展的指导意见》《铜冶炼行业准入标准》《电解金属锰企业行业准入条件》等
项目审批核准或备案	8. 实行审批制的投资项目，已经取得项目审批机关对立项或可行性研究报告的批复；实行核准制的投资项目，已经取得项目核准机关同意核准的文件；实行备案制的投资项目，已经取得项目备案机关予以备案的答复
	9. 项目审批、核准或备案机关为本项目有权审批、核准或备案机关
	10. 批复、核准或备案文件在有效期内
项目选址及布局	11. 取得城乡规划行政主管部门批复的规划选址文件
土地预审	12. 取得有权部门出具的建设项目用地预审文件
	13. 预审文件在有效期（2年）内
环境影响评价	14. 对环境有影响的项目，取得环境保护行政主管部门出具的环境影响评价文件
	15. 出具文件的环境保护行政主管部门对本项目有审批权
其他	16. 符合国家法律法规的其他相关要求，如使用沿海岸线的项目已经取得了沿海港口岸线使用许可证、海域使用证，使用内陆岸线资源的项目已经取得同意使用岸线的批复等

续表

项　　目	审查要点
外部监管要求	17. 在新的固定资产建设项目核准目录出台之前，除国家和发展改革委员会组织认证和核准的新上项目外，不得向钢铁、水泥、平板玻璃、煤化工、多晶硅、风电设备、造船七大产能过剩行业的任何新建项目发放贷款
	18. 资本金比例符合法定要求
	19. 不属于向项目发起人或股东发放项目资本金搭桥贷款；不属于在借款人取得项目核准手续前，以提供项目贷款及搭桥贷款的名义直接或变相向项目业主、项目发起人及股东发放贷款用于固定资产建设
	20. 向地方政府融资平台公司发放贷款要直接对应项目
	21. 不属于打捆贷款

（三）监管政策

《固定资产贷款管理暂行办法》

（中国银行业监督管理委员会令 2009 年第 2 号）

第九条　贷款人受理的固定资产贷款申请应具备以下条件：

（一）借款人依法经工商行政管理机关或主管机关核准登记；

（二）借款人信用状况良好，无重大不良记录；

（三）借款人为新设项目法人的，其控股股东应有良好的信用状况，无重大不良记录；

（四）国家对拟投资项目有投资主体资格和经营资质要求的，符合其要求；

（五）借款用途及还款来源明确、合法；

（六）项目符合国家的产业、土地、环保等相关政策，并按规定履行了固定资产投资项目的合法管理程序；

（七）符合国家有关投资项目资本金制度的规定；

（八）贷款人要求的其他条件。

第十七条　贷款人应在合同中与借款人约定提款条件以及贷款资金支付接受贷款人管理和控制等与贷款使用相关的条款，提款条件应包括与贷款同比例的资本金已足额到位、项目实际进度与已投资额相匹配等要求。

第十八条　贷款人应在合同中与借款人约定对借款人相关账户实施监控，

必要时可约定专门的贷款发放账户和还款准备金账户。

第二十五条　单笔金额超过项目总投资5%或超过500万元人民币的贷款资金支付，应采用贷款人受托支付方式。

第二十六条　采用贷款人受托支付的，贷款人应在贷款资金发放前审核借款人相关交易资料是否符合合同约定条件。贷款人审核同意后，将贷款资金通过借款人账户支付给借款人交易对手，并应做好有关细节的认定记录。

第二十七条　采用借款人自主支付的，贷款人应要求借款人定期汇总报告贷款资金支付情况，并通过账户分析、凭证查验、现场调查等方式核查贷款支付是否符合约定用途。

第二十八条　固定资产贷款发放和支付过程中，贷款人应确认与拟发放贷款同比例的项目资本金足额到位，并与贷款配套使用。

第二十九条　在贷款发放和支付过程中，借款人出现以下情形的，贷款人应与借款人协商补充贷款发放和支付条件，或根据合同约定停止贷款资金的发放和支付：

（一）信用状况下降；

（二）不按合同约定支付贷款资金；

（三）项目进度落后于资金使用进度；

（四）违反合同约定，以化整为零方式规避贷款人受托支付。

【案例】　××集团有限公司固定资产流动贷款授信方案

（一）企业基本概况

××集团有限公司是由××市政府联合××建设集团有限公司、美国××港务发展公司和美国××全球投资公司三家企业对××水务局整体重组转制而成立的中外合资企业，注册资本9980万美元，主营沿海内河货运、港口装卸、仓储、堆存等业务，为国家三级交通运输企业。该公司内设运营管理部、财务部、管理部、人力资源部等8个部室，现有职工近千人。

（二）银行切入点分析

本次授信贷前调查真实准确，企业资金需求属实，申请贷款金额符合其经营规模。企业自身经营状况良好，经营收入稳定且稳步提升。从国家政策及企业自身的经营策略来看，××市具有广阔的发展前景，企业自身偿债能力较强，银行贷款风险较小。主要的不足是，作为抵押物的××6号客货运滚装码头，专用性强，流动性较差，违约损失可能较高。为了弥补该不足，银行特要求综合实力较强的××建设集团有限公司为该笔贷款提供连带责任保证担保。

（三）银行授信方案

由于特殊的地理位置，××主航道淤积速度较营口港、锦州和大连要快，并且港口主航道疏浚清淤工程每个港口每年都在做，只是视淤积程度大小决定工程项目规模的大小。

本次××出海航道疏浚清淤整治工程规划施工期限为 2 年，合同金额为 3.4 亿元人民币。总投资 52882.42 万元中企业自筹 22882.42 万元，占总投资额的 43.27%；其余 3 亿元向银行申请三年期贷款。

授信方案					
额度类型	内部授信额度		授信方式	单笔单批额度	
授信额度（万元）	30000.00		授信期限（月）	36	
授信品种	币种	金额（万元）	保证金比例	期限（月）	用途 / 收益
基本建设项目的固定资产贷款	人民币	30000.00	0	36	
授信性质	新增	本次授信敞口（万元）		30000.00	
担保方式及内容	保证人：××建设集团有限公司；抵押物名称：××港港区 6 号码头				

【点评】

流动资金贷款和固定资产贷款的区别在于：

1. 流动资金进入企业生产周转，可以在一次"现金—原材料—在产品—产成品—应收款—现金"的循环中得到回笼，可一次回笼，周期较短。

2. 固定资金投资的回收，需要在多次、多年的"现金—原材料—在产品—产成品—应收款—现金"回笼中回收，每循环一次（获取一点净现金流和利润）只能回收一个很小的比例，周期较长。

3. 固定资产投资会增加企业的产能，流动资金的增加一般不会增加产能，其增加的数量受现有产能的制约。

4. 固定资产投资会增加产能，且有建设期，投资回收期一般在1年以上，所以，投资时应考虑行业总的供求情况（现状及未来）、行业与宏观经济的关联、企业和产品的竞争情况、固定资产投资项目预算的合理性、技术的先进性、财务的可行性等。

5. 流动资金回收期短，可以在一个周期的循环中回笼，关注的重点是原材料的采购是否有相应的销售保证，以及销售后现金收回的可靠性，回笼后的流动资金银行有无监控能力等。对其较有意义的财务指标是流动性指标（有无短贷长用）、经营周期是否与贷款期限匹配及经营性现金流是否为正值、流动资金是否会沉淀。

6. 流动资金贷款看经营现金流入，在一个周转期内的流入量能不能覆盖流动资金（含流动资金贷款）。

7. 固定资产贷款看多少个年份的累计经营净现金可以归还贷款，这个年份应该与产品的生命周期、行业周期、宏观周期相关。

现实中，由于信用环境和管理的问题，经常出现贸易融资贷款变流动资金贷款、流动资金贷款长期沉淀的情况。如果不能自偿，贸易融资贷款就应该按流动资金贷款来分析，要注重对借款人整体偿债能力的分析。流动资金贷款也应考虑较长时期的因素，考虑借款人在较长时期的竞争力、经营的可持续性、再融资能力等。

总之，在我们分授信品种来看的时候，授信评审的核心仍然是：在授信期限内，有没有足够的、可靠的还贷现金流？哪些因素会影响到还贷现金流的可靠性？

【文本示范】

贷款受托支付用款计划

根据编号为_____的购销/交易合同约定，现委托你行办理以下款项支付：

付款人名称：_____

续表

	付款人账号：_____ 收款人名称：_____ 收款人账号：_____ 收款人开户行：_____ 开户行地点：_____省_____市/县_____ 金额（币种）（大写）：_____ 金额（小写）：_____ 客户签章（账户预留印鉴） 委托日期：
	经营单位意见： 经办人： 日期： 负责人： 日期：
	放款审核中心意见： 经办人： 日期： 负责人： 日期：

自主支付用款计划清单

借款合同编号：_____　　　　提款日期：_____

编号	预计用款日期	计划用途	预计支付金额	预计支付对象（如有）	备注
1					
2					
3					
4					
5					
6					
7					
8					

续表

编号	预计用款日期	计划用途	预计支付金额	预计支付对象（如有）	备注
9					
10					
11					

_____银行：

以上为我公司自主支付用款计划清单，请审核。

借款人名称（公章）：

日　期：

十五、房地产开发贷款（含住房和商用房开发贷款）审查要点

（一）房地产开发贷款定义

房地产开发贷款是指对房地产开发企业发放的用于住房、商业用房和其他房地产开发建设的中长期项目贷款。房地产贷款的对象是注册的有房地产开发、经营权的国有、集体、外资和股份制企业。

房地产开发贷款期限一般不超过三年（含三年）。房地产开发贷款一般风险较大，银行应当选择优质的开发商提供贷款。

（二）审查要点

项　目		审查要点
内部合规	借款人	1. 授信申请人列入授信客户准入名单
		2. 综合类房地产开发企业，原则上应具备房地产开发二级（含）以上资质，且从事房地产经营三年以上，近三年房屋建筑面积累计竣工15万平方米以上，以往开发项目没有拖欠工程款
		3. 项目公司，其主要投资商（控股股东）原则上应具备房地产开发二级（含）以上资质，且从事房地产经营三年以上，近三年房屋建筑面积累计竣工15万平方米以上，以往开发项目没有拖欠工程款，经营状况良好，无不良记录

续表

项 目		审查要点
内部合规	申贷项目	4. 择优支持配套个人住房按揭贷款，并以所开发项目土地使用权及在建工程作为抵押物，贷款发放、项目建设、销（预）售的整个环节中资金能够封闭运行的住房开发封闭贷款，严格控制商铺和写字楼开发贷款
		5. 项目资本金（所有者权益）比例应符合相关规定，并应在贷款发放前全部投入房地产项目开发，对分期开发的项目，申请用于某一期建设开发贷款的，按照当期总投资金额计算应到位项目资本金
		6. 项目地段较好，周边项目销售情况良好；楼盘具有一定规模，一般小区规模在 5 万平方米以上；楼盘规划合理
		7. 开发商承诺该楼盘的个人按揭贷款与开发贷款的额度比例一般要求达到 1:1 以上（含）；原则上应要求个人住房按揭贷款业务在未还清银行贷款本息之前，全部由银行办理，开发商同意与银行签订银企合作协议
	贷款方案	8. 原则上仅支持住房开发封闭贷款，对下列企业可以支持住宅开发非封闭贷款：与其他银行合作均未采用封闭贷款模式的大型优质上市房地产开发企业；由于当地房地产管理特殊政策导致无法封闭运行的地区（北京、上海、深圳、广州等），应优先支持前期能够以所开发项目土地使用权抵押，后期变更为以其他银行认可抵押物抵押，或全程以银行认可的其他抵押物抵押的项目
		9. 贷款金额应满足项目建设资金的需求，原则上不超过总投资额的 60%
	审查流程合规性要求	10. 应由房地产专业审查人员审查
		11. 专业审查人员按银行要求进行平行作业
外部合规		12. 借款企业应取得有权部门核定并颁发房地产开发资质证书
		13. 普通住房开发贷款最长不超过 3 年（含），经济适用房开发贷款最长不超过 5 年
		14. 不得发放用于缴纳土地出让金的贷款
		15. 项目取得不动产权证书
		16. 项目取得建设用地规划许可证
		17. 项目取得建设工程规划许可证
		18. 项目取得建设工程施工许可证

续表

项　　目	审查要点
外部合规	19. 项目资本金比例符合监管标准
	20. 项目符合套型面积占比要求
	21. 不存在土地闲置超过 1 年以上的现象和炒地行为
	22. 不得接受以出让方式取得、满 2 年未动工开发、可无偿收回的土地使用权作为抵押担保；不接受空置 3 年以上的商品房作为贷款的抵押物
	23. 对存在土地闲置超过 1 年及炒地行为的房地产开发企业，商业银行不得发放新开发项目贷款

（三）房地产开发授信流程

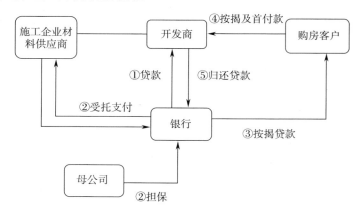

【示例 1】不动产权证书

【示例2】 建设用地规划许可证

中华人民共和国

建设用地规划许可证

地字第　　　号

根据《中华人民共和国城乡规划法》第三十七条、第三十八条规定，经审核，本用地项目符合城乡规划要求，颁发此证。

发证机关　城乡建设局
日　期　　○六年十二月十四日

皖　№ 2049240

用地单位	
用地项目名称	
用地位置	
用地性质	
用地面积	
建设规模	

附图及附件名称

1. 寿昌建设用地规划许可证申请表
2. 城区图file（2016）6号用地审批文件复印件
3. 寿国土局file（2016）30号用地预审意见的函复印件
4. 寿昌立项file（2016）143号立项批复复印件
5. 寿昌县委办公室file（2016）35号通知复印件
6. 寿环评（2016）74号复复印件

遵守事项

一、本证是经城乡规划主管部门依法审核，建设用地符合城乡规划要求的法律凭证。

二、未取得本证，周取建设用地批准文件，占用土地的，均属违法行为。

三、未经发证机关审核同意，本证的各项规定不得随意变更。

四、本证所需附图与附件由发证机关依法确定，与本证具有同等法律效力。

【示例3】 建设工程规划许可证

中华人民共和国

建设工程规划许可证

建字第　　　号

根据《中华人民共和国城乡规划法》第四十条规定，经审核，本建设工程符合城乡规划要求，颁发此证。

发证机关　城乡规划处
日　期　　2017年9月

№ 0112861

建设单位（个人）	
建设项目名称	
建设位置	
建设规模	

附图及附件名称

备注：依据《四川省城乡规划条例》第四十六条规定，建设工程规划许可证自核发之日起一年内，建设单位或者个人未能取得建筑工程施工许可证或者开工报告批准文件的，建设工程规划许可证自行失效。

遵守事项

一、本证是经城乡规划主管部门依法审核，建设工程符合城乡规划要求的法律凭证。

二、未取得本证或不按本证规定进行建设的，均属违法建设。

三、未经发证机关同意，本证的各项规定不得随意变更。

四、城乡规划主管部门依法补发权责证本证，建设单位（个人）有责任缴交查验。

五、本证所需附图与附件由发证机关依法确定，与本证具有同等法律效力。

【示例4】 建筑工程施工许可证

中华人民共和国

建筑工程施工许可证

编号

根据《中华人民共和国建筑法》第八条规定，经审查，本建筑工程符合施工条件，准予施工。

特发此证

发证机关

日　　期

建 设 单 位		
工 程 名 称		
建 设 地 址		
建 设 规 模	合 同 价 格	万元
设 计 单 位		
施 工 单 位		
监 理 单 位		
合同开工日期	合同竣工日期	
备　注		

注意事项：

一、本证放置施工现场，作为准予施工的凭证。

二、未经发证机关许可，本证的各项内容不得变更。

三、建设行政主管部门可以对本证进行查验。

四、本证自核发之日起三个月内应予施工，逾期应办理延期手续，
　　不办理延期或超过延期次数、时间超过法定时间的，本证自行废止。

五、凡未取得本证擅自施工的属违法建设，将按《中华人民共和国
　　建筑法》的规定予以处罚。

【点评】

　　整个房地产行业属于高度需要资金行业，银行应当尽量定位于高端房地产开发商，并尽可能配套提供商业承兑汇票等工具。同时，银行应当尽可能通过开发商关联营销上游施工企业以及钢贸企业等。

　　银行应当要求开发商配套提供封闭按揭贷款，向银行推荐个人购房客户等，通过银行封闭办理按揭贷款，以按揭贷款封闭置换我们的开发贷款。

【案例】 ××集团房地产开发贷款授信方案

（一）企业基本概况

××企业（集团）有限公司是一家以房地产、教育业为龙头产业，以建筑业、现代物流、酒店、商业和物业管理为附属产业的现代化企业集团，现

拥有七家全资公司，总资产近 20 亿元人民币，拥有管理、设计、工程、教育等各类人才 600 多人，开发房地产面积达 230 万平方米。

（二）银行授信方案

××集团已开发完成的建筑面积为 123 万平方米，某银行对××集团的营销一直紧追其项目进度，银行对××房地产开发有限公司开发的××项目发放住房开发贷款项目贷款 3000 万元，期限为 2 年，主要用于项目建安工程及配套设施建设。该公司在某银行日均存款约 2600 万元，发放按揭贷款约 6400 万元，个人按揭贷款与开发贷款的额度比例达 2.46:1。

此次开发贷款及配套按揭贷款，有效拉动了某银行的按揭业务的发展，加上对购房客户的营销，也可带动私人业务的稳定发展，很好地实现了公私业务的联动发展。

该项目已全部销售完毕，某银行开发贷款按期收回。某银行再次为××集团开发的××项目发放住房开发贷款 4000 万元，期限为 2 年。××集团经过在某银行办理的两笔贷款，与某银行建立了良好的合作关系，并在未来的所有项目授信预期中，始终坚持把某银行放在首选。

十六、地方政府融资平台公司贷款审查要点

（一）地方政府融资平台公司贷款定义

地方政府融资平台公司贷款是银行向平台公司发放的用于政府项目建设的贷款。

地方政府融资平台主要表现形式为地方城市建设投资公司（以下简称城投公司），其名称可以是某城建开发公司、城建资产经营公司等。

（二）平台客户特点

政府投资与资产管理行业具有公益性特点，项目主要服务于社会公众，自身不产生经营收入，或产生的收入不能覆盖 70% 以上债务本息的公共基础设施项目。

政府投资与资产管理行业项目是由政府主导，以政府融资平台作为实施主体，不以营利为目的，投资于社会公益项目，因此具有一定的政府垄断性。

政府投资与资产管理行业项目实施主要依靠政府，融资主体由政府直接设立控制，项目的资金来源于政府财政，最终的还款来源也依靠政府财政

资金。

（三）地方政府融资平台公司融资风险考量

1. 项目政策风险。政府投资与资产管理行业项目要符合国家政策规定，符合城市发展需要，并与地区经济发展水平和财政实力匹配，严格控制手续不完备、社会效益差的政府形象工程、政绩工程项目。

2. 项目合规性风险。政府投资与资产管理行业项目由政府投资主导，其相关的立项、可行性研究、用地、规划、环评手续由政府相关部门审批，由于信息不对称，银行对项目合法合规性审查具有一定的难度。

3. 财务风险。政府投资与资产管理行业的授信主体是政府的融资平台，政府往往以无直接收益的公共类资产注入，其财务指标存在资产负债率高、银行负债大、营业收入少、盈利能力差、自身还款能力弱等问题。

4. 项目建设风险。政府投资与资产管理行业项目资金需求量大，建设周期长，项目建设涉及土地开发、房屋拆迁、工程建设等多个环节，有的项目融资主体与实施主体相分离，项目资金的调拨主要根据政府意志，资金易被挪用，导致项目建设风险增大。

5. 财政偿债能力风险。政府投资与资产管理行业项目还款来源主要是未来的政府财政收入。而宏观经济的变化、区域经济发展、房地产市场变化及财政政策、货币政策、税收政策变化等多种因素，均会对未来的地方政府财政收入产生影响，具有一定的不可预见性。

6. 政府债务风险。政府债务具有一定的隐蔽性。由于信息不对称，政府的真实负债情况较难全面准确地了解掌握，同时财政负债变动也存在一定的不可预见性，都会影响未来政府的偿债能力。尤其是经济实力偏弱的地方政府，存在巨大的偿债风险。

7. 政府信用风险。由于多种因素导致缺乏对财政还款的有效约束手段，政府的还款意愿和信誉是授信到期收回的重要保障因素。对地方政府换届或发生其他突发事件而调整财政支出政策等情况，容易形成信用风险，而银行业务开展需要当地政府的支持，债务追偿具有一定难度。在中国，经常出现"新官不理旧账"。

8. 担保合规性风险。政府投资与资产管理行业项目授信主体为政府融资平台，还款来源主要依靠政府财政资金，授信难以提供有效担保。而根据财政部要求，地方财政停止对《担保法》规定之外的贷款或其他债务承担担保责任。银行缺乏对政府财政还款的有效约束，往往是依据地方政府或财政出具的安排还款资金的有关文件，或签订三方协议、代建协议，或回购协议等方式，作为一种风险监控和缓释手段，其对银行授信的担保效力存在一定的法律瑕疵。

（四）审查要点

项　　目		审查要点
内部合规		1. 授信申请人列入总行授信客户准入名单
		2. 贷款拟投向的地块应为规划用途为有现金流的地方项目
		3. 自筹资金全部到位并先于贷款投入使用
外部合规	借款人	4. 借款主体应为市、县人民政府批准成立、具有独立的法人资格、隶属于国土资源管理部门、统一承担本行政辖区内地方项目建设的机构
	申贷项目	5. 应取得政府部门批准的贷款规模文件
		6. 应取得同级人民政府批准的项目实施方案
		7. 申贷项目符合有关部门批准的城市规划和土地利用总体规划，列入当年土地储备计划
		8. 取得发改部门批复或核准意见
		9. 涉及农用地的，应具备合法的农用地转用和征收批准手续
		10. 应为担保贷款，其中抵押贷款必须具有合法的土地使用证
	贷款方案	11. 贷款应实行专款专用、封闭管理，不得挪用
		12. 贷款最长期限不得超过两年
		13. 政府储备土地设定抵押权，其价值按照市场评估价值扣除应当上缴政府的土地出让收益确定，抵押程序参照划拨土地使用权抵押程序执行
		14. 各类财政性资金依法不得用于贷款担保

【案例】××平台公司商业承兑汇票＋理财产品组合融资案例

（一）企业基本概况

××平台公司注册资本金20亿元人民币，××平台公司与铁道部签署了一系列关于加快重庆铁路建设的协议，根据协议，全力推进襄渝铁路二线、重庆集装箱中心站、南涪铁路、兰渝铁路、渝利铁路、遂渝二线六个项目建设。为配合项目建设用地需要，征地拆迁工作涉及12个区县和2个园区。总共需征地35264亩，其中××平台公司承担的主城区征地拆迁工程涉及征地面积 18312.48 亩，需筹集资金 39.9421 亿元，其中定额补助 3.3171 亿元，拟向银行申请贷款 36.625 亿元。

（二）银行切入点分析

1. 贷款分次提款，资金专款专用，用地拆迁补差资金统一拨付到市国土房管局专用账户后，由相关区县拆迁部门根据用地拆迁进度向市国土房管局申请拨付使用。贷款资金沉淀时间较长。

2. ××市财政局在某银行开立"铁路建设征地拆迁补差专项资金"专户，每年将按土地出让金的 5% 计提的征地拆迁补差专项资金进入该专户用于归还贷款，形成存款沉淀。

××市财政的土地出让金来源于主城九区，市财政的土地出让金净入库数分别为 65 亿元、112 亿元，增长率分别为 72%、21%。

主要风险点及防范措施：

《关于落实铁路项目有关资金的会议纪要》确定了关于铁路项目征地拆迁补差资金的筹措方式。

××市财政局在某银行开立"铁路建设征地拆迁补差专项资金"专户，并每年将按土地出让金的 5% 计提的征地拆迁补差专项资金全部进入该专户以锁定还款资金。

（三）银行授信方案

1. 授信主体：××平台公司。

2. 授信品种：商业承兑汇票 + 理财产品。

3. 授信额度：20 亿元（其中，5 亿元商业承兑汇票由理财产品全额冻结办理全额保证金商票，其余 15 亿元由申请人自由使用）。

4. 授信期限：2.5 年。

5. 授信用途：专项用于铁路建设征地拆迁补差，××地产集团首先启用 5 亿元商业承兑汇票支付工程款，理财产品发行到位后，冻结 5 亿元资金进入保证金账户。其余 15 亿元理财资金自由使用。

6. 还款来源：由市财政按年度从市土地出让金净收益的财政入库金额 5% 提取专项资金专项用于偿还理财资金。

十七、经营性物业抵押贷款审查要点

（一）经营性物业抵押贷款定义

经营性物业抵押贷款是指银行向经营性物业的法人发放的，以其所拥有的物业作为贷款抵押物，还款来源包括但不限于经营性物业的经营收入的贷款。

经营性物业是指完成竣工验收并投入商业运营，经营性现金流量较为充裕、综合收益较好、还款来源稳定的商业营业用房和办公用房，包括商业楼宇、星级宾馆酒店、综合商业设施（如商场、商铺）等商业用房。期限最长原则上不超过 8 年。

（二）审查要点

项　　目		审查要点
补充提供资料		1. 一般风险授信要求提供的资料
		2. 经营性物业合法有效的房屋所有权证等权属证明文件
		3. 申请人购建物业已投入自有资金证明及相关合法有效的合同、协议或其他文件
		4. 收入来源于出租物业的，还须提供申请人对外出租的主要协议、合同及租金收入的有关证明
		5. 收入来源于自身经营的物业，须明确经营收入模式，并提供有关协议合同，以及收入的有关证明（经营流水单、POS 机刷卡记录单以及银行对账单等）
		6. 其他须提供的证明文件和资料
银行准入条件	申请人须具备的基本条件	7. 在银行的信用评级原则上为 B 级（含）以上
		8. 属于房地产开发企业的，取得主管部门核发的房地产开发企业资质等级证书，并办理年检手续
		9. 所有者权益在 5000 万元以上
		10. 同意与银行签订项目资金监管协议，承诺物业经营所产生的资金结算、代收代付等中间业务在银行办理，接受银行对物业经营现金收入支出的封闭式监管

项　　目		审查要点
银行准入条件	经营性物业须具备的基本条件	11. 物业合法合规性文件齐全，经过竣工验收合格，办妥房产证
		12. 物业符合各地城市商业网点规划要求，所在区域发展定位与城市总体规划确定的发展趋势一致
		13. 物业正式投入商业运营 1 年以上，且符合当地商用物业出租的政策规定。对于项目公司的控股股东或担保企业在银行信用评级在 A 级以上的授信项目，物业正式投入商业运营 1 年以上的要求可适度放宽
		14. 经营性物业地理位置优越，应位于城市中央商务区、主要中心商业区或城市中心繁华地段等，交通便捷，人流、物流、车流充裕，商业、商务氛围浓厚
		15. 酒店为四星级（含）以上，由国际知名品牌管理公司管理，经营状况优良，现金流稳定，上一年度平均入住率高于 60%；酒店星级原则上须经全国旅游星级饭店评定委员会或各省、自治区、直辖市旅游星级饭店评定委员会正式评定，并获得星级酒店标牌和证书
		16. 写字楼为甲级（含）写字楼，且年均出租率高于 80%
		17. 商业物业应主要选择大型超市、百货店、购物中心等业态，商业物业面积（可供银行抵押面积）原则上不低于 10000 平方米
		18. 物业为混合业态的，应至少满足以上关于酒店、写字楼、商业物业的一个条件
		19. 银行暂不接受以非标准工业厂房为抵押物的经营性物业抵押贷款项目
	担保方式	20. 必须以竣工验收合格、取得房产证、并投入正常运营的经营性物业做抵押担保，且申请人对抵押物业须拥有独立的处置权
		21. 必要时还应提供银行认可的其他财产抵、质押和第三方保证
		22. 可视情况要求申请人法人代表或其实际控制人提供连带责任保证担保或提供股权质押
		23. 经营性物业原则上应采取物业整体抵押方式
	贷款用途	24. 经营性物业抵押贷款可用于申请人合法合规的资金需求，包括但不限于物业在经营期间维护、改造、装修、招商等资金需求以及置换该物业建设期的银行贷款、股东借款等负债性资金和超过项目资本金规定比例以上的资金
		25. 不得用于国家明令禁止的投资领域和用途
		26. 不得用于偿还银行存量不良贷款或违规贷款

续表

项　目		审查要点
银行准入条件	贷款方案	27. 对于出租型物业银行优先支持申请人、承租人能够与银行签订三方监管协议，承租人同意将租金直接支付至申请人在银行开立的监管账户的项目
		28. 控制承租人无法与银行签订三方监管协议或承租人仅出具签收函的经营性物业项目
		29. 贷款额度以商业营业用房类（含酒店）经营性物业抵押的贷款额度最高不得超过物业评估价值的60%；以办公楼类经营性物业抵押的贷款额度最高不得超过物业评估价值的50%；以其他类经营性物业抵押的贷款额度最高不得超过物业评估价值的40%；经营性物业抵押贷款本息和与贷款期间预期可产生的净现金流之比不超过80%
		30. 在贷款期内，经营性物业所产生的稳定的、经营性净现金流能够按期归还贷款本息（净现金流指已扣除经营物业必须支付的各项支出后的现金流），且经营性物业抵押贷款本息和与贷款期间预期可产生的净现金流之比不超过80%
		31. 贷款期限：贷款期限原则上不得超过10年，最长不得超过12年，且不得超过申请人法定经营期限和房地产权证的剩余使用年限

注：可以通过对小商品管理城的市场管理方提供经营性物业抵押贷款，换取市场管理方向银行推荐商户资源，银行对商户办理租金贷，然后以租金贷偿还经营性物业抵押贷款。

（三）风控要点

1. 市场风险。经营性物业抵押贷款期限较长，贷款期内不确定和不可预见因素较多，经济发展周期和房地产市场周期变动、借款人高估抵押物价值或将市场租售情况不理想的项目抵押给银行，都可能导致抵押不足，项目出租率和租金水平降低，从而影响贷款安全。因此要真实、客观地评估抵押物市场价值，严格贷款用途，杜绝借款人降低注册资本、抽减股本、不当分配利润等降低所有者权益的行为。

2. 客户和项目风险。贷款对象须是信用等级和开发资质较高，财务状况良好，商业地产开发业绩优良或物业经营管理经验丰富，招商引资能力和市场培育、运作能力较强的优质客户。经营性物业原则上是位于城市中央商务区和中心商业区等城市中心繁华地段，并投入运营一段时间，出租率较高，经营状况良好的低风险项目。

3. 贷后管理风险。经营行要及时掌握项目租售情况，准确估算项目经营性现金流量，认真做好项目资金监管，制订科学合理的还款计划，确保按期偿还贷款本息，有效控制和化解贷款风险。

（四）贷款特点

1. 用于抵押的经营性物业必须是借款人自己拥有的、位于商业繁华地段的、用于对外出租并以所收取的租金作为还款来源的贷款。

2. 贷款可用于公司经营范围内合法合规资金需求，包括但不限于置换负债性资金和超过项目资本金规定比例以上的资金。

3. 抵押物的价值必须由具有建设部发布的《房地产估价机构管理办法》中具有二级（含）以上房地产估价机构资质条件的房地产评估公司评估。

（五）贷款优势

1. 贷款用途灵活。经营性物业抵押贷款解决了房地产企业贷款用途监管难的问题，对于自行建造的物业，可用于置换负债性资金和超过项目资本金规定比例以上的自有资金，即置换出来的是属于房地产企业的自有资金，银行对企业的自有资金的使用监管力度可适当降低。

2. 贷款期限长。普通的抵押贷款，贷款期限一般为 1 年，企业面临的还款压力较大，经营性物业抵押贷款，贷款期限最长可达 10 年，企业可获得长期稳定的资金。

3. 还款方式灵活、减轻企业财务管理费用。可根据企业资金安排和经营性物业现金流状况合理安排还款计划，经营性物业抵押贷款的还款来源是经营性物业的稳定的现金流，物业的所有租金监管到对应银行，既保证了贷款的按时归还，又节省了借款人的财务人员工作量和财务管理成本，使企业还款压力降到最低。

4. 操作简单，解决企业融资难问题。经营性物业抵押贷款操作简单，经营性物业抵押贷款主要关注抵押物的价值和贷款期内的现金流，只要满足这两个条件（贷款第一还款来源和第二还款来源）的经营性物业均可操作经营性物业抵押贷款业务，企业可容易得获得银行贷款。

（六）经营性物业抵押贷款营销关注要点

1. 酒店类物业。

（1）关注酒店的管理团队及品牌。知名酒店管理公司，在修建酒店时硬件、配套设施能根据客人的需要来设计与规划，采用最新技术及最先进的设备，在装修上独具特色，同时日常管理是品牌酒店最具竞争力的优势。因此，我们在选择酒店类物业时选择由知名管理团队经营的品牌酒店。

（2）对于拥有稀缺性资源的酒店类项目（如温泉酒店、海景酒店），银行将择优支持。

（3）关注酒店类物业的盈亏平衡点和投资回报率。酒店类物业的盈亏平衡点应根据酒店的入住率来确定，越高的入住率表明项目适应市场变化的能力越大，抗风险能力越强。酒店的入住率易受商务出行和旅游消费两个主要因素的影响。同时，与相同面积的写字楼和商场类物业相比较，酒店单位面积的收入更高，但运营成本也高于其他物业，平均分摊下来，酒店类物业的投资回报率与写字楼及商场类物业的投资回报率基本相同。因此，在关注酒店入住率的同时，也应当计算酒店的投资回报率。

（4）关注酒店的管理方式。国际知名酒店管理公司在国内的业务发展主要采用特许经营和管理合同两种模式。特许经营模式一般只使用品牌，只需支付品牌使用费，相对比较简单。而管理合同模式不仅提供品牌，还将输出整套管理模式。在这种情况下，在管理合同签订后，业主一般需要支付给管理方一笔数额巨大的"前期承约费"，酒店开业后要支付管理费。而管理费一般包括按营业收入的一定百分比收取的基本管理费和按"经营毛利"的一定比例收取的鼓励性管理费。同时，酒店还要支付系统费、忠诚客户计划费、培训费等其他费用。一般来说，支付给管理方的费用要占酒店总收入的5%左右，这还不包括支付给管理人员的工资及福利费，而外籍、外聘人员的成本占整个酒店人力资源成本的30%以上。

因此对酒店类经营性物业抵押贷款，分行应详尽了解其管理模式，调阅业主与管理方签订的管理合同，关注管理费的收取方式，防止合同中存在不利于银行资金监管的相应条款。

同时与业主、管理团队通过签订《三方资金监管协议》，来对酒店的经营性现金流进行监管。

2. 写字楼类物业。

（1）写字楼类物业区位准入原则。鉴于地理位置对写字楼类物业的经营发展有较大的影响，因此写字楼类经营性物业抵押贷款的物业原则上应位于城市 CBD 区域，积聚效应明显。

（2）关注写字楼的品质与物业。写字楼的品质至关重要，如交通的便利程度、停车场的设计是否合理、物业建筑品质、电梯质量与配置状况、结构布局是否合理、采光通风是否良好等因素都会对写字楼的品质产生影响。

写字楼的管理、服务同样至关重要。由于进驻写字楼的公司并非满足于简单的办公需求，写字楼须能提供多功能服务。从舒适的办公环境，到作为一个特定的休闲场所和高级商务空间，因此对写字楼的物业管理者也提出了更高的要求。

良好品质与物业管理，对于写字楼的出租及持续经营具有较强的提升作用。

（3）关注写字楼类物业的承租人结构。关注物业的承租人结构，是以外资企业为主，还是以国内企业为主，以及承租人的行业分布、宏观经济发展对承租人的影响等。良好的承租人结构对物业保持稳定的经营性现金流，产生较大的影响。

（4）分析承租人的租金支付方式。在设计授信方案客户还款频度时，应根据主要承租人的租金支付方式来确定，如主力承租人按季度支付房屋租金，则银行授信方案中客户还款频度应按季度归还贷款本息。

3. 商业类物业。

（1）业态选择要求。根据零售业态分类国家标准，商业类物业分为大型超市、百货店、专业店、专卖店、家居建材店、购物中心、食杂店、便利店、折扣店、超市、仓储会员店、厂家直销中心、电视购物、邮购、网上商店、自动售货亭、电话购物17种业态。银行选择的业态应为大型超市、百货店、专业店、专卖店、购物中心。

（2）商业类物业区位准入原则。商业类物业经营发展受物业所处的地理位置、商业氛围因素影响较大，因此商业类经营性物业抵押贷款的物业原则上应位于中心商务区或城市中心繁华地段，人流充裕、交通便捷、商业氛围浓厚。

（3）关注物业的市场定位及规模。物业经营定位是否准确，直接影响到物业的经营与持续发展能力。通过对周边经济发展水平、人口规模、结构、消费水平、消费习惯等要素的调查，确定物业是否具有较好的市场适应性；物业所形成的商圈的辐射度（本区域、本市、周边城市）是否具有较强的稳定性，其营业规模与商圈范围大小应相匹配。

（4）关注物业出租方式。分析物业的租赁方式，是知名企业整体租赁，或是零散出租。

①整体租赁：承租人在行业内具有较高的知名度和诚信度，有长期从事相关商业经营活动的成功经验，有较强的盈利能力，如沃尔玛、家乐福、苏宁等。

②零散出租：租赁活动原则上应具有一年以上连续经营的良好记录，租赁房产的租金收入稳定，租赁情况良好，上一年出租率原则上不得低于80%。

4. 防止提前还款的排他性建议。为防止他行同类产品置换银行贷款，在办理经营性物业抵押贷款业务过程中，经办机构应在相关合同文本中增加排他性条款，如未经银行同意，借款人不得提前还款，如违约，银行将收取一定比例的违约金。

【案例】 ××投资集团有限公司经营性物业抵押贷款案例

（一）企业基本概况

××投资集团有限公司是以经营服装、小商品为主的超大型批发市场，交易的商品包括服装、鞋业、日用百货等超过10万种的商品。其主营业务收入为××世贸商城的租金收入，租金由集团下属的控股子公司××世贸商城管理有限公司及××国际有限责任公司代收。

××世贸商城的A座、B座和C座总出租面积18.3万平方米，出租率已接近100%，年纯租金收入5.1亿元。D座出租面积9万平方米，年纯租金收入9800万元。

商城物业管理费为1元/天/平方米，年物业管理费收入约1亿元，年实现收入5.72亿元（不含税），利润总额2亿元。由于商城出租率较高，租金及管理费收入稳定，因此公司整体发展前景乐观。

（二）银行切入点分析

该项目租赁合同主要条款完善合理，有利于维护合同双方的权利和义务，没有发现对银行贷款安全性存在不利影响的条款，部分租赁合同为长期租约，长期租约有利于保证商城收入的稳定性，但对商场调整商户结构及资产处置的便利性有一定影响。

随着商业地产的不断培育，地区周边环境和配套设施的改善，地铁线路的延伸，未来的收入还将持续增长，能够为经营性物业抵押贷款提供稳定的还款来源。该项目产权清晰，无法律纠纷，抵押物有保障，抵押率符合某银行有关规定，并有实力雄厚的股东提供担保。

××世贸商城对银行价值分析：××世贸商城有大量的商户资源——约超过6000家商户，银行每家独立营销，显然工作量较大，营销难度极高。借助××世贸商城介绍，银行可批量营销众商户。银行针对××世贸商城提供担保额度，由××世贸商城给商户提供担保。

（三）银行授信方案

××集团在各家金融机构融资总额30亿元，其中民生银行17.1亿元、中信信托3亿元（内部股东借款）、兴业银行5亿元、农村商业银行4.9亿元，全部为抵押贷款。

某银行发起银团贷款，授信业务品种为经营性物业抵押贷款，共计28亿元，其中，某银行13.5亿元、兴业银行5亿元、华夏银行2亿元、平安银行1.5亿元、南京银行3亿元，银团牵头行是某银行，期限10年（含2年宽限期），利率是同期基准利率上浮5%，以商城一期A、B、C座全部房产做抵押，抵押物评估价值68亿元，并追加借款人股东××提供无限连带责任保证。银团贷款用于置换原有25.1亿元贷款（其中，民生银行17.1亿元、中信信托3亿元、兴业银行5亿元）。还款来源是××世贸商城物业经营收入。

A银行承诺3亿元贷款，用于加入银团，置换B银行贷款。贷款收益：按照每年3亿元日均计算，10年期利率上浮5%为6.237%，扣除FTP、拨备和资本占用费后每年可获得收益240万元。

十八、进出口结算授信审查要点

（一）进出口结算授信定义

进出口结算授信是指银行根据企业的进出口需要，为企业提供的进出口贸易融资业务。

（二）审查要点

项　　目	审查要点
进口开证	1. 具有进出口业务经营权并已在国家工商行政管理局登记注册
	2. 列入外汇管理局公布的"对外进口付汇单位名录"名单中

续表

项　　目	审查要点
进口信用证押汇	3. 进口信用证押汇仅限于申请在银行开立的跟单信用证项下办理
	4. 即期信用证项下自提供融资之日起至还款日止的期限原则上不超过90 天；远期信用证项下远期付款期限与融资期限之和原则上不超过90 天
进口代收押汇	5. 进口代收押汇的期限原则上不超过90 天
	6. 仅限于即期付款交单（D/P）项下，且进口单据中包括运输单据
汇出汇款押汇	7. 即期汇出汇款押汇的期限原则上最长不得超过90 天，远期付款期限与融资期限之和不超过90 天
	8. 仅限于货到付款项下
汇入汇款押汇	9. 原则上全年进出口总金额在1000 万美元以上或者在当地进出口排名为前十名以内
	10. 原则上出口商品必须是申请人主营业务范围内的商品，市场销售前景良好；进口商原则上为欧美、澳大利亚、日本等发达国家（地区）及部分东亚新兴市场国家（地区）

　　进出口结算授信牢牢捆绑企业的进出口贸易环节，相对流动资金贷款而言，风险明显下降。要注意对单据的把握，防止出现诈骗风险。

【案例】××汽车贸易有限公司进口授信方案

（一）企业基本概况

　　××汽车贸易有限公司，注册资金为1000 万元人民币，具有较强的资金实力，经营范围包括国际贸易；机电产品（含小轿车）及零配件、化工（危险化学品及易制毒品除外）、钢材的经营；计算机销售及软件开发、网络技术咨询；代办保税仓储服务；商品展示；进出口经营权：自营和代理各类商品和技术的进出口，国家限定公司经营或禁止进出口的商品和技术除外。

上下游客户及主要结算方式

供应渠道分析		
前两名供应商（按金额大小排名）	金额（万元）	占全部采购比率（%）
1　Golf Commercial Corporation International	3117	65
2　Cars & Parts Marketing Centre	1653	35

续表

销售渠道分析		
前三名销售商（按金额大小排名）	金额（万元）	占全部销售比率（%）
1　鄂尔多斯××车业有限公司	7618	18.60
2　广东××汽车贸易有限公司	5485	13
3　太原××汽车销售服务有限公司	3656	9

（二）银行授信方案

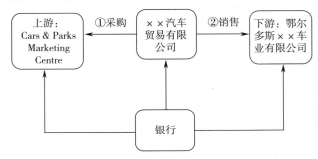

授信方案						
额度类型	公开授信额度		授信方式	综合授信额度		
授信额度（万元）	8000.00		授信期限（月）	12		
授信品种	币种	金额（万元）	保证金比例（%）	期限（月）	利率/费率	是否循环
1. 一般授信担保	人民币	1500.00	20	12	按银行规定执行	是
2. 流动资金贷款	人民币	1500.00		12	按银行规定执行	是
3. 进口开证授信	人民币	5000.00	20	12	按银行规定执行	是
贷款性质	新增	本次授信敞口（万元）		6700.00	授信总敞口（万元）	6700.00
担保方式及内容	质押物名称：信用证项下未来货权					

担保方式由企业提供信用证项下未来货权作为此次授信担保。

（三）上游供应商情况简介

国外供应商为合作多年的大型汽车贸易商，贸易量稳定，质量有保证，主要结算方式为进口开证和电汇。××汽车贸易有限公司所售车辆全部为国外进口，无国内采购。

该企业会根据市场行情和自有资金情况购进若干台车辆，以便在提高效率的同时提高企业的市场竞争力。同时，××汽车贸易有限公司也与代理公司签订代理开证协议，如××联合汽车贸易有限公司。××汽车贸易有限公司支付开证金额的21%，其中，20%为保证金、1%为预收费用，由代理公司代理进口开证。在信用证押汇到期前5天，××汽车贸易有限公司将剩余79%的货款及押汇利息划入代理公司指定的账户内，同时额外支付给代理公司每台车800元左右的代理手续费。车到后，××汽车贸易有限公司自行开票给下游客户。

××汽车贸易有限公司通过该代理公司开立信用证向中东进口汽车金额共计370万美元。据了解，××汽车贸易有限公司年平均通过代理开证金额占开证总金额的70%左右。

1. 合作模式。

借款人为提高周转效率，使自身经营更加灵活，同时打算聚拢一批下游客户，尽快回笼资金，故向银行申请修改原综合授信，总额度为8000万元人民币不变，其中进口开证额度5000万元人民币，可串用为押汇，押汇期限小于180天；流动资金贷款授信额度1500万元，其中1000万元用于缴纳关税、消费税、增值税，可串用为进口开证及押汇；500万元为现货质押额度，用于缴纳三税，可串用为进口开证、押汇额度；一般授信担保额度1500万元，××汽车贸易有限公司作为核心担保企业，为其下游经销商解决向其采购进口汽车的资金问题。交易期限可分为1期、3期、6期、9期、12期，一般授信担保期限为1年。

2. 下游客户情况简介。

××汽车贸易有限公司的经营模式以批发为主，零售为辅，比例约为7:3。××汽车贸易有限公司主要的客户群均为各地实力较雄厚的4S店，主要为电汇和现金结算，即下游客户提交订单给××汽车贸易有限公司，××汽车贸易有限公司通过开证或者电汇的方式向国外购车，货到后××汽车贸易有限公司通知下游客户付款，款到账后××汽车贸易有限公司将货物发出，一般2～3天即可运给客户。另外，一些个人消费者购货时，会交付全款现金或部分预付款，该企业收到款项后，通过开立进口信用证向国外供应商购进车辆。从进口开证到车辆售出的周期一般为3～4个月。

3. 批量授信核心企业。

本次授信的风险点主要体现为市场风险和操作风险，银行将密切关注进口汽车市场，尤其是日系车市场，以便掌握行业的即时动态；此外，严格按照银行关于小微采购卡的操作指引规范操作也是规避风险的手段之一。

4. 银企合作情况。

此笔授信涉及未来货权质押及现货质押。未来货权质押基本流程：客户缴纳20%保证金，开立信用证，按信用证条款提交全套海运提单并以开证行指示抬头。供货商接到银行指令后发货。到单后，客户补交10%的开证保证金，银行办理押汇对外付款，押汇金额不超过到单金额的70%，期限为3个月，最长不超过6个月，银行在监管方出具仓单后将全套正本提单移交给监管方，委托监管方办理相关手续；到货后，汽车直接进入银行指定监管仓库，由监管方办理现货质押。待××汽车贸易有限公司需要提车时，由监管方指定且为银行认可的报关行办理货物商检报关手续，并将进口货物证明书及检验检疫证明交由监管方监管；客户缴纳关税的30%作为备付金，银行发放贷款用于支付信用证项下进口汽车的三税，办理进口汽车通关手续，汽车完税且银行收到××汽车贸易有限公司偿还押汇及"银关贷"足额款项后签署提货通知书，并通知监管方办理提货，监管方将检疫检验证明书等交还客户。

现货质押基本流程：采用进口汽车现货质押。申请授信品种：流动资金贷款。利率：按总行利率标准。质押的进口汽车手续齐全，具备海关货物进口证明书、出入境检验检疫进口机动车辆随车检验单等证明单据。质押率70%，完税后的进口汽车市场变现能力很强，同时进口汽车价格市场波动较小，授信风险可控。

5. 风险控制。

（1）行业情况。

××汽车贸易有限公司所经营的进口汽车行业在国内属于高端市场，随着我国消费水平的不断升高，进口汽车行业的消费群体也在逐步扩大，销售前景良好。2010年初，由于日本突发海啸，日本当地的汽车生产厂商均受到不同程度的影响，一些厂商甚至出现了停产的状况，这使国内的进口车市场货源紧张。此外，××汽车贸易有限公司所在的××保税区国际汽车城在全国享有较高的声誉，××保税区又是全国最大的进口汽车口岸，具有得天独厚的地理优势，并且具有相关保税政策的优势，这使汽车行业在区内发展成熟，具有相当大的影响力。

（2）××汽车贸易有限公司的经营情况、管理层的管理能力和还款意愿。

通过查询人民银行征信系统，××汽车贸易有限公司以往信用状况良好，在深圳发展银行取得的6000万元授信和某银行的3000万元授信均能及时还款，还款意愿明确。此外，××汽车贸易有限公司本次向银行申请的8000万元授信，其中6000万元为进口开证，另外2000万元流动资金贷款用于缴纳三税。风险缓释方式为未来货权质押，质押率为70%。监管方为××国际物流园有限公司，该公司于2005年在××保税区成立，具有丰富的监管经验和健全的监管制度。整个监管过程，从汽车到港、入库、报关、出库都有严格的监管手段，保证了银行货权的完整性和唯一性。

（3）企业的财务状况。

从××汽车贸易有限公司报表中看，该公司规模较大，资产负债结构较合理，资产质量稳定良好，营运效率较高，盈利能力一般，现金流比较紧张，但整体发展趋势向好。

××汽车贸易有限公司资产集中在流动资产上，而其中又以预付账款和存货占比较大。存货为进口汽车，预付账款为支付上游供货商的车款和支付代理公司的开证保证金，车辆一般在开证之日起1个月左右到港。××汽车贸易有限公司所在的××保税区国际汽车城是全国最著名的进口车集散地之一，进口汽车价格较稳定，属大宗商品，有利于车辆的变现，销售周期大部分在4个月以内，小于银行授信方案期限，能保证银行回款。

（4）优势劣势分析。

××汽车贸易有限公司主要经营进口汽车贸易，且多为国内市场畅销车型，价格较为稳定。××汽车贸易有限公司销售规模逐年升高，销售前景良好。××保税区是全国最大的进口汽车口岸，××汽车贸易有限公司所在的天津保税区国际汽车城又是全国著名的进口汽车城，成立时间长，市场成熟，交通货运条件完善，加上保税区特有的保税政策，这使保税区具有得天独厚的优势。

6. 相关效益分析。

本次授信额度为8000万元，授信品种为进口开证、流动资金贷款、一般授信担保，风险敞口为 6700 万元，担保方式为信用证项下的未来货权质押，质押率不超过 70%，能确保银行授信不产生缺口。此次授信会给银行带来可观的保证金存款，根据银行规定，开展货押业务收取一定的货押监管费，有利于增加银行中间业务收入。

十九、保理授信审查要点

（一）保理定义

保理（Factoring）又称托收保付，出口商将其现在或将来的基于其与买方订立的货物销售/服务合同所产生的应收账款转让给保理商（提供保理服务的金融机构），由保理商向其提供资金融通、进口商资信评估、销售账户管理、信用风险担保、账款催收等一系列服务的综合金融服务方式。保理是国际贸易中以托收、赊账方式结算货款时，出口方为了避免收汇风险而采用的一种请求第三者（保理商）承担风险责任的做法。

（二）政策依据

《中国银监会关于加强银行保理融资业务管理的通知》（银监发〔2013〕35 号）第一条、第六条、第八条、第九条规定如下：

一、保理业务是指以债权人转让其应收账款为前提，集银行融资、应收账款催收、管理及坏账担保于一体的综合性金融服务。债权人将其应收账款转让给银行，不论是否融资，由银行向其提供应收账款催收、应收账款管理和坏账担保中的至少一项服务。

六、银行不得基于以下内容开展保理融资：不合法基础交易合同、代理销售合同、未来应收账款、权属不清的应收账款、因票据或其他有价证券而产生的付款请求权等。其中，未来应收账款是指依据合同项下卖方的义务未履行完毕的预期应收账款。

八、银行应加强卖方单保理融资业务管理，严格单保理融资业务准入。所有单保理融资应严格审核基础交易的真实性，同时确定卖方或买方一方比照流动资金贷款进行授信管理，严格受理与调查、风险评价与评估、支付和监测等全流程控制。

九、银行应通过单保理合同约定，要求卖方指定专门资金回笼账户并及时提供该账户资金进出情况。银行应动态关注卖方或买方经营、管理、财务及资金流向等重大预警信号，采取有效措施防范化解保理融资业务风险。

（三）保理业务操作流程

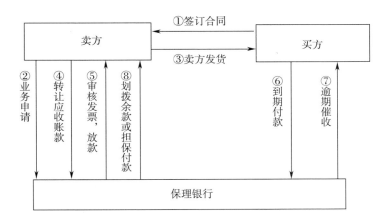

（四）审查要点

项　　目	审查要点
国内有追索权保理	1. 有追索权保理业务买卖双方原则上应是非关联企业，如是关联企业，应统一纳入关联企业集团客户授信进行管理
	2. 必须有真实的商品交易关系和劳务关系
	3. 卖方销售产品应是原材料、零部件等标准统一、同质性强的商品，销售成套设备、生产线和大型设备等资本性货物或商品质量不易量化、不易产生争议的产品形成的应收账款，例如煤炭经销商向电厂供煤、药品经销商向医院供应标准化的药品
	4. 建筑工程、公路建设、软件开发等行业形成的应收账款，以及合同权利不完整的应收账款不适合叙做保理业务，如做保理业务必须获得买方的书面确认，合同质量完全合格，仅是进入延期付款队列的应收账款
	5. 销售方式为赊销，付款期限原则上不超过180天，付款方式明确，有确定的付款到期日
	6. 合同中未含有禁止转让、寄售或保留所有权条款，或买卖双方另行约定排除禁止转让条款，或买方可书面确认银行格式的应收账款债权转让通知书

续表

项　　目	审查要点
国内无追索权保理	7. 无追索权保理业务买卖双方非关联企业
	8. 卖方销售产品应是原材料、零部件等标准统一、同质性强的商品。销售成套设备、生产线和大型设备等资本性货物或商品质量不易量化、容易产生争议的产品形成的应收账款，建筑工程、公路建设、软件开发等行业形成的应收账款，以及合同权利不完整的应收账款不适合叙做保理业务，具体业务以产品管理部门保理业务方案批复为准
	9. 销售方式为赊销，付款期限原则上不超过180天，付款方式明确，有确定的付款到期日
	10. 合同中未含有禁止转让、寄售或保留所有权条款，或买卖双方另行约定排除禁止转让条款，或买方可书面确认银行格式的应收账款债权转让通知书
国际有追索权出口保理	11. 出口商具有进出口经营权
	12. 付款期限原则上不超过120天
	13. 基础交易合同不得含有合同/应收账款禁止转让条款
	14. 付款方式为赊销（O/A）或承兑交单（D/A）
	15. 融资比例原则上应不超过发票金额的80%
国际无追索权出口保理	16. 出口商具有进出口经营权
	17. 进出口商原则上应为非关联企业
	18. 付款期限原则上不超过120天
	19. 基础交易合同不得含有合同/应收账款禁止转让条款
	20. 进口保理商须已被核定了同业授信额度
进口保理	21. 进口商具有进出口经营权
	22. 付款期限原则上不超过120天
	23. 基础交易合同不得含有合同/应收账款禁止转让条款

【案例】 ××国际货物运输有限公司保理融资案例

（一）企业基本概况

××国际货物运输有限公司，注册资本及实收资本550万元，主营业务是国际货运代理，主要盈利来源分别是空运、海运和陆运，空运的业务量占比高达 80% 以上，合作企业是欧洲最大的空运企业，本次为了拓展业务，特向银行申请保理额度。

（二）银行切入点分析

1. 从行业背景看，现代物流业是国家支持行业，同时该行业是××市优先扶持三大主要产业之一，未来发展空间巨大，为借款人的发展提供了良好的机遇。

2. 第一还款来源分析：借款人近两年来发展迅速，企业资产规模达 5334 万元，实现销售收入 24308 万元。该公司作为××国际运输代理（中国）有限公司在××市唯一的操作公司，主营业务收入、利润增长快速，现金流充裕，盈利能力较强，企业主营业务利润率平均为 8% 以上，资产负债结构合理，长短期偿债能力强，现金流量大且充足，作为第一还款来源很有保障。

3. 第二还款来源分析：本次授信主要依据借款人与××国际货物运输有限公司之间产生的应收账款。该账款的结算方式是：双方每月 15 日对账，双方在发货确认单上进行回签，同时出具确认函，由此起算 80 天进行付款。当出具确认函后，该笔账款直接进入××国际运输代理（中国）有限公司的电子支付系统，到期后，系统自动支付，正常情况下支付过程中不存在人为干扰因素，不存在价格趋势变化。该质押物的质押率为 80%，在贷款期间质物能够覆盖贷款金额，不致产生缺口。

而××国际运输代理（中国）有限公司是瑞士××集团有限公司的全资子公司，××集团有限公司是欧洲最大的航空货运公司，全球第四大货运公司，国内空运量排名同业第一，具备很强的实力。

4. 为缓释风险，特追加××国际运输代理有限公司法人代表××提供个人连带责任担保，签订自然人担保保证书。经查阅个人征信系统，其个人信用记录良好，不存在恶意逾期及欠款的情况，本次追加其个人连带责任担保，第一可以缓释银行的信贷风险，第二可防范借款人的道德风险。

5. 通过本次授信，企业与银行的业务联系将进一步加强，借款人已将结算账户开立到银行，经济效益明显。

综上所述，该笔授信业务风险与效益匹配，建议给予授信，同时银行将密切关注企业经营情况。

供应渠道分析		
前三名供应商（按金额大小排名）	金额（万元）	占全部采购比率（%）
1　新加坡航空	8064	36.9
2　华信航空	6027	27.5
3　卢森堡航空	4742	21.7
借款人和××国际运输代理（中国）有限公司签订长期合同以后，根据客户的情况与相关航线的航空公司、船公司签订合同，同时预付相关费用。当货物运输完毕后，国际货运根据货物发票向××国际运输代理（中国）有限公司申请贷款		

销售渠道分析		
前三名销售商（按金额大小排名）	金额（万元）	占全部销售比率（%）
1　××国际运输代理（中国）有限公司	20659	84
2　××ABB开关有限公司	2819	11.6
3　××（中国）纸业有限公司	170	0.7
物流行业具有其行业的特殊性，借款人2007年后加大了和××国际运输代理（中国）有限公司合作的力度，成为××省唯一的操作公司，××国际运输代理（中国）有限公司的业务量在借款人整个公司的业务量中占比高达84%；付款方式：凭货物发票，双方出具确认函80天后；经调查，买方在每月15日和卖方对账，双方在发货确认单上进行回签，双方出具确认函，由此起算80天进行付款；多年来，双方关系稳定，××国际运输代理（中国）有限公司从未逾期付款		

（三）经营许可分析

1. 公司提供了中国民用航空运输销售代理业务资格认可证书（一类货运）。

公司与××国际运输代理（中国）有限公司的业务往来，年平均每月的业务量在700万元人民币左右，付款期限为80天，一般以转账为主，××国际运输代理（中国）有限公司均按时付款。随着国际贸易的逐渐复苏，及国内进口业务的持续增长，空运业务发展迅速，国际货运计划在本年度扩大和××国际运输代理（中国）有限公司的合作，存在融资需求。

国际货运与××国际运输代理（中国）有限公司合作的主要流程：

（1）国际货运与××国际运输代理（中国）有限公司订立长期合作合同，国际货运负责××国际运输代理（中国）有限公司福建地区所有的客户物流配送和运输（指定货的运输）。

（2）国际货运和相关航线的航空公司、船公司签订合同，同时预付相关费用。当货物运输完毕后，国际货运根据货物发票向××国际运输代理（中国）有限公司申请贷款。

（3）国际货运和××国际运输代理（中国）有限公司每月 15 日对账确认，双方财务出具确认函，出具确认函 80 天后××国际运输代理（中国）有限公司进行贷款的支付，一般采取现金转账的形式。

2. 公司自与××国际运输代理（中国）有限公司合作以来，业务量逐年上升，已是××市当地规模较大的货物代理物流公司，公司总体经营情况良好，但由于与××国际运输代理（中国）有限公司的应收款有一定的账期，同时向各航空公司需缴纳一定的押金，对企业的资金形成较大的压力。

（四）银行授信方案

借款人根据公司业务发展的需要，向银行申请应收账款保理，经过测算，建议授信额度为 2500 万元人民币，应收账款质押率为 80%，按规定串用。贷款用途：支付空运费。为缓释风险，特追加××外贸国际货物运输有限公司法人代表蔡××提供个人连带责任担保，签订自然人担保保证书。

授信方案					
额度类型	公开授信额度		授信方式	综合授信额度	
授信额度（万元）	2500.00		授信期限（月）	12	
授信品种	币种	金额（万元）	保证金比例	期限（月）	用途	受益
国内有追索权保理	人民币	2500.00		12		
授信性质	新增	本次授信敞口（万元）		2500.00		
担保方式及内容	控制回款账户，申请人在银行开立唯一收款账户，通知他行应收账款转让事项，取得买方确认					

银行根据借款人和××国际运输代理（中国）有限公司双方确认函及货物发票，给予借款人发票金额 80% 的融资金额。借款人及××国际运输代理（中国）有限公司确认方式：双方在每月 15 日对账，双方在发货确认单上进行回签，同时出具确认函，由此起算 80 天进行付款。

【文本示范】

有追索权国内保理业务协议

编号：

有追索权国内保理业务协议（以下简称本协议）于_____年____月____日，由以下双方签订：

（1）[_____]公司（以下简称卖方），一家依照中国法律设立的公司，其注册地址为_____；和

（2）银行_____分行（以下简称银行），其营业地址为_____。

鉴于：

卖方拟采用信用方式销售货物/提供服务，并向银行申请获得银行的有追索权保理业务服务。经充分友好协商，卖方与银行签署本协议。

第一章　定　义

第一条　在本协议中，除非上下文另有要求，下列术语定义如下：

1. 有追索权保理：是指银行作为保理商，在基础交易合同卖方将基础交易合同项下应收账款转让给自己的基础上，向卖方提供的综合性金融服务；该等服务至少包括下列项目中的一种：贸易融资、销售分户账管理和账款收取。

2. 基础交易合同：是指卖方与买方签订的货物销售或服务合同。

3. 买方：指基础交易合同中购买卖方的货物或服务并负有支付价款义务的一方当事人。

4. 应收账款：是指卖方依据基础交易合同享有的，请求买方依照合同约定支付价款的合同债权。

第二章　保理融资额度的申请、生效、变更及取消

第二条　卖方在决定采用银行的有追索权保理服务后，应向银行提出叙做保理业务的书面申请。银行在对卖方的信用进行评估后，为卖方核定保理

融资额度。

第三条 银行将根据卖方的申请确定买方的名称、额度有效期、保理类型、保理手续费、融资比例等具体内容。

第四条 卖方已获得银行为其核定的保理融资额度是银行签署本协议的先决条件，本协议签署时，卖方应已完成向银行取得保理融资额度的申请程序。

第五条 对于银行核准的循环保理融资额度，卖方可在额度限额及有效期内循环叙做有追索权保理业务，银行接受保理业务的日期截至额度效期终止日。若卖方在额度生效日起两个月内未向银行提交单据办理融资申请，此额度自动取消，本协议即终止。

第六条 银行有权根据买方或卖方的资信情况的变化以及买方的付款记录等情况，对已经核准的保理融资额度予以变更（该变更包括但不限于增加或减少额度、延长或缩短额度有效期及取消额度等），银行应在作出上述变更决定后书面通知卖方所变更的额度。保理融资额度的变更决定在送达卖方后生效。

第三章 保理业务类型的选择和应收账款转让

第七条 本协议项下卖方申请叙做保理业务时，应在申请贸易融资之前或之后将应收账款转让事宜通知买方。卖方可以根据其实际需要，在向银行申请叙做保理业务时，自主选择通知时间。本协议项下卖方将在申请贸易融资□之前 □之后 通知买方应收账款转让事宜，卖方申请的服务包括：□贸易融资 □销售分户账管理 □账款收取。

第八条 在本协议有效期内，卖方应按照本协议规定的条款和条件将以信用方式向买方销售货物/提供服务所产生的全部应收账款随时转让给银行。本协议所称的应收账款转让是指卖方根据本协议规定的条款和条件将应收账款债权及其在应收账款项下的全部权利一并转让给银行的行为。在任何情况下，应收账款的转让都不得解释为银行承担了卖方与买方基础交易合同下的任何义务或责任。

除非本协议终止，即使银行取消对卖方保理融资额度，卖方仍应履行本条第1款规定的应收账款转让义务。

第九条 卖方在叙做应收账款转让时，应根据拟办理保理业务的不同种类向银行提交如下单据及相关文件：

1. 《国内保理业务申请书》一式二份。

2. 基础交易合同。

3. 经核实与原件无误的发票（增值税发票或国家规定的其他类型发票）。

4. 载有银行格式债权转让条款的《商业发票》正本及相应快邮收据或买方回执正本一式二份。

5. 货运证明或其他证明基础交易合同确已履行的文件证明，如提货单据副本等。

第十条　卖方申请转让给银行的应收账款必须符合以下条件方为合格应收账款：

1. 基于正常合法的基础交易产生。

2. 仅以人民币表示并支付。

3. 属卖方合法所有并依法可以转让，未被质押或转让给任何第三方，没有任何权利瑕疵。

4. 卖方已经按照基础交易合同的约定履行了发货义务并将继续履行其在基础交易合同项下的义务。

第十一条　符合条件的合格应收账款自卖方向银行提交本协议第十条规定的全部单据和文件之日起转让给银行。

第十二条　根据卖方申请叙做的保理业务类型的不同，应收账款转让通知可以采取不同的方式进行处理：

1. 卖方选择贸易融资之前进行通知的，卖方必须事先通知买方应收账款转让事宜。

2. 卖方选择贸易融资之后进行通知的，卖方向银行提交单据办理应收账款转让时暂不通知买方该应收账款转让事宜，但是银行保留要求卖方按照其指示随时通知买方或者经卖方授权由银行直接通知买方应收账款转让事宜的权利。

第四章　应收账款管理及账款收取

第十三条　卖方选择贸易融资之前通知买方应收账款转让事宜的，卖方可以申请银行提供应收账款管理及账款收取服务。

卖方选择贸易融资之后通知买方应收账款转让事宜的，银行不提供应收账款的管理及催收服务。

　　第十四条　卖方可以根据自己财务状况，凭已转让给银行的未到期合格应收账款在保理融资额度内向银行申请贸易融资，由双方协商填写《保理业务申请书》相关内容。

　　第十五条　银行按月向卖方计收贸易融资的利息。贸易融资的本金原则上在收到买方付款时直接扣收。但在收到争议通知时，银行有权从卖方在银行的任何账户中直接扣划贸易融资的本金和利息。账户余额不足的，银行有权以卖方其他收入款抵销。银行保留采取一切必要措施向卖方追索贸易融资本息的权利。

第五章　银行的款项支付

　　第十六条　银行应于收到买方支付的应收账款的款项后的一个工作日内区分不同情况将款项作以下处理：

　　1. 如银行已向卖方提供贸易融资，在扣除应偿还银行的贸易融资本息及相关保理费用后，将余额贷记在银行的账户。

　　2. 如银行未向卖方提供贸易融资，在扣除相关保理费用后，将余额贷记卖方在银行的账户。

第六章　应收账款的反转让

　　第十七条　发生下列情形之一时，银行将把所涉及的应收账款无条件进行反转让，与该应收账款有关的一切权利也被同时转让回卖方：

　　1. 无论任何原因（包括买方提出争议），在已转让的商业发票到期日后30天内，银行尚未收妥全部款项的，银行有权将未收妥的应收账款进行反转让。其中如果买方在商业发票到期日后30天之前提出争议，则争议一经发生银行均有权进行反转让。

　　2. 卖方发生本协议第四十五条规定的违约事件。

　　3. 银行认为需要进行反转让的其他情形。

　　第十八条　当银行根据本协议要求将应收账款进行反转让时，卖方有义务立即将银行已提供的贸易融资款项返还银行。否则，银行有权直接从卖方在银行处开立的账户中或从其他收入款中扣款；若届时卖方账户资金不足，银行有权采用任何方式向卖方追索转让款项及相关的费用和利息，卖方保证不以任何理由提出抗辩，并承担银行为此支付的全部费用。在卖方未能足额退还上述款项前，银行有权不将应收账款反转让事宜通知买方，与该应收账款有关的一切权利仍属于银行所有。

第七章　保理费用

第十九条　银行收取的保理手续费一般在应收账款转让时计收，但银行有权在卖方转让应收账款后的任何时候采取合适的方式向卖方收取保理手续费。

第八章　一般陈述和保证

本协议的每一方在此向对方作出如下陈述和保证：

第二十条　银行和卖方均为根据中华人民共和国法律合法成立并有效存续的法律实体，具有签署和履行本协议项下义务所需的完全的权利、权力和授权。

第二十一条　银行和卖方签署或履行本协议均未违反任何法律、法规或其他适用或有约束力的规定，也未构成对其作为当事方的任何合同的任何违约。

第二十二条　本协议对银行和卖方任何一方构成合法、有效和有法律约束力的义务。

第九章　卖方的特别陈述和保证

卖方在此向银行作出如下特别陈述和保证：

第二十三条　卖方向银行提交的全部资料均是真实、合法和有效的，且已将其知道或应当知道的影响或可能影响银行签署及履行本协议的事实向银行进行了披露。

第二十四条　卖方向银行转让的应收账款所涉及的基础交易及届时卖方的经营状况与卖方申请叙做保理业务的有关资料叙述事实完全一致。

第十章　卖方的承诺

第二十五条　未经银行同意，卖方不得中止、解除或变更基础交易合同及转让本协议或基于本协议而产生的权利。对于已转让的应收账款，未经银行同意，卖方无权进行任何形式的处分，包括但不限于处理、转让、赠与及质押等对于公开型有追索权保理项下已转让的应收账款，卖方也不再向买方主张支付。

第十一章　违约事件及处理

第二十六条　发生下列情形之一的，视为卖方在本协议项下违约：

1. 卖方违反本协议第三章关于应收账款转让的相关规定。

2. 卖方在本协议第八章、第九章中的陈述和保证不真实或违反其在第十章所作的承诺。

3. 卖方拒绝履行本协议第六章规定的与反转让有关的义务。

4. 未经银行同意，卖方有下列行为且导致其资信状况明显降低的：进行任何形式的分立、合并、承包经营等企业改制；以出租、出售、承包、转移或抵押等方式处分资产；减少注册资本、改组或重组、变更股东或隶属关系；为第三人利益提供担保或为第三人债务承担任何责任。

第十二章　　协议的生效、效力及终止

第二十七条　在银行和卖方于 ＿＿＿＿＿＿ 年 ＿＿＿ 月 ＿＿＿ 日签署的《＿＿＿＿＿综合授信协议》（编号：＿＿＿＿＿）生效的前提下，本协议自双方签字后生效。

第十三章　解决纠纷的方式

第二十八条　若卖方与银行在本协议的执行过程中发生纠纷，应本着友好协商的原则解决。若经双方协商不成，应采取下列第（＿＿）方式进行解决：

1. 提交银行＿＿＿＿＿分行所在地的法院，以诉讼方式解决。

2. 提交中国国际贸易仲裁委员会仲裁。此仲裁结果为终局性的，对双方均具有约束力。

第二十九条　本协议适用中国法律。

第十四章　其他事项

第三十条　本协议由卖方和银行的法定代表人或其书面授权人签署。

第三十一条 本协议所涉及或依据本协议签署或提交的清单、附件、单据及通知等任何文件均构成本协议不可分割的一部分，经相关方授权签字人签字并加盖被授权机构印章后生效。非经对方同意，一方当事人不得做任何的修改或变更。

第三十二条 本协议一式两份，卖方与银行各执一份，两份具有同等的法律效力。

银行＿＿＿＿＿＿＿＿分行　　　　　　　　　公　　司

注册地址：　　　　　　　　　　　　　　法定地址：

电话：　　　　　　　　　　　　　　　　电话：

传真：　　　　　　　　　　　　　　　　传真：

法定代表人或其授权人：　　　　　　　法定代表人或其授权人：

　（签字盖章）　　　　　　　　　　　　（签字盖章）

　　年　　月　　日　　　　　　　　　　　年　　月　　日

二十、国内信用证及其项下融资授信审查要点

（一）国内信用证定义

国内信用证是适用于国内贸易的一种支付结算方式，是开证银行依照申请人（购货方）的申请向受益人（销货方）开出的有一定金额、在一定期限内凭信用证规定的单据支付款项的书面承诺。

（二）审查要点

项　　目	审查要点
买方押汇	1. 原则上鼓励开展本行开立的即期跟单信用证项下办理，鼓励采取即期跟单信用证买方押汇方式替代流动资金贷款，为银行获得可观的中间业务收入
	2. 对延期付款信用证项下的买方押汇应从严控制，如果为180天远期国内证，再加上融资180天押汇，给企业的融资将长达360天，银行融资很可能远远超过了企业实际贸易周转资金需要天数，可能挪用资金
	3. 期限从银行提供融资时起至还款日止，原则上不超过90天

续表

项　　目	审查要点
卖方押汇	4. 银行如在同一证下为客户办理了打包贷款，卖方押汇款必须优先偿还已办的打包贷款
	5. 卖方押汇期限一般为 15 天，最长不超过 30 天
	6. 押汇比例不超过发票金额的 90%

（三）政策依据

《国内信用证结算办法》（中国人民银行、中国银行业监督管理委员会公告〔2016〕第 10 号）第九条、第十条、第十一条规定如下：

第九条　信用证业务当事人

（一）申请人指申请开立信用证的当事人，一般为货物购买方或服务接受方。

（二）受益人指接受信用证并享有信用证权益的当事人，一般为货物销售方或服务提供方。

（三）开证行指应申请人申请开立信用证的银行。

（四）通知行指应开证行的要求向受益人通知信用证的银行。

（五）交单行指向信用证有效地点提交信用证项下单据的银行。

（六）转让行指开证行指定的办理信用证转让的银行。

（七）保兑行指根据开证行的授权或要求对信用证加具保兑的银行。

（八）议付行指开证行指定的为受益人办理议付的银行，开证行应指定一家或任意银行作为议付信用证的议付行。

第十条　信用证的有关日期和期限

（一）开证日期指开证行开立信用证的日期。信用证未记载生效日的，开证日期即为信用证生效日期。

（二）有效期指受益人向有效地点交单的截止日期。

（三）最迟货物装运日或服务提供日指信用证规定的货物装运或服务提供的截止日期。最迟货物装运日或服务提供日不得晚于信用证有效期。信用证未作规定的，有效期视为最迟货物装运日或服务提供日。

（四）付款期限指开证行收到相符单据后，按信用证条款规定进行付款的期限。信用证按付款期限分为即期信用证和远期信用证。

即期信用证，开证行应在收到相符单据次日起 5 个营业日内付款。

远期信用证，开证行应在收到相符单据次日起 5 个营业日内确认到期付款，并在到期日付款。远期的表示方式包括：单据日后定期付款、见单后定期付款、固定日付款等可确定到期日的方式。信用证付款期限最长不超过 1 年。

（五）交单期指信用证项下所要求的单据提交到有效地的有效期限，以当次货物装运日或服务提供日开始计算。未规定该期限的，默认为货物装运日或服务提供日后 15 天。任何情况下，交单不得迟于信用证有效期。

第十一条　信用证有效地点

信用证有效地点指信用证规定的单据提交地点，即开证行、保兑行（转让行、议付行）所在地。如信用证规定有效地点为保兑行（转让行、议付行）所在地，则开证行所在地也视为信用证有效地点。

【案例】　××铝业集团有限公司国内信用证授信案例

（一）企业基本概况

××铝业集团地处××市，前身为××市铝厂，省政府对其国有股权进行调整，采取资产上划的方式，将××市政府持有的××铝业有限公司 70.94％的国有股份划归有色金属集团公司，由该集团代表国家行使出资人权利和义务。

（二）银行切入点分析

1. 本次为××铝业提供 6 亿元授信额度为银行给予××金属集团公司 30 亿元额度的直接领用。从××铝业的情况来看，虽然由于受到行业大环境的影响，盈利能力较差，但综合考虑到其集团公司的强大实力及偿债能力，此次授信还款有较强的保障，风险可控。

2. 本次授信品种为流动资金贷款，可为银行带来可观的利息收入、中间业务收入及对公存款的派生。同时，该客户将使用银行对公网银与现金管理产品，该笔授信获批，对集团其他下属公司通过该模式直接使用银行额度有很强的示范作用，有利于银行开展与集团其他下属公司的合作，同时银行与集团的合作也进一步密切。从整体来看，综合收益明显。

3. ××铝业虽然盈利能力较弱，但该公司为一家地方国有大型企业，资产实力尚可，销售渠道畅通，具有一定的经营优势和规模效益，现金流量大，信誉较好，有很好的发展潜力。

（三）风险点及措施

行业风险：从以往的经验来看，公司经营受整体行业态势影响较大，目前来看，有色行业逐渐走出了金融危机的影响，开始回暖，但不排除期间回调的可能。要密切关注国家整体经济形势及相关行业政策的变化，根据企业的实际经营灵活应变，以保持风险在可控的范围之内。

供应渠道分析		
前三名供应商（按金额大小排名）	金额（万元）	占全部采购比率（％）
1 ××市供电局	180000	30
2 中铝××分公司	59800	14
3 ××氧化铝有限公司	50030	11.7
该公司原材料主要为氧化铝及电，电主要向××市供电局采购，年采购金额在18亿元以上，氧化铝主要供应商为国内主要大型企业，主要为中铝、××氧化铝等，与上游客户合作时间较长，供应商渠道稳定		

销售渠道分析		
前三名销售商（按金额大小排名）	金额（万元）	占全部销售比率（％）
1 ××冶金物资总公司	154300	23.4
2 ××中雄铝业有限公司	112540	17.1
3 ××橡树投资发展有限公司	69500	10.5
从公司近三年主要销售渠道来看，公司主要下游客户都是其长期合作伙伴；价格按合同执行，货款收回较及时，无拖欠情况发生		

（四）银行授信方案

××铝业集团有限公司为××有色金属公司的控股子公司，根据总行批复，本年度银行给予××有色集团40亿元的综合授信额度，先期启用额度30亿元，授信额度可用于集团公司自用或其下属公司领用，用于日常经营中的流动资金周转。本次授信为××铝业直接领用集团公司授信额度6亿元，期限为12个月，其中流动资金贷款3亿元，国内信用证3亿元，20%保证金，可按银行规定串用。

贷款用途为公司流动资金周转，具体用于货款的支付，该公司2011年销售收入达到66亿元，其主要原料的采购为氧化铝及电，平均每月采购支出在5亿元以上，流动资金贷款采用受托支付的方式，银行按照该客户提供的贸易合同进行贷款的发放及资金支付的管理。

授信方案					
额度类型	公开授信额度		授信方式	综合授信额度	
授信额度（万元）	60000.00		授信期限（月）	12	
授信品种	币种	金额（万元）	保证金比例	期限（月）	用途	收益
国内信用证项下开证授信	人民币	30000.00	20	12		
流动资金贷款	人民币	30000.00	0	12		
授信性质	新增	本次授信敞口（万元）		54000.00		
担保方式及内容	申请人将对××冶金物资总公司、××中雄铝业有限公司、××橡树投资发展有限公司应收账款质押给银行					

【文本示范】

国内信用证开证合同

甲方：××银行＿＿＿＿＿＿＿＿＿＿＿分行

法定代表人或负责人：＿＿＿＿＿＿＿＿

联系方式：＿＿＿＿＿＿＿＿＿＿＿＿

乙方：＿＿＿＿＿＿＿＿＿＿＿＿＿＿＿

法定代表人：＿＿＿＿＿＿＿＿＿＿＿

开户金融机构及账号：＿＿＿＿＿＿＿＿

联系方式：＿＿＿＿＿＿＿＿＿＿＿＿＿

第一条 经甲、乙双方协商，由甲方根据乙方申请，为乙方开立国内信用证，为保证国内信用证业务的顺利开展，双方达成并同意遵守本合同的规定。

第二条 本合同所指的国内信用证业务遵循中国人民银行《国内信用证结算办法》《××银行国内信用证业务管理办法》或在信用证开立日有效的更

新版本的规定。

第三条 本合同所指的开证是指甲方根据乙方申请，在审查乙方资信、商品交易背景的基础上为乙方开立国内信用证的行为。信用证的形式和内容应经甲方审核认可。

第四条 本合同项下的每一笔交易是相互独立的，每笔交易应遵守本合同、相关的信用证以及乙方的申请书。

第五条 乙方应当按照甲方的要求，提供真实、有效、准确、完整的开证资料和开证申请书。

第六条 甲方有权对乙方合法资格、资信状况、担保情况和申请资料进行审查。

第七条 甲方可要求乙方提供担保，或缴纳规定数额的保证金。

第八条 甲方负责根据乙方申清，采用信开或电开方式为乙方开立信用证，并负责在规定的时间内将信用证正本发送或寄交通知行。

第九条 甲方可根据乙方申请，修改已为乙方开立的信用证，乙方应根据甲方要求提供修改所需的资料。

第十条 甲方执行本合同项下的信用证付款时，按照"单证一致，单单一致"的原则审核有关单据。未发现不符的，可直接从乙方保证金账户和结算账户中向受益人委托收款行议付行付款。乙方收到甲方交来的信用证来单通知书及单据，发现单证不符的，应与甲方、受益人协商解决，或向人民法院提起诉讼，甲方仍可按照规定向受益人支付信用证款项，甲方审核单据的依据为中国人民银行《国内信用证结算办法》和《跟单信用证统一惯例》（UCP500）。

第十一条 甲方执行本合同项下的信用证付款时，如果对单据持有异议，可通知乙方。乙方应对单据不符点提出书面意见。乙方同意付款的，甲方及时办理付款。乙方不同意付款的，应在甲方规定的期限内通知甲方并退回全套单据以办理拒付并与受益人联系解决办法。

第十二条 甲方执行本合同项下的信用证付款时，若乙方账户中没有足够的资金用于支付信用证款项，甲方将向受益人垫款支付信用证款项，同时将垫款作为乙方的垫款处理，并按中国人民银行有关规定向乙方计收利息。

第十三条 甲方可以根据乙方或收益人的申请，注销已开立的信用证。乙方应按照甲方要求，提供书面注销申请、受益人确认函和必要资料。

第十四条 本合同项下的信用证注销后，甲方不再承担在"单证一致，单单一致"条件下付款的义务。

第十五条 如开证所涉及的贸易合同双方或多方发生纠纷、欺诈或由其他原因引起的损失应由合同方自行解决，乙方不能由此向甲方交涉。

第十六条 甲方的权利义务

1. 甲方有义务按照"单证一致，单单一致"的原则认真审核有关单据，确保乙方信用证款项的合理支付。

2. 甲方有权独立审核委托收款行/议付行提交的信用证单据，在符合"单证一致，单单一致"的前提下，有权直接从乙方在××银行任何机构内的账户中或其他收款中主动扣划相应资金。

3. 甲方有义务将来单通知书及时交达乙方。

4. 甲方有义务按乙方要求对已开立的信用证进行修改或注销，但可要求乙方提供相关资料。

5. 甲方有权基于维护信用证资金安全的目的，监督乙方开立账户的资金运用情况。

6. 甲方有权要求乙方提供履行本合同应取得的审批文件的副本或与原件相符的复印件。

7. 甲方有权按照有关规定向乙方收取有关费用。

8. 信用证的通知行选择权属于甲方。甲方应在不违背有关管理规定的前提下选择适当的客户开户行或代理行为信用证通知行。如乙方有特殊要求，应在尊重甲方选择权的前提下，事先与甲方商榷。

第十七条 乙方的权利义务

1. 乙方应向甲方提出书面开证申请，按甲方要求提供相关的文件、资料、报表和凭证，并保证其准确性、真实性、完整性和有效性。

2. 乙方应向甲方提交有权签署本合同及与本合同有关的文件和单据的授权人员名单及上述人员的签字样本，并保证其真实性和合法性。

3. 乙方应按甲方要求填妥有关凭证。

4. 乙方可要求甲方对已开立的信用证进行修改或注销，但应按甲方要求提供相关资料。

5. 乙方应在甲方开立存款账户。其款项收支接受甲方监督。

6. 乙方应办妥履行本合同所必备的法律和行政审批手续，并将相应的审批文件副本或复印件交由甲方查验。

7. 乙方有义务及时向甲方返回来单通知书回执。

8. 乙方有义务保证其存款账户在甲方执行本合同项下的信用证付款时，有足够的资金用于支付。

9. 乙方应保证在单据上未设立或允许保留任何抵押、质押、权益转让或其他担保，且不会采取任何可能损害或限制甲方与单据有关的权利的行为。

10. 乙方应保证不存在影响信用证项下款项支付的法院止付令或任何其他可能影响信用证项下款项支付的问题。

第十八条　违约事件和处理

有下列情形之一的，视为乙方在本合同项下的违约。

1. 乙方不履行本合同规定的义务。

2. 乙方终止营业或者发生解散、撤销或破产事件。

3. 乙方的财务状况在本合同签订后发生了重大不利变化。

4. 甲方执行本合同项下的信用证付款时，乙方存款账户没有足够的资金用于支付。

出现本条第一款规定的违约事件时，乙方应及时通知甲方，甲方有权采取以下措施：

1. 要求乙方限期纠正违约事件。

2. 终止或解除本合同。

第十九条　其他约定

未经甲方书面同意，乙方不得将本合同项下任何权利、义务转让予第三人。但若甲方因业务需要或因机构变更须委托××银行其他分支机构（包括分行及各管辖支行）履行本合同项下权利及义务，乙方对此应表示认可并视为甲方亲自履行。

第二十条　合同的变更、解除和解释

本合同经双方书面同意可以修改、补充或解除。本合同的任何修改和补充均构成本合同不可分割的一部分。

本合同任何条款的无效均不影响其他条款的效力。

甲方给予乙方的任何宽容、宽限或优惠或延缓行使本合同项下的任何权利，均不影响、损害或限制甲方依本合同和法律、法规而享有的一切权益，也不应视为甲方对本合同任何权益的放弃。

**第二十一条　**本合同的效力独立于信用证据以开立的基础合同。

第二十二条　争议解决及司法管辖

在合同履行期间，因履行本合同所发生的或与本合同有关的一切争议、纠纷，双方可协商解决。协商不成的，任何一方可以采取如下第_____种方式加以解决：

1. 依法向甲方所在地人民法院起诉。
2. 提交_____仲裁委员会仲裁。

第二十三条　生效条件

本合同经乙方、甲方双方的法定代表人或授权签字人签字并盖章后生效。本合同一式_____份，双方各执_____份，均具有同等效力。

甲方　　　　　　　　　　　　乙方
法定代表人：　　　　　　　　法定代表人：
（公章）　　　　　　　　　　（公章）
_____年____月____日　　　_____年____月____日

二十一、保函授信审查要点

（一）保函定义

保函又称保证书，是指银行、保险公司、担保公司或个人应申请人的请求，向第三方开立的一种书面信用担保凭证，保证在申请人未能按双方协议履行其责任或义务时，由担保人代其履行一定金额、一定期限范围内的某种支付责任或经济赔偿责任。如船公司及银行都印有一定格式的保证书。保函的作用包括凭保函交付货物、凭保函签发清洁提单、凭保函倒签预借提单等。

（二）保函业务操作流程

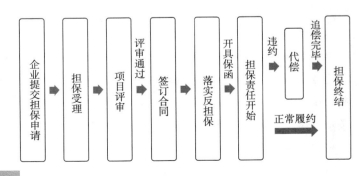

（三）审查要点

项　　目	审查要点
融资类保函	1. 须逐笔报总行审批，借款人必须为本行的重点客户，贡献度极高
	2. 在本行信贷规模紧张的时候，可以采取向其他银行开出融资性保函，由其他银行为本行客户提供融资的模式，占用其他银行对本行的同业授信额度
	3. 借款人必须在本行有可用贷款额度，可以在贷款额度内签发融资性保函
工程类保函	4. 客户必须具备相应的工程施工资质
	5. 涉外工程类保函授信，需符合商务部门相关规定
	6. 银行必须落实客户具备开立保函对应的商务合同履约能力，行业经验丰富，工程质量过往记录良好
	7. 客户必须具备一定的偿债能力，一旦银行被动性索赔，客户能够清偿银行
信贷证明	8. 有效期最长不超过招标书确定的招标项目施工期限
	9. 信贷证明要与投标保函同步捆绑营销，信贷证明让业主方确信，投标人融资能力强大，一旦中标，会及时获得融资完成项目，不会烂尾
银关保函	10. 工商注册登记两年以上
	11. 或有负债余额不超过净资产
	12. 近两年没有出现经营性亏损（新建企业除外）
	13. 海关对企业实行 B 类（含）以上管理
	14. 有正常的进出口业务，近两年在海关无不良信用记录
	15. 连续两年无走私违规行为记录
	16. 连续两年无拖欠海关税款记录
	17. 进口海关必检商品签订免检协议后两年内无申报不实记录
	18. 生产类企业：进口的原材料必须是企业生产经营所需的主要原材料或机器设备；资产总额及营业收入在 1 亿元人民币以上，年进口额达到 500 万美元以上或年进出口总额达到 1000 万美元以上；在银行信用评级达到 B 级（含）以上
	19. 外贸企业：从事进出口业务三年以上，经营范围及上下游客户群体比较稳定（大型生产企业下属的进出口公司可适当放宽）；资产总额在 3000 万元人民币以上且营业收入在 1 亿元人民币以上，年进口额达到 800 万美元以上或进出口总额达到 1200 万美元以上；在银行信用评级达到 BB 级（含）以上

续表

项　　目	审查要点
融资类保函	20. 代理报关类企业：必须获得海关核发的代理报关企业注册登记证书；原则上从事国际货物运输代理、国际运输工具代理及接受委托代办进出口货物的报关纳税等业务三年以上；在银行信用评级达到 BBB 级（含）以上；在海关年代理缴纳的税（费）在 1 亿元人民币以上；代理报关类企业自营进出口业务占销售收入 60% 以上的，可参照外贸公司的授信审查审批标准。严格控制向单纯以代理报关服务为主业的报关行等企业授信
	21. 原则上仅对总资产及销售收入在 5 亿元以上，且年向海关缴纳税费在 8000 万元以上的企业批准信用方式的银关保业务授信额度

【点评】

　　绝对不是企业交存了保证金，银行就放松了对保函的信贷审查标准。银行要认真审查保函申请人对商务合同的真实履约能力，只有商务合同履约成功，才是保函成功的要点，银行担保行为才是成功的。

【案例】　××勘察设计院集团有限公司贷款+保函授信方案

（一）企业基本概况

　　××勘察设计院集团有限公司是全国大型甲级综合性设计院，成立时间长，专业人才多，经营团队稳定且业绩优良，在同行业内占有较大的市场份额，主营国内外工程咨询、勘察、设计、监理、工程项目管理、工程承包、项目代建；工程测绘、地质勘察；岩土工程、环保工程、建筑工程等业务。近年来，公司已深度介入城市地铁设计领域，成为公司新的利润增长点。

（二）银行切入点分析

　　该公司股东背景良好，母公司中国铁建是银行总行级重点客户，当前公司主要合作银行为招商银行和浦发银行，银行拟通过本次授信加大对该公司的营销力度，下半年将积极营销该公司的负债业务和年金业务。

（三）银行授信方案

授信总额度 2 亿元，其中保函 5000 万元，流动资金贷款 15000 万元，授信额度可按银行规定串用。

授信方案					
额度类型	公开授信额度		授信方式	综合授信额度	
授信额度（万元）	20000.00		授信期限（月）	12	
授信品种	币种	金额（万元）	保证金比例	期限（月）	用途	收益
流动资金贷款	人民币	15000.00	0	12		
投标保函	人民币	5000.00	0	12		
授信性质	新增	本次授信敞口（万元）		20000.00	授信总敞口（万元）	20000.00
担保方式及内容	申请人授信期限在银行结算流水不得低于授信金额的 50%					
授信额度严格按照银行规则串用						

【文本示范】

投 标 保 函

致：受益人（招标方）＿＿＿＿＿＿＿：

本保函作为＿＿＿＿＿＿＿（以下简称投标人）对＿＿＿＿＿＿＿（项目名称）所招标的＿＿＿＿＿＿＿＿＿＿（设备名称）设备竞争性投标而提供的投标文件保证。

银行在此无条件地、不可撤销承诺，一旦在收到你方的书面通知说明下列事实中的任何一项时，保证支付给你方最高金额为＿＿＿＿＿＿＿万元人民币保证金：

a）投标人在投标截止日期后投标有效期内撤回其投标。

b）投标人在投标截止日期后对投标文件作实质性修改。

c）投标人被通知中标后，拒绝签订合同（不按预中标时规定的技术方案、供货范围和价格等签订交易合同）。

本担保的期间自＿＿＿＿年＿＿月＿＿日起至＿＿＿＿年＿＿月＿＿日止。如果投标人中标，本保证金将在上述期满后继续有效，直至投标人与你们签订了合同为止。

请在保函失效后，及时将保函正本退还注销。

（签发银行的名称　　公章）

（签发人签名和签章）

年　　月　　日

履约保函

保函编号：＿＿＿＿＿＿

释义：

保函申请人：

保函被保证人：

保函受益人：

保函开立人：

声明：

1. 本保函为见索即付性质保函。

2. 本保函载明适用国际商会《见索即付保函统一规则》。

3. 本担保人付款义务独立于基础交易关系及保函申请法律关系，仅承担相符交单的付款责任。

4. 独立保函，是指开立人以书面形式向受益人出具的，同意在受益人请求付款并提交符合保函要求的单据时，向其支付特定款项或在保函最高金额内付款的承诺。

本独立保函与《担保法》关于一般保证或连带保证规定不同。

（受益人名称）＿＿＿＿＿＿：

根据贵方与＿＿＿＿＿＿（申请人名称）＿＿＿＿＿＿（以下简称申请人）于＿＿＿＿年＿＿月＿＿日（基础交易合同签署日）在＿＿（基础交易合同签署地）＿＿签订的第＿＿（基础交易合同编号）＿＿号合同（以下简称合同），银行兹开立以贵方为受益人的履约保函，本保函项下最大担保金额不

超过币种：(担保币种)＿＿＿＿＿＿＿＿大写金额：(最大担保金额)

＿＿＿即合同金额的(担保金额占基础交易合同金额的百分比)＿＿＿＿％，担保申请人按期履行合同项下的义务。

　　申请人未按期履行其合同义务时，银行将在收到符合下列条件的文件之日起 7 个银行工作日内，向贵方支付索赔通知书记载的金额，但索赔通知书中单次索赔的金额或各次索赔的累计总额均不能超过本保函的最大担保金额，银行在本保函项下的责任以最大担保金额为限。

　　索赔文件：

　　(1) 经贵方法定代表人或其授权代表签署的索赔通知书；

　　(2) 经贵方法定代表人或其授权代表签署并经申请人证实的违约声明。

　　本保函项下的最大担保金额随合同的完成进度而自动按比例递减，本保函项下银行的担保责任不超过申请人在合同项下未履行的义务所代表金额的(担保金额占基础交易合同金额的百分比)＿＿＿＿％，合同的完成进度以银行收到的由＿＿(可证明合同完成进度的第三方)＿＿＿＿出具的证明书为准。

　　本保函自签发之日生效，失效日为＿＿＿＿＿年＿＿＿月＿＿＿日 (保函到期日)。任何索赔必须在失效日前或当天到达银行。失效日后，本保函自动失效，无论贵方是否将本保函正本退回银行，银行的保证责任解除。

　　未经银行书面同意，贵方与申请人修改合同或其项下附件时，银行的保证义务解除。

　　本保函未经银行书面同意不能转让。

　　本保函适用中国法律，保函项下的任何争议由银行所在地法院管辖。

(担保人名称)＿＿＿＿＿＿＿＿分行

负责人 (签字)：

＿＿＿＿＿年＿＿＿月＿＿＿日 (保函签发日)

说明：本保函法律依据：

1.《最高人民法院关于审理独立保函纠纷案件若干问题的规定》（法释〔2016〕24 号)

2. 国际商会《见索即付保函统一规则》

3.《中华人民共和国合同法》

预付款保函

_____（受益人）：

鉴于贵方与卖方_____于_____年___月___日签订了编号为_____的合同（以下称主合同），且贵方同意依约定向卖方支付预付货款。我方应卖方的申请，特开立以贵方为受益人、金额不超过_____（币种）_____（大写）万元的预付款保函：

一、银行保证，卖方按主合同的约定履行供货义务。如果卖方违反上述义务，银行在收到贵方的书面索赔通知及卖方具有上述违约事实的书面证明文件后，向贵方承担退还预付款的担保责任。

二、担保金额以被保证人实际收到的预付款金额为准，并随卖方或我方向贵方退还的金额增加而递减。

三、如果贵方与卖方协商变更主合同，应事先征得银行书面认可，否则本保函即行失效。

四、本保函不得转让，银行对除贵方以外的任何组织或个人不承担担保责任。

五、本保函自卖方收到预付款之日起生效，有效期至_____（日期）止。书面索赔通知和有关证明文件必须在上述期限内送达银行，否则银行在该保函项下的责任自动解除。

卖方已履行供货义务、保函超过有效期或银行的担保义务履行完毕，保函即行失效，请将本保函退回银行注销。

×× 银行_____（公章）：

负责人（签字）：

质 量 保 函

编号：

_____（受益人）：

鉴于贵方与承包人_____于_____年___月___日签订的编号为_____的合同（以下称主合同）履行需要，应卖方申请，银行特开立以贵方为受益人、金额不超过_____（币种）_____（大写）万元的质量保函：

一、银行承诺，如果货物质量不符合主合同约定，且卖方又不按合同约定予以更换或维修时，银行将在收到贵方的书面索赔通知和卖方具有上述违约事实的证明材料后，以保函金额为限向贵方承担担保责任。

二、如果贵方与卖方协商变更主合同，应事先征得银行书面认可，否则本保函即行失效。

三、本保函不得转让，银行对除贵方以外的任何组织或个人不承担担保责任。

四、本保函自开立之日起生效，有效期至＿＿＿＿＿＿＿＿＿（日期）止。书面索赔通知和有关证明文件必须在上述期限内送达银行，否则银行在该保函项下的责任自动解除。

卖方按约履行更换或维修义务、保函超过有效期或银行的担保义务履行完毕，保函即行失效，请将本保函退回银行注销。

××银行＿＿＿＿＿＿＿＿（公章）：

负责人（签字）：

＿＿＿＿＿＿年＿＿＿月＿＿＿日

二十二、法人账户透支业务审查要点

（一）法人账户透支业务定义

法人账户透支业务是指在企业获得银行授信额度后，银行为企业在约定的账户、约定的限额内以透支的形式提供的短期融资和结算便利的业务。

当企业有临时资金需求而存款账户余额不足以对外支付时，法人账户透支为企业提供主动融资便利。

（二）法人账户透支业务流程图

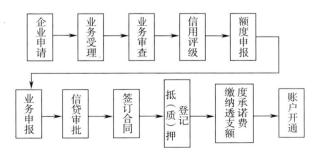

（三）审查要点

项　　目	审查要点
适用客户	1. 适用于流通类企业，将基本结算账户或主要往来结算账户依托在本行流水量极大的客户
	2. 银行要收取一定的透支额度承诺费，大致在 0.3%～0.5%，提高银行的中间业务收入
内部合规	3. 透支额度有效期限为一年
	4. 透支资金主要用于企业短期流动资金周转，不得用于股本权益性投资，贷款用途比照流动资金贷款管理

【点评】

　　对于法人账户透支业务，银行必须选择在本行做结算流水的核心客户提供，而不能对任意客户擅自提供法人账户透支业务，法人账户透支业务对银行的头寸管理要求极高。

【文本示范】

透支业务合同

合同编号：

借款人（甲方）：

住所：　　　　　　　　邮政编码：

法定代表人（负责人）：

传真：　　　　　　　　电话：

贷款人（乙方）：

住所：　　　　　　　　邮政编码：

负责人：

传真：　　　　　　　　电话：

借款人（以下简称甲方）：
贷款人（以下简称乙方）：

甲方向乙方申请办理透支借款业务，乙方同意为甲方提供透支借款服务。根据有关法律法规和规章，甲乙双方经协商一致，订立本合同，甲乙双方共同遵守执行。

第一条　透支账户

一、甲方只能在账号为_____的账户办理透支借款业务，该账户（以下简称透支账户）由甲方在乙方开立，账户类型为以下两种。

1. 基本存款账户；

2. 一般存款账户。

二、在透支资金本息及各项费用归还完毕、透支业务合同解除之前，甲方不得申请撤销该透支账户。

三、透支账户为基本存款账户的，甲方可以在符合国家现金管理有关规定的前提下提取现金，但不得以透支形式提取现金，或直接将款项划入个人存款账户。

第二条　透支额度

乙方向甲方提供的透支额度为人民币（大写）_____元。

本合同所称透支额度，系指在本合同约定的透支额度有效期间内，乙方允许甲方在透支账户进行透支的本金余额的限额。在透支额度有效期间内，甲方对透支额度可以循环使用，但甲方每次拟透支借款的金额与甲方未偿还的本合同项下的透支借款本金余额之和不得超过透支额度。

第三条　透支额度的有效期间

透支额度有效期间（以下简称额度有效期间）自_____年____月____日至_____年____月____日，在透支额度有效期终止时，未使用的透支额度自动失效。

第四条　透支额度的使用

一、在透支额度有效期间和透支额度内，甲方可以根据需要进行透支借款，双方按照结算划款的要求办理手续。

二、甲方透支账户持续透支有效期限为____天（自然日，下同）的（持续透支有效期限是指客户透支账户可以持续存在透支余额的天数）。持续透支有效期限届满，乙方停止为甲方提供透支服务，并要求甲方立即筹集款项偿还透支借款。

三、甲方出现本合同规定的其他违约责任的，乙方可根据具体情况决定对透支额度作相应的扣减或停止为甲方提供透支服务。

第五条　透支账户的存款利率、计息和结息

一、乙方对于本合同第一条约定账户内的存款按照结息日中国人民银行公布的活期利率计算并向甲方支付利息。

二、前款所述存款按日计息，按季度结息。结息日固定为季度末的第20日。

第六条　透支借款的利率、计息、结息和费用

一、透支利率

1. 本合同项下的透支借款利率为年利率____%。

2. 如在透支额度有效期内遇人民银行调整人民币利率，对调整日后发生的透支贷款及逾期贷款按照调整后的相应利率水平执行。

二、计息和结息

本合同项下的各笔透支借款按日计息，按月结息。结息日固定为每月的第20日。日利率=年利率/360。如甲方在结息日不能按期付息，则自次日起计收复利。

三、费用

甲方应当向乙方支付本合同项下的透支额度承诺费，按照透支额度的____%/年一次性计收。

第七条　透支资金的支用

一、甲方使用透支资金，无须提前通知乙方或向乙方提出专门的申请。乙方按照正常结算业务的要求为甲方办理款项的汇划。当甲方要求动用透支账户的款项金额超过该账户的存款余额时，视同甲方提出透支借款的申请。

二、除乙方全部或部分放弃外，只有满足下列前提条件，乙方才有义务允许甲方透支：

（一）符合乙方要求的担保合同已生效并持续保持有效；

（二）没有发生本合同所列的任一违约事项；

（三）本合同约定甲方应向乙方支付额度承诺费的，甲方已于透支有效期起始日前2个银行工作日内向乙方支付额度承诺费；

（四）甲方未偿还的透支借款本金的余额没有超过透支额度；

（五）双方约定的其他前提条件。

第八条　还款

一、在甲方的透支借款本金未全部偿还以前：

（一）甲方依本合同第六条的约定按期足额结息的，甲方划入透支账户的任何款项，均首先用于归还未偿还的透支本金。冲减透支本金后的余款为甲方在乙方的活期存款。

（二）若甲方没有依本合同第六条的约定按期足额结息的，甲方划入透支账户的任何款项，均首先用于归还未偿还的利息，若有余款用于归还未偿还的透支本金，冲减本息后的余款为甲方在乙方的活期存款。

二、甲方透支账户持续透支有效期限届满，自届满之日起，所余透支借款转为逾期借款处理，透支借款逾期后，对甲方未按时还清的借款本金和利息（包括被乙方宣布全部或部分提前到期的借款本金和利息），按借款逾期时中国人民银行规定的逾期利率和本合同约定的结息方式计收利息和复利。甲方在乙方开立有其他银行账户的，乙方有权直接从甲方在乙方开立的其他银行账户扣划款项归还透支借款本息。

第九条　透支借款的担保

本合同项下的透支借款的担保方式按照以下两条执行：

一、全部为信用借款，不用担保。

二、选择以下第＿＿＿种担保方式：

（一）保证。

（二）抵押。

（三）质押。

（四）备用信用证。

（五）信用保险。

（六）其他。

第十条　甲方的权利和义务

一、甲方有权要求乙方对甲方提供的有关财务资料以及生产经营方面的商业秘密予以保密，但法律法规和规章另有规定的除外。

二、甲方必须按照乙方的要求提供财务会计资料以及生产经营状况资料，并保证所提供资料的真实性、完整性和有效性。

三、甲方应通过透支账户办理与本合同项下透支借款有关的往来结算和存款业务。

四、甲方应按照双方约定的期限及金额缴纳透支额度承诺费。

五、甲方应积极配合并自觉接受乙方对其生产经营、财务活动及本合同项下透支借款资金使用情况的检查、监督。

六、甲方的生产经营和财务活动符合国家有关法律法规和规章的要求，不得把透支资金用于违法犯罪活动，不得将透支资金以任何形式流向证券市场、期货市场和用于股本权益性投资。

七、甲方及其投资者不得抽逃资金、转移资产，以逃避对乙方的债务。

八、本合同有效期间，甲方如要为他人债务提供担保，可能影响其债务清偿能力的，应当提前书面通知乙方并征得乙方同意。

九、本合同项下保证人出现停产、歇业、被注销登记、被吊销营业执照、被撤销、破产以及经营亏损等情况，部分或全部丧失与本合同项下透支借款相应的担保能力，作为本合同项下担保的抵押物、质押财产价值减少、意外毁损或灭失，甲方应当及时提供乙方认可的其他担保。

十、本合同有效期间，甲方发生名称、法定代表人（负责人）、住所、经营范围、注册资本金变更等情形时，应当在变更后5个银行工作日内及时通知乙方。

十一、本合同有效期间，甲方如发生承包、租赁、股份制改造、联营、合并、兼并、分立、合资、申请停业整顿、申请解散、申请破产等足以影响乙方债权实现的情形，应当提前30个银行工作日书面通知乙方，征得乙方同意，并按乙方要求落实债务的清偿及担保。

十二、本合同有效期间，甲方如发生停产、歇业、被注销登记、被吊销营业执照、法定代表人或主要负责人从事违法犯罪活动、涉及重大诉讼活动、生产经营出现严重困难、财务状况恶化等情形，对其债务清偿能力产生重大不利影响的，均应立即书面通知乙方，并按乙方要求落实债务的清偿及担保。

十三、甲方应当承担与本合同及本合同项下担保有关的律师服务、保险、评估、登记、保管、鉴定、公证等费用。

第十一条　乙方的权利和义务

一、有权了解甲方的生产经营、财务活动，有权要求甲方提供财务会计资料及生产经营状况资料。

二、对甲方提供的有关财务资料以及生产经营方面的商业秘密予以保密，但法律法规和规章另有规定的除外。

三、甲方信用状况下降或恶化，影响清偿能力的，乙方有权调整直至取消甲方尚未使用的透支额度。

四、对于任何依据本合同发生的甲方应付款项，乙方有权直接从甲方在中国银行系统开立的任何账户上划收。

五、按照本合同的约定为甲方提供透支借款服务。

第十二条　违约责任

一、违约情形

因本合同而发生的债务清偿前，下列行为构成违约：

（一）甲方的违约：

1. 未按乙方的要求提供真实、完整、有效的财务会计、生产经营状况及其他有关资料；

2. 未按双方约定用途使用透支额度；

3. 未按规定归还透支借款本息；

4. 拒绝或阻碍乙方对透支借款使用情况实施监督检查；

5. 转移资产，抽逃资金，以逃避债务；

6. 经营和财务状况恶化，无法清偿到期债务，或卷入或即将卷入重大的诉讼或仲裁程序及其他法律纠纷，乙方认为可能或已经影响或损害乙方在本合同项下的权益；

7. 所负的任何其他债务已经影响或可能影响本合同项下对乙方义务的履行；

8. 未履行对银行的其他到期债务；

9. 在合同有效期内，实施承包、租赁、合并、合资、分立、联营、股份制改造等改变经营方式或转换经营机制的行为，乙方认为可能或已经影响或损害乙方在本合同项下的权益；

10. 乙方认为足以影响债权实现的其他情形；

11. 违反本合同其他约定义务。

（二）保证人出现以下情形，甲方未提供符合乙方要求的新的担保，视为甲方违约：

1. 保证人发生承包、租赁、合并、兼并、合资、分立、联营、股份制改造、破产、撤销等情形，足以影响保证人承担连带保证责任的；

2. 保证人向第三方提供超出其自身负担能力的担保的；

3. 保证人丧失或可能丧失担保能力的；

4. 保证合同约定的保证人其他违约情形。

（三）抵押人出现以下情形，甲方未提供符合乙方要求的新的担保，视为甲方违约：

1. 抵押人未按乙方要求办理抵押物财产保险的，或发生保险事故后，未按抵押合同约定处理保险赔偿金的；

2. 因第三人的行为导致抵押物毁损、灭失、价值减少，抵押人未按抵押合同约定处理损害赔偿金的；

3. 未经乙方书面同意，抵押人转让、出租、重复抵押或以其他方式处分抵押物的；

4. 抵押人经乙方同意处分抵押物，但处分抵押物所得价款未按抵押合同约定进行处理的；

5. 抵押物毁损、灭失、价值减少，足以影响本合同项下的债务的清偿，抵押人未及时恢复抵押物价值，或未提供乙方认可的其他担保的；

6. 抵押合同约定的抵押人其他违约情形。

（四）质押人出现以下情形，甲方未提供符合乙方要求的新的担保，视为甲方违约：

1. 出质人未按乙方要求办理质押财产保险的，或发生保险事故后，未按质押合同约定处理保险赔偿金的；

2. 因第三人的行为导致质押财产毁损、灭失、价值减少，出质人未按质押合同约定处理损害赔偿金的；

3. 出质人经乙方同意处分质押财产，但处分质押财产所得价款未按质押合同约定进行处理的；

4. 质物毁损、灭失、价值减少，足以影响本合同项下的债务的清偿，出质人未及时恢复质物价值，或未提供乙方认可的其他担保的；

5. 质押合同约定的出质人其他违约情形。

（五）担保合同或其他担保方式未生效、无效、被撤销，或担保人出现部分或全部丧失担保能力的其他情形或者拒绝履行担保义务，甲方未按照乙方要求落实新的担保的，视为甲方违约。

二、违约救济措施

出现上述第（一）至第（五）项违约事件，乙方有权行使下述一项或几项权利：

（一）相应调整、取消或终止透支额度，或调整透支额度有效期间。

（二）停止甲方在本合同项下的透支借款，宣布未清偿的透支借款立即到期，要求甲方立即归还有关透支借款的本息和相关费用。

（三）甲方未按照本合同约定用途使用透支借款的，乙方对甲方挪用的部分按中国人民银行的有关规定计收罚息。

（四）对于任何依据本合同发生的甲方应付乙方款项，乙方有权从甲方在中国银行系统开立的账户上划收任何币种款项。

（五）有权行使担保权利。

（六）有权要求甲方重新提供乙方认可的担保。

（七）有权解除合同。

第十三条 合同的修改

本合同生效后，任何一方需要修改本合同条款时，应及时通知另一方，并经双方协商一致，达成书面协议。本合同另有约定或双方在本合同之外另有约定的除外。

第十四条 其他约定条款

第十五条 合同争议解决方式

本合同在履行过程中发生争议，可以通过协商解决，协商不成，按以下第＿＿＿种方式解决：

（一）向乙方所在地人民法院起诉。

（二）提交仲裁委员会（仲裁地点为＿＿＿＿＿＿＿＿），按照申请仲裁时该会现行有效的仲裁规则进行仲裁。仲裁裁决是终局的，对双方均有约束力。

在诉讼或仲裁期间，本合同不涉及争议部分的条款仍须履行。

第十六条 合同的生效

本合同经甲方法定代表人（负责人）或授权代理人签字或加盖公章及乙方负责人或授权代理人签字并加盖公章后生效。

第十七条 合同文本

本合同一式＿＿＿份。

在透支额度有效期间及透支额度金额内，甲乙双方形成债权债务关系的所有法律性文件（包括但不限于各类凭证等）均是本合同的组成部分。

第十八条　声明条款

一、甲方清楚地知悉乙方的经营范围、授权权限。

二、甲方已经阅读本合同所有条款。应甲方要求，乙方已经就本合同做了相应的条款说明。甲方对本合同条款的含义及相应的法律后果已全部通晓并充分理解。

三、甲方有权签署本合同。

甲方（公章）：　　　　　　　　乙方（公章）：

法定代表人（负责人）　　　　　法定代表人（负责人）

或授权代理人（签字）：　　　　或授权代理人（签字）：

　　年　　月　　日　　　　　　　年　　月　　日

透支业务保证合同

合同编号：

保证人（甲方）：

住所：　　　　　　　　邮政编码：

法定代表人（负责人）：

传真：　　　　　　　　电话：

债权人（乙方）：

住所：　　　　　　　　邮政编码：

负责人：

传真：　　　　　　　　电话：

保证人（以下简称甲方）：

债权人（以下简称乙方）：

为保障乙方债权的实现，甲方基于对债务人透支借款行为的全面的、慎重的了解以及对担保法律后果的准确认识，愿意为乙方与债务人签订的编号为_____的《透支业务合同》所形成的债权提供连带责任保证。根据有关法律法规和规章，乙方已向甲方充分解释了本合同的条款，甲乙双方经协商一致，订立本合同，以便共同遵守执行。

第一条 被保证的债权种类

一、《透支业务合同》和该合同项下的透支还款通知书、各类凭证以及形成债权债务关系的其他法律性文件为本合同的主合同。

被保证的债权为债务人依据主合同进行透支借款而使乙方形成的债权。

二、在《透支业务合同》约定的透支额度有效期间内，只要债务人拟透支借款的金额与债务人未偿还的主合同项下的透支借款本金余额不超过透支额度，乙方可以连续、循环地向债务人提供透支借款，不论次数和每次的金额，对于乙方因提供透支借款而形成的债权，甲方提供连带责任保证。

第二条 保证方式

甲方提供连带责任保证。如果债务人没有履行或者没有全部履行主合同项下的任何透支债务，乙方均有权直接要求甲方承担保证责任。

甲方确认，当债务人未按主合同约定履行其透支债务时，无论乙方对主合同项下的债权是否拥有其他担保（包括但不限于保证、抵押、质押、保函、备用信用证等担保方式），乙方均有权直接要求甲方在其保证范围内承担保证责任。

第三条 被保证的债权范围

一、被保证的债权范围包括：

（一）债务人于_____年____月____日至_____年____月____日之间支用而尚未结清的最高不超过人民币（大写）_____的透支借款本金；

（二）因上述透支借款发生的所有利息（包括复利和罚息）、违约金、赔偿金以及乙方为实现债权而发生的一切费用（包括但不限于诉讼费、仲裁费、财产保全费、差旅费、执行费、评估费、拍卖费等）。

二、如甲方根据本合同履行保证义务的，按履行保证责任的透支借款本金金额对甲方担保的透支借款本金作相应的扣减。

第四条 保证期间

保证期间至主合同项下透支额度有效期届满之日后两年止，即保证期间至_____年____月____日。

若发生法律法规规定或主合同约定的情形，导致透支借款提前到期的，保证期间至透支借款提前到期之日后两年止。

第五条 被保证的主合同的签订与变更

有关透支借款的金额、期限、利率、用途等事项，由乙方与债务人在主合同中约定。

甲方确认，乙方依据《透支业务合同》之约定发放的每笔透支借款，均视为已征得甲方事先同意，无须通知甲方，甲方保证责任不因此而减免。

保证期间遇国家法定利率调整而变更主合同利率的，也视为已征得甲方事先同意，乙方无须通知甲方，甲方保证责任不因此而减免。

第六条 合同效力的独立性

本合同的效力独立于主合同，主合同全部或部分无效并不影响本合同的效力。如主合同被确认为无效，则甲方对于债务人因返还财产或赔偿损失而形成的债务也承担连带保证责任。

第七条 保证能力

保证期间，甲方丧失或可能丧失担保能力，或作为保证人的法人、其他组织发生承包、租赁、合并、兼并、合资、分立、联营、股份制改造、被撤销等情形，甲方应提前书面通知乙方。本合同项下的全部义务由变更后的机构或由对甲方作出撤销决定的机构承担。如乙方认为变更后的机构不具备相应的保证能力，由甲方或作出撤销决定的机构提供乙方所能接受的新担保，并重新签订相应的担保合同。

保证期间，未经乙方书面同意，甲方不得向第三方提供超出其自身负担能力的担保。

第八条 对甲方的财务监督

保证期间，乙方有权对甲方的资金和财产状况进行监督，甲方应如实提供其财务报表等有关资料。

第九条 提前承担保证责任

保证期间，乙方根据主合同的约定，宣布债务提前到期的，乙方有权要求甲方在该提前到期日起＿＿＿个银行工作日内承担保证责任，甲方同意按乙方要求承担保证责任。

第十条 应付款项的划收

对于甲方在保证范围内的全部应付款项，乙方有权从甲方在中国银行系统开立的账户中予以划收。

第十一条 双方约定的其他条款

第十二条 合同争议解决方式

本合同在履行过程中发生争议，可以通过协商解决，协商不成，按以下第____种方式解决：

（一）向乙方所在地人民法院起诉。

（二）提交仲裁委员会（仲裁地点为_____），按照申请仲裁时该会现行有效的仲裁规则进行仲裁。仲裁裁决是终局的，对双方均有约束力。

在诉讼或仲裁期间，本合同不涉及争议部分的条款仍须履行。

第十三条　合同的生效

本合同经甲方法定代表人（负责人）或授权代理人签字或加盖公章（如甲方为自然人的，则其仅须签字）及乙方负责人或授权代理人签字并加盖公章后生效。

第十四条　本合同一式____份。

第十五条　声明条款

一、甲方清楚地知悉乙方的经营范围、授权权限。

二、甲方已阅读本合同所有条款，并特别注意了本合同字体加黑的条款。应甲方要求，乙方已经就本合同做了相应的条款说明。甲方对本合同条款的含义及相应的法律后果已全部通晓并充分理解。

三、甲方有权签署本合同。

甲方（公章）：

法定代表人（负责人）或授权代理人（签字）：

　　年　　月　　日

乙方（公章）：

负责人或授权代理人（签字）：

　　年　　月　　日

二十三、保兑仓回购担保授信审查要点

（一）保兑仓定义

保兑仓是指以银行信用为载体，以电子银行承兑汇票为结算工具，由银行控制货权，卖方（或仓储方）受托保管货物并对电子银行承兑汇票保证金以外金额部分由卖方以货物回购作为担保措施，由银行向生产商（卖方）及其经销商（买方）提供的以电子银行承兑汇票的一种金融服务。

（二）保兑仓业务操作流程

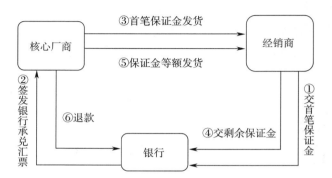

（三）审查要点

项　目	审查要点
卖方的准入条件	1. 信用等级评定原则上为 B 级或以上
	2. 在过去两年里的销售合同履约记录良好，无因产品质量或交货期限等问题而与买方产生贸易纠纷
	3. 如果卖方实力偏弱，可以由卖方提供房产抵押或其他强担保方式，银行为其核定回购担保额度
	4. 鼓励将企业的一般授信额度转化为回购担保额度，例如贷款或银行承兑汇票额度转化为回购担保额度
授信方案	5. 保兑仓回购担保授信额度原则上有效期不超过一年，对于从事关乎国计民生、特大型、在行业内处于垄断地位的保兑仓业务卖方回购担保授信额度有效期最长不超过三年
	6. 保兑仓业务项下对买方核定的授信额度期限最长不超过一年
	7. 回购担保额度可以采用内部授信方式进行，在收集卖方的公开资料后，简化授信流程，无须卖方提出申请和提供复杂的公司章程等资料，银行主动核定回购担保额度。这类卖方多适用于大型煤炭集团、大型石油集团、大型垄断汽车厂商等客户
	8. 回购主体可以定位于一些特大型集团客户的销售公司、销售处等机构，这类机构占用银行对特大型集团客户核定的内部授信额度，可以采用适度打折方式处理

续表

项　目	审查要点
实行单一额度管理的 基本条件	9. 卖方承担所销售产品回购责任且回购标准不涉及实物的移交，回购金额可完全覆盖授信敞口部分本息
	10. 卖方保兑仓网络运行过程中未出现过逾期情况
	11. 卖方拥有较好的市场知名度，属于我国知名品牌

（四）风控要点

1. 上市公司作为核心企业，操作保兑仓回购担保，必须对回购担保的责任进行披露，只有这样才合规。

2. 银行要防止核心企业自身融资困难，通过保兑仓回购担保，与经销商合作构建融资，最终是自融，这类操作风险巨大。

【案例】 ××金属材料有限公司反向保兑仓案例

（一）企业基本概况

××金属材料有限公司主营卷板、带钢等产品，注册资金1280万元人民币，公司经营班子成员均为该行业的资深人士，具备丰富的行业经验和社会、人脉资源，现已与多家大型企业建立了长期业务合作伙伴关系。

（二）银行切入点分析

1. 流动资金贷款敞口1000万元，按规则串用；担保方式为汤××个人名下两套房产抵押、××贸易有限公司提供连带责任担保；按担保人现有规模及抵押物情况看，1000万元授信敞口可得到保障。

2. 未来货权质押、反向保兑仓项下银行承兑汇票敞口为12000万元，30%为保证金，额度为17143万元，供货商为××冶金物资、×钢物贸、×建材和×航国际，由银行控制货权和发货权，签订银行认可的银企合作三方协议及相关补充协议，协议内明确由供货商承担回购责任，风险可控，效益突出。

（三）银行授信方案

该企业在银行原有授信额度为18150万元，授信总敞口为13005万元。

申请授信叙做：综合授信额度为18143万元，总敞口为13000万元，具备产品分配如下：

1. 流动资金贷款敞口1000万元，按规则串用；担保方式为汤××个人名下两套房产抵押及××贸易有限公司提供连带责任担保。

2. 供应链融资业务银行承兑汇票敞口为2000万元，30%为保证金，额度为2858万元。供货商为××物资贸易有限公司，质押物为带钢、热卷、冷轧板、螺线，供货商仓库由银行控制货权，供货商必须签订银行认可的厂商银合作协议、仓储监管协议，协议内明确由供应商承担未发货差额退款责任，并逐条规定该业务具体操作流程，银行承兑汇票额度需按规则串用。

3. 反向保兑仓业务项下银行承兑汇票敞口为10000万元，30%为保证金，额度为14285万元。供货商为×航国际钢铁贸易有限公司、××冶金物资有限公司、×方建材股份有限公司，仓库形式为上游供货商自有仓库，授信用途为定向支付上游供货商货款。授信品种为银行承兑汇票，可按规则串用。

授信方案					
额度类型	公开授信额度		授信方式	综合授信额度	
授信额度（万元）	18143.00		授信期限（月）	12	
授信品种	币种	金额（万元）	保证金比例（％）	期限（月）	利率/费率	是否循环
流动资金贷款	人民币	1000.00		12	协议	是
银行承兑汇票	人民币	17143.00	30	12	协议	是
贷款性质	新增	本次授信敞口（万元）		13000.00	授信总敞口（万元）	13000.00
担保方式及内容	（1）保证人：××贸易有限公司；抵押物名称：汤××2011－1；抵押物名称：汤××2011－2；（2）由实力强大供货商提供退款承诺					
银行承兑汇票按规则串用（保兑仓项下无法叙做国内证业务，在规模和资金成本允许的前提下，会酌情叙做供应链买方融资，因此授信品种需按规则串用）						

（四）贸易融资业务方案

1. 申请方案：供应链融资方案。

申请人：××金属材料有限公司，标的物为带钢、热卷、冷轧板、螺线。

授信品种：银行承兑汇票，按规则串用。

供货方：××物资贸易有限公司。

仓库位置：××油品有限公司、××仓储有限公司、××仓储公司。

监管人：××物流有限公司、××仓储管理有限公司。

回购/担保安排：由供货商承担未发货差额退款责任。

2. 申请方案：反向保兑仓。

供货商：×航国际钢铁贸易有限公司、××冶金物资有限公司、×方建材股份有限公司。

担保方式：开立银行承兑汇票项下相应货品存放于供货方仓库，并且由供货方监管，由上述供货方承担未发货退款责任。

【文本示范】

保兑仓合作协议书（三方银行承兑汇票方式）

协议编号：＿＿＿＿＿＿＿＿

甲方：＿＿＿＿＿＿＿＿＿＿＿＿＿

地址：＿＿＿＿＿＿＿＿＿＿＿＿＿

电话：＿＿＿＿＿＿＿＿＿＿＿ 传真：＿＿＿＿＿＿＿＿＿＿＿

负责人：＿＿＿＿＿＿＿＿＿＿ 职务：＿＿＿＿＿＿＿＿＿＿＿

乙方（买方）：＿＿＿＿＿＿＿＿

地址：＿＿＿＿＿＿＿＿＿＿＿＿＿

电话：＿＿＿＿＿＿＿＿＿＿＿ 传真：＿＿＿＿＿＿＿＿＿＿＿

法定代表人：＿＿＿＿＿＿＿＿＿ 职务：＿＿＿＿＿＿＿＿＿＿＿

丙方（卖方）：＿＿＿＿＿＿＿＿

地址：＿＿＿＿＿＿＿＿＿＿＿＿＿

电话：＿＿＿＿＿＿＿＿＿＿＿ 传真：＿＿＿＿＿＿＿＿＿＿＿

法定代表人：＿＿＿＿＿＿＿＿＿ 职务：＿＿＿＿＿＿＿＿＿＿＿

为加强甲乙丙三方之间的互利合作关系，确保乙方与丙方之间《＿＿＿＿＿＿经销合同》（以下简称《经销合同》）的顺利履行，甲乙丙三方同意，通过由甲方为乙方与丙方之间的付款订货和货款结算提供授信融资支持，并由丙方按本协议约定承担相关退款责任的形式开展三方业务合作。

为此，经三方当事人平等协商一致，按照《中华人民共和国合同法》等法律法规，现特订立本协议。

第一条 银行授信与《经销合同》项下付款

1. 甲方按照本协议约定的合作方式对乙方与丙方之间的付款订货和货款结算提供相关授信融资支持。甲方为乙方提供的银行授信产品为银行承兑汇票，并专项用于乙方购买支付甲方的货款，授信产品敞口最高额为人民币＿＿＿＿＿＿＿＿万元，额度有效使用期限为一年，可循环使用。有关该项授信的具体事宜详见甲方与乙方签订的相关编号的《××综合授信协议》（以下简称《综合授信协议》）约定。

各方同意，《综合授信协议》的签署并不构成甲方对乙方具体授信业务的承诺。在《综合授信协议》项下，甲方有权自主决定是否给予乙方具体业务授信，以及该具体授信的期限、数额和条件，并在此基础上与乙方签署具体的授信业务合同（《银行承兑协议》）。

2. 乙丙双方以银行承兑汇票作为其双方在《经销合同》项下的付款方式，同时乙方在《综合授信协议》项下向甲方申请开立银行承兑汇票后，银行承兑汇票收款人应为丙方，并以此作为乙方在《经销合同》项下的相应货款或预付款。

在银行承兑汇票项下丙方于此指定其收款账户为：

户　　名：＿＿＿＿＿＿＿＿＿＿＿＿＿＿＿
账　　号：＿＿＿＿＿＿＿＿＿＿＿＿＿＿＿
开户行：＿＿＿＿＿＿＿＿＿＿＿＿＿＿＿

第二条 票据开票保证金及票据交付

乙方向甲方申请开立银行承兑汇票时，应根据甲方的业务要求向甲方交存票据初始保证金，初始保证金为票面金额的20%。乙方提交的具体业务申请资料齐备，经甲方具体审核同意，并经乙方及时向甲方交存该具体业务的初始保证金后，甲方在＿＿＿日内为乙方开具相应的银行承兑汇票。

第三条 提货

丙方在收到上述乙方向甲方申请承兑的银行承兑汇票后，应当按照其乙丙双方间的《经销合同》约定（如时间、数量、规格等）及时向乙方办理发货或由乙方提货。

第四条 授信债务的清偿

乙方应在甲方开立的银行承兑汇票到期日十日（含该日）前向其在甲方开立的账户中存入足额的备付票款，并由甲方在票据到期日办理对外承付。如乙方未在该十日前存足票款的，则甲方有权视为乙方在《综合授信协议》和相应具体授信业务合同《银行承兑协议》项下发生违约行为，对此甲方有权采取《银行承兑协议》及本协议项下约定的任何违约救济措施，包括但不限于要求丙方承担本协议下第五条约定的退款责任。

第五条 丙方的退款责任

1. 本协议履行中，如发生乙方未在甲方开立的银行承兑汇票到期日十日（含该日）前向其在甲方开立的账户中存入相应足额票款的，则甲方应以银行承兑汇票到期日为基准，提前七日通知丙方办理对乙方该相应货款的退款，且具体退款金额应为相应到期银行承兑汇票的票面金额减去乙方该开票时已交存的 20% 的相应初始保证金，再减去乙方后续已填补的票款金额后的差额金额。丙方对此应当在收到甲方的该通知后及时办理相应退款，并应当在该相应承兑汇票到期日一日前将该相关差额金额直接退款至甲方指定的如下乙方账户（如有变化，甲方需及时书面通知丙方）：

户　　名：＿＿＿＿＿＿＿＿＿＿＿＿＿＿＿

账　　号：＿＿＿＿＿＿＿＿＿＿＿＿＿＿＿

开户行：＿＿＿＿＿＿＿＿＿＿＿＿＿＿＿

乙方于此确认，甲方指定的上述乙方账户一经收到上述差额款项的即视为乙方已收到丙方退回的该相应货款。

2. 根据甲方的指示，丙方将上述差额款项退至甲方指定的上述乙方账户的，乙方在此授权甲方直接扣划该账户内资金用于偿还乙方在甲方的授信债务。

3. 甲乙丙三方于此确认：无论丙方在《经销合同》项下是否已对乙方办理相应提货（包括已全部提货或部分提货），丙方在本协议项下的退款责任均将不受此影响（乙丙方由此在相关其他协议下若形成纠纷的需由乙丙方自行协商解决）；同时丙方因履行本条规定的退款责任而发生的损失有权向乙方进行追索，并有权对乙方采取丙方在《经销合同》中享有的任何违约救济措施，但丙方不得因此影响其和乙方在本协议项下义务的履行。

第六条 联系沟通机制

针对本协议项下的三方合作事务，甲乙丙三方同意将建立相互随时沟通的联系机制，并将依照本协议确定的原则协商解决合作中出现的困难和问题：

1. 甲方联系人：

姓　　名：＿＿＿＿＿＿＿＿＿＿＿＿

电话号码：＿＿＿＿＿＿＿＿＿＿＿＿

传　　真：＿＿＿＿＿＿＿＿＿＿＿＿

邮件地址：＿＿＿＿＿＿＿＿＿＿＿＿

2. 乙方联系人：

姓　　名：＿＿＿＿＿＿＿＿＿＿＿＿

电话号码：＿＿＿＿＿＿＿＿＿＿＿＿

传　　真：＿＿＿＿＿＿＿＿＿＿＿＿

邮件地址：＿＿＿＿＿＿＿＿＿＿＿＿

3. 丙方联系人：

姓　　名：＿＿＿＿＿＿＿＿＿＿＿＿

电话号码：＿＿＿＿＿＿＿＿＿＿＿＿

传　　真：＿＿＿＿＿＿＿＿＿＿＿＿

邮件地址：＿＿＿＿＿＿＿＿＿＿＿＿

第七条 违约责任

本协议生效后，各方均应严格执行。合作中，任何一方发生违约的，均应承担相应违约责任，并赔偿相对方因此遭受的损失。包括但不限于：

1. 乙方违反本协议的，甲方有权宣布授信提前到期，并要求乙方清偿已发放的授信并有权停止发放未使用的授信，同时有权要求丙方按照本协议第五条的规定办理退款。

2. 乙方因违反本协议导致甲方终止授信并宣布其全部授信均提前到期的，乙方应立即清偿甲方已发放的全部授信，同时甲方有权要求丙方立即就全部相关银行承兑汇票的差额部分履行退款义务（具体退款金额应为该等到期银行承兑汇票的票面金额减去乙方该开票时已交存的 20% 的相应初始保证金，再减去乙方后续已填补的票款金额后的差额金额）。

3. 丙方违反本协议约定未办理退款的，每延期一天，应当按照未给付金额的每日万分之一向甲方支付滞纳金，直至丙方退款义务履行完毕之日止。

第八条　甲方、乙方、丙方之声明、保证和承诺

1. 甲方、乙方和丙方是合法设立、有效存续及拥有良好声誉的公司（或经营主体），拥有全部的公司（或经营主体）权利及政府许可和批准从事其目前从事的业务。

2. 甲方、乙方和丙方拥有合法的权力、权利和授权签署、交付及履行本协议。本协议构成对甲方、乙方和丙方有效且具有约束力的协议，并可以根据协议条款对甲方、乙方、丙方执行。

3. 甲方、乙方和丙方保证向合同相对方提供的各项资料是真实、完整、合法、有效的，不含有任何虚假记载、误导性陈述或重大遗漏。

4. 甲方、乙方和丙方谨此承诺，其将以善意方式完整履行其在本协议项下的所有义务，且若未取得合同相对方事前的书面同意，其将不会作出任何行为（包括其应作为而不作为，或其不应作为而作为）更改或危及本协议项下任何约定权利义务的实现。

5. 甲方、乙方和丙方谨此承诺，若其发生变更住所/通信地址、其指定经办人/联系人信息发生变化、法人代表发生变更等重要事项变化，其将在有关事项变更前及时书面通知相对方。若甲方、乙方和丙方任何一方不履行本项通知义务，由此产生的不利后果由该违反一方承担。

6. 甲方、乙方和丙方谨此确认，乙丙双方《经销合同》及其三方中之两两间达成的任何其他与本协议有冲突的协议部分，该冲突者均将以本协议为准并执行。

7. 甲方、乙方和丙方谨此确认，其已经认真审阅、充分知悉、理解本协议的全部条款内容，并明确自身应当承担的责任和义务，其签署本合同是其真实的意思表示。

第九条　其他

1. 本协议履行中，甲方对乙方或丙方的任何违约或延误行为施以任何宽容、宽限或延缓行使本协议项下甲方应享有的权利，均不能损害、影响或限制甲方依本协议和有关法律规定应享有的一切权利，也不能视为甲方对任何破坏本协议行为的许可或认可，也不能视为甲方放弃对乙方和/或丙方现有或将来违约行为采取行动的权利。

2. 乙丙双方不得以本协议以外的任何纠纷（包括但不限于其双方间的任何纠纷等）为由延迟或拒绝履行本协议项下义务。

3. 经各方协商一致，本协议可修改或解除，且修改或解除合同的协议应采用书面形式。

4. 本协议中规定的日期或期间的最后一日遇法定节假日的，顺延至法定节假日后第一个工作日上午 11 时前。

5. 本协议项下附件"收到银行承兑汇票确认函"自然构成本协议的组成部分。

第十条 法律适用及争议解决

本协议按中华人民共和国法律订立，适用中华人民共和国法律。协议履行中如发生争议，甲、乙、丙三方应进行协商或调解；协商或调解不成的，应向丙方所在地有管辖权的人民法院提起诉讼。

第十一条 协议生效及附则

1. 本协议经各方当事人签署（应由其有权签字人签字或加盖印章，并加盖公章［或合同专用章］）后生效。生效后，对各方具有法律约束力。

2. 本协议一式六份，每方各执二份，每份均具同等的法律效力。

（以下为各方签署，无正文）

甲方单位盖章：
负责人或委托代理人签字或盖章：
　　　　　年　　　月　　　日

乙方单位盖章：
法定代表人或委托代理人签字或盖章：
　　　　　年　　　月　　　日

丙方单位盖章：
法定代表人或委托代理人签字或盖章：
　　　　　年　　　月　　　日

二十四、投行融资授信审查要点

（一）投行融资业务介绍

投行融资业务主要包括债券承销、并购贷款、兼并收购、资金管理、项目融资、风险投资、信贷资产证券化等。债券承销品种包括超短期融资券（SCP）、中小企业集合票据（SMECN）、短期融资券（CP）、中期票据（MTN）、定向工具（PPN）、资产支持票据（ABN）、项目收益票据（PRN）、注册额度变更、债务融资工具（DFI）、绿色债务融资工具（GN）。

（二）审查要点

项　　目	审查要点
短期融资券、 中期票据、 资产支持票据	1. 主承销行任何时点都不能持有低于30%的债权
	2. 授信额度可以阶段性串用为商业承兑汇票额度、过桥贷款额度等，实现与短期融资券、中期票据、资产支持票据的相互清偿
	3. 包销额度应最高按银行包销责任的50%核定，最低不能低于银行包销责任的10%

（三）风控要点

1. 投行发债业务的风控核心要点在于信息的完整披露，只有将发债申请人的信息完整披露给投资人，这样一旦出现借款人风险，银行才可以做到风险合理规避。

2. 必须严格按照人民银行等监管机构的规定，及时召开投资人大会，及时披露相关信息，做到合规，这样才能避免投资人的索赔。

【案例】 ××能源集团投行融资案例

（一）企业基本概况

××能源有限公司，是××能源投资集团有限责任公司的全资子公司。作为省内风电投资规模最大的专业化公司，××能源及其分公司、子公司建设的风电项目属于符合国家产业政策重点金融支持对象。

××能源在成立之初就与银行建立了良好的业务合作关系，在银行开立了基本账户，存放注册资金将近一年，授信额度累计达22.5亿元。随着宏观政策的收紧，某银行贷款发放受到限制，客户在银行的贷款无法新增，原有的授信额度基本也无法提用，业务发展面临"瓶颈"。

（二）银行切入点分析

1. 综合收益。从产品创新应用中获得的综合收益如下：

长期稳定的中间业务收入和存款沉淀。银行作为保险资金债权投资计划的托管人、独立监督人，可获得连续7年、每年0.25‰的中间业务收入，企业存款达 13 亿元，该资金沉淀将延续 7 年。

在传统信贷业务受限情况下对优质客户的有效维护。监管部门持续加强对存贷比、资本充足率的监管，使银行规模增长受到一定制约；在这种情况下，主动进行产品创新，引入短期融资券、中期票据等发债融资业务及企业保险债权投资计划合作，既能够带来可观的收益，又可在不占用银行宝贵风险资本的前提下，帮助客户开拓新的渠道，获得期限长、成本低的资金融通，达到银企双赢。

深化银行与大型保险机构的合作关系，整合客户资源。保险基础设施债权投资项目均为政策鼓励支持、关系国计民生、具有重大经济价值和社会影响的国字号项目。参与保险债权投资计划，有助于构建合作平台，实现与保险金融服务的交叉销售，获得优质客户资源，带动银行相关业务的发展。

2. 涉及产品。

主打产品：短期融资券、保险资金托管。

辅助产品：流动资金贷款。

（三）银行授信方案

1. 营销历程。在资本约束日趋严格的情况下，能源事业部开拓思路，将切入点定位于少占或不占资本的中间业务产品，加强与信托、保险和银行同业的沟通联系，向客户提供新的融资品种。

2. 短期融资券。根据客户现有的净资产情况，银行在合作银行中建议其发行短期融资券；对客户而言，短期融资券不但是新的融资渠道，而且利率低于传统贷款，可以降低财务费用；客户非常感兴趣，很快决定由银行作为短期融资券主承销商。能源事业部与金融市场部密切合作，高效、高质地完成了繁重的前期工作，顺利通过银行间市场交易商协会的传播注册备案，5 亿元短期融资券于 7 月成功发行。

通过本单业务，银行一次性收取 200 万元中间收入，获得了存款沉淀，并由此锁定了今后三年内企业直接发行短期融资券的渠道，可以保证稳定的中间业务收入。鉴于客户有着积极的中长期发展规划和稳定的发展历程，银行计划随着其资产规模的扩大，在适当时机追加介入中期票据等产品，进一步确立主要合作银行的地位，扶持客户一路发展壮大。

3. 保险资金债权计划。最终确定的方案为客户通过××资产管理公司发行 7 年期债权投资计划，融资 13 亿元，利率下浮 13.5%，由某银行作为该保险资金债权投资计划的托管人和独立监督人。

二十五、意向性贷款承诺函/贷款承诺函审查要点

（一）意向性贷款承诺函/贷款承诺函定义

意向性贷款承诺函/贷款承诺函是指银行承诺在未来一定时期内向客户提供一定意向性信用额度贷款，在客户信贷需求符合国家产业政策、银行信贷管理规章制度等贷款条件的前提下，给予一定信贷支持的书面文件。

意向性贷款承诺函/贷款承诺函是银行表示与客户有共同合作意愿的书面文件，若客户没有达到银行要求，银行可以撤销该项承诺或意向。意向性贷款承诺函/贷款承诺函的有效期为从出具之日起最长不超过 2 年。

（二）办理流程

1. 客户提出申请。

2. 客户提供生产经营、财务报表等基本资料及项目相关立项文件、技术和效益评价等基本资料。

（三）审查要点

项　　目	审查要点
意向性贷款承诺函	1. 贷款承诺函不得用于授信投标
	2. 项目符合国家产业政策的要求，禁止向属于《当前部分行业制止低水平重复建设项目目录》中禁止类、限制类的项目出具；禁止向属于《产业结构调整指导目录（2007 年）》限制类、淘汰类的项目出具
贷款承诺函	3. 申请人已完成项目可行性研究报告
	4. 项目准备正式上报国家有权部门正式批准或核准
	5. 贷款承诺函的期限一般为 6 个月，最长不超过 1 年

【文本示范】

中国××银行贷款承诺函

哈尔滨××发动机（集团）有限公司：

你公司关于小型燃气轮机发电机组生产线技术改造的贷款项目，银行将

依据《商业银行法》《贷款通则》等法律及银行的授信管理规定对项目进行详细的调查评估，在落实以下条件的情况下，银行可提供小型燃气轮机发电机组生产线技术改造项目固定资产贷款_____万元（人民币）。

1. 项目总投资_____万元，其中新增固定资产投资_____万元，资本金_____%，约_____万元。

2. 该项目的可行性研究报告须经国家有权部门批准。

3. 该项目经过银行贷款审批程序后，符合银行发放贷款的各项条件。

4. 该笔贷款的有权批准机构为_____银行总行。

本承诺函只有正本有效，并不得用于向其他金融机构融资或作为信用证件用于他途。

中国××银行

年　　月　　日

二十六、法人客户商业用房按揭贷款审查要点

（一）法人客户商业用房按揭贷款定义

法人客户商业用房按揭贷款是指银行向法人客户发放的用于购置商业用房（现房）的定向用途贷款。

贷款对象必须是经工商行政管理机关或主管机关核准登记和年审的企（事）业法人、其他经济组织，并应当具备产品有市场、生产经营有效益、不挤占挪用信贷资金、恪守信用等条件。

（二）贷款条件

1. 具有法人营业执照或有权部门批准设立的证明文件，经营管理制度健全，财务状况良好。

2. 具有贷款卡，在银行开立基本账户或一般账户。

3. 信用良好，法人客户信用等级在 AA 级以上或小型企业乙级以上，具有按期偿还贷款本息的能力，资产负债率在70%以下。

4. 开发商同意为借款人提供连带责任保证。

5. 具有购买商业用房的合同和协议。

6. 所购商业用房的价格基本符合银行或房地产估价机构评估的价格。

7. 首付款不得低于所需资金的 40%。

8. 银行规定的其他条件。

（三）审查要点

项　　目	审查要点
借款人	1. 信用等级原则 B 级以上（含）
按揭房产	2. 所购商业用房为现房即竣工验收合格并已取得预（销）售许可证，或商业用房已取得不动产权证
贷款方案	3. 贷款期限一般为 3~5 年，最长不得超过 8 年，且不超过所购商业用房的剩余使用年限；所购商业用房为二手房的，最长期限不得超过 5 年，且不超过所购商业用房的剩余使用年限
	4. 贷款额度不得超过所购商业用房价格或评估价格（两者取低者）的 50%
	5. 所购商业用房为营业用房的，已经支付首付款比例原则上不低于房产价值的 50%；所购商业用房为办公用房的，已经支付首付款比例原则上不低于房产价值的 50%；所购商业用房为通用厂房的，已经支付首付款比例原则上不低于房产价值的 60%

【点评】

　　法人客户商业用房按揭贷款金融服务产品最大的特点就是可以让希望购置商业用房的企业可以像个人按揭一样分期付款。这样不仅可以解决企业自有资金不足的问题，企业还可以通过按揭贷款提高现有资金的使用率，将本该用来购买商业用房的资金投入到生产经营环节，创造更大的效益。企业既能扩大再生产，又购置了不动产，可谓一举两得。

【案例】　××服装百货市场中心法人客户商业用房按揭贷款案例

（一）企业基本概况

××服装百货市场中心，位于××大厦，设有 400 个摊位，主要经营服装百货，经营面积达 3000 平方米，当时营业执照只能办成股份合作制，股东由 5 人组成。

（二）银行切入点分析

1. ××服装百货市场中心保持了很高的社会信誉，面向的社会群体非常广泛，其地理位置具有极大的优越性，周边有众多著名学府，广大的师生群体已经构成了庞大的购买群体。

2. 还款来源比较稳定。项目本身通过自行出租的经营模式来收取租金，其每年的租金收入就达 2000 万余元，加之法人郭××旗下的××宾馆有限公司、××国际酒店有限公司的经营收入，合计也在 1500 万元左右。另外，郭××个人名下还有多套房产，在他行还有数额较大的个人存款，其配偶在银行的各项资产合计也有 1200 余万元。综上所述，借款人××服装百货市场中心尚无较大还款压力。

（三）企业劣势

由于借款人主体为民营企业，企业主体主要由个体股东组成，无大型国企或政府机构参股。背景比较单一，主要靠自有资金投资经营，自身实力较弱，融资途径少，资金周转成本比较高。

（四）需要分析或说明的其他问题

1. 房屋买卖合同：××年××月××日。

卖方：××投资发展股份有限公司

买方：××服装百货市场中心

房产地址：××路 38 号 B 座 1 层 A1、B 及 2、3、4 层房产

建筑面积：13711.63 平方米

土地使用年限：50 年，从××年××月××日至××年××月××日止

房屋所有权证书：京房产权证海股更字第××号

单价：每平方米 1.5 万元

购房价款：20567.445 万元

分期付款利息和购房总价款：21196.81 万元

逾期付款责任：逾期付款超过 60 个工作日，卖方有权解除合同。买方如继续履行合同，支付逾期 60 个工作日内违约金，每日 0.4‰；超出 60 个工作日，每日 0.8‰。买方选择解除合同的，买方支付每日每平方米 3.8 元的房屋使用费。

2. 已支付购房凭证：提供××投资发展股份有限公司开具的 6 张购房款发票，总计金额 16365 万元。

（五）银行授信方案

申请人××服装百货市场中心，首次向银行申请 5000 万元的贷款资金，授信用途为支付购买××投资发展有限公司旗下商业用房项目的剩余房款（项目简要说明：卖方为××投资发展有限公司），房产地址是××路 38 号 B 座 1 层 A1、B 及 2、3、4 层，建筑面积为 13711.63 平方米，经营使用面积为 13000 平方米，双方已于 2006 年 11 月 7 日签订了房屋买卖合同，付款方式为按协定的要求分期支付，购房总价为 211968088.17 元（其中房价为 205674450.00 元，分期付款利息为 6293638.17 元），买方××服装百货市场中心已付了 163652190.42 元的合同房款，剩余 5000 万元的房款通过在银行申请按揭贷款一次性付清。

授信品种为法人商业用房按揭贷款，贷款期限为 5 年，利率按银行规定要求执行。担保方式：

1. ××投资担保有限责任公司在抵押登记完成前承担阶段性连带责任担保。

2. 申请人××服装百货市场中心获得贷款资金后办理产权过户，并将产权证抵押给银行（通过购房总价及申请的贷款金额测算出抵押率为 23.56%）。

3. 法人郭××承担个人无限连带责任保证。

4. 抵押登记完成后解除××投资担保有限责任公司的阶段性连带责任。

担保还款来源：综合收入。

（1）商铺租金。新成立的××服装百货市场中心，商铺个数共计 1054 户，每月租金收入约为 160 万元，老的××服装百货市场，每月租金收入约为 75 万元。

（2）法人郭××旗下的××宾馆有限公司已经营七年之久，年收入在 450 万元左右。

（3）法人旗下的另一家××国际酒店有限公司刚经营两年，公司年均收入就已经突破1000万元的业绩。

关于本房产项目的抵押变现保证：所处地理位置具有极大的优越性，周边拥有众多著名学府，广大的师生群体已经构成了庞大的购买群体，知名度早已传遍北京及周边地区，市场价值早已超过当初借款人签订房屋买卖合同的购买总价。

还款方式：按季度等额还款，贷款利率为基准并上浮10%，贷款期限为5年，因此每季度还款约为330万元。

贷后管理：监管还款收入，要求借款人××服装百货市场中心每月至少存入监管账户120万元，并且法人郭××旗下的××宾馆有限公司及××国际酒店有限公司需在银行开立结算户，全部经营收入必须在银行进行结算处理。

授信方案					
额度类型	内部授信额度		授信方式	单笔单批额度	
授信额度（万元）	5000.00		授信期限（月）	60	
授信品种	币种	金额（万元）	保证金比例	期限（月）	用途 收益
法人客户商业用房按揭贷款	人民币	5000.00	0	60	
授信性质	新增	本次授信敞口（万元）		5000.00	
担保方式及内容	保证人：郭××；抵押物名称：北京××服装百货市场中心				
××投资担保有限责任公司在抵押登记完成前承担阶段性连带责任担保					

二十七、股东授信审查要点

（一）股东授信定义

股东授信是指商业银行向自己的股东方提供的一种授信业务。

（二）政策依据

《商业银行与内部人和股东关联交易管理办法》〔银监会令（2004 年第 3 号）〕第十八条、第十九条、第二十四条、第二十九条、第三十条、第三十一条、第三十二条规定如下：

第十八条　商业银行关联交易是指商业银行与关联方之间发生的转移资源或义务的下列事项：

（一）授信；

（二）资产转移；

（三）提供服务；

（四）中国银行业监督管理委员会规定的其他关联交易。

第十九条　授信是指商业银行向客户直接提供资金支持，或者对客户在有关经济活动中可能产生的赔偿、支付责任做出保证，包括贷款、贷款承诺、承兑、贴现、证券回购、贸易融资、保理、信用证、保函、透支、拆借、担保等表内外业务。

第二十四条　商业银行董事会应当设立关联交易控制委员会，负责关联交易的管理，及时审查和批准关联交易，控制关联交易风险。关联交易控制委员会成员不得少于三人，并由独立董事担任负责人。

未设立董事会的商业银行，应当由经营决策机构设立关联交易控制委员会。

商业银行关联交易控制委员会的日常事务由商业银行董事会办公室负责；未设立董事会的，应当指定专门机构负责。

第二十九条　商业银行不得向关联方发放无担保贷款。

商业银行不得接受本行的股权作为质押提供授信。

商业银行不得为关联方的融资行为提供担保，但关联方以银行存单、国债提供足额反担保的除外。

第三十条　商业银行向关联方提供授信发生损失的，在二年内不得再向该关联方提供授信，但为减少该授信的损失，经商业银行董事会、未设立董事会的商业银行经营决策机构批准的除外。

第三十一条　商业银行的一笔关联交易被否决后，在六个月内不得就同一内容的关联交易进行审议。

第三十二条　商业银行对一个关联方的授信余额不得超过商业银行资本

净额的 10% 。商业银行对一个关联法人或其他组织所在集团客户的授信余额总数不得超过商业银行资本净额的 15% 。

商业银行对全部关联方的授信余额不得超过商业银行资本净额的 50% 。

计算授信余额时，可以扣除授信时关联方提供的保证金存款以及质押的银行存单和国债金额。

（三）审查要点

项　　目	审查要点
授信条件	1. 不得向关联方股东、内部人直接控股的企业发放无担保贷款
	2. 股东授信应当按照商业原则，以不优于其他借款人同类授信的条件进行
	3. 不得以银行股份质押授信
	4. 不得为关联方的融资行为提供担保（关联方以银行存单、国债提供足额反担保的除外）
	5. 一笔关联交易被否决后，在六个月内不得就同一内容的关联交易进行审议

【点评】

　　对股东提供授信最大的风险是关联交易政策风险，银行必须熟知监管部门对股东的关联授信要求，避免合规风险。

二十八、借新还旧、展期和重组授信审查要点

（一）借新还旧、展期和重组定义

1. 借新还旧

借新还旧是商业银行在贷款的发放和收回过程中经常采用的操作方式，是指贷款到期（含展期后到期）后不能按时收回，又重新发放贷款用于归还部分或全部原贷款的行为。借新还旧有利于商业银行盘活、收贷任务的完成，

克服了诉讼时效的法律限制，进一步明确了债权债务关系，并有可能要求借款人完善或加强担保，弱化即期贷款风险。

借新还旧在一定程度上可能会对社会信用产生负面影响，企业"有借有还"的信用观念进一步弱化；在某种程度上掩盖了信贷资产质量的真实状况，推迟了信贷风险的暴露时间，沉淀并累积了信贷风险；在办理新贷款的手续上，隐含着相当的法律风险。

2. 展期

贷款展期是指借款人在向贷款银行申请并获得批准的情况下，延期偿还贷款的行为。

贷款是否展期由贷款人决定。申请保证贷款有抵押贷款、质押贷款展期的，还应当由保证人、抵押人、出质人出具同意书面证明。已有约定的，按照约定执行。

短期贷款（期限在一年以内，含一年）展期期限累计不得超过原贷款期限；中期贷款（一年以上，五年以下，含五年）展期期限累计不得超过原贷款期限的一半；长期贷款（五年以上）展期期限累计不得超过三年。国家另有规定者除外。

借款人未申请展期或申请未获批准的，其贷款从到期日次日起，转入逾期贷款账户。

【案例示范】

＊ST印纪公告称，2018年5月公司曾与兴业银行签订借款合同，借款金额为5000万元，借款期限为2018年5月28日至2019年5月27日。鉴于上述借款即将到期，现公司申请将该笔贷款展期至2020年5月26日，金额不超过4920万元，并将与兴业银行签订相关展期协议，公司控股股东肖××对该笔展期贷款提供连带责任保证担保。

3. 重组

重组贷款（全称为重组后的贷款）是指银行由于借款人财务状况恶化，或无力还款而对借款合同还款条款作出调整的贷款。

银行通常对问题贷款采取的重组措施包括以下内容：

（1）借还捆绑：提供部分大金额贷款，借款人部分使用资金归还贷款，部分作为自救流动资金。

（2）减免或全减利息罚息：部分减免利息及罚息，降低借款人成本，提高其还款意愿。

（3）减免部分本金：借款人借款多年，对银行贡献较大，经营陷入严重困境，有限现金流采取临时还款政策，最大限度地降低银行损失。

（4）债转股：对国有企业借款人，公司有产品、有市场，主营较为扎实，暂时处于行业困难，可以提供债转股。

（5）以物抵贷：借款人持有的房产、车辆、股权等价值较高，可以采取以物抵债，快速清偿。

（6）追加担保品：在借新还旧、展期等时候，必须要求提供担保品，且担保品价值要优质。

（7）重新规定还款方式及每次还款金额等。

（8）更换借款主体，置换贷款。在担保人明显优于借款人情况下，对担保人发放贷款置换借款人贷款，通常担保人愿意配合。

（二）审查要点

项　　目	审查要点
内部合规	1. 原则上禁止以利息本金化的方式进行重组，特殊情况一律上报总行信贷审批委员会审批
	2. 需要展期、借新还旧和债务重组的借款人属于集团客户成员企业的，原则上需要在综合考虑该集团全部授信情况的基础上制订重组方案
外部合规	3. 重组贷款应至少归为次级类
	4. 不能按期归还贷款的，借款人应当在贷款到期日之前，向贷款人申请贷款展期
	5. 短期贷款展期期限累计不得超过原贷款期限；中期贷款展期期限累计不得超过原贷款期限的一半；长期贷款展期期限累计不得超过 3 年

【点评】

对待贷款应有的态度：

1. 首先应当要求借款人必须按时还款，对借款人态度清晰，要求明确，不要有任何的犹豫。

2. 借款人的确有资金困难，在明确抵押及担保可以增强的情况下，建议借新还旧。

3. 借款人的确有资金困难，在抵押及担保变弱的情况下，不建议借新还旧，建议采取展期方式，提高贷款利率，增加企业成本。

4. 借款人资金非常困难，在抵押及担保都无效情况下，建议采取贷款重组。

二十九、担保审查要点

（一）担保审查

主要担保授信方式的担保审查要点包括保证担保、土地使用权抵押、房产抵押、设备抵押、其他财产抵押、存款单证质押、债券质押、股权/股票质押、商业汇票质押、外汇担保项下人民币贷款、收费权质押、货押、应收账款质押等审查要点。

审查人员在进行担保审查时，应对每一位保证人、每一种抵押和质押担保方式分别填写相应类别的担保审查要点。

（二）审查要点

项　　目	审查要点	备注
保证人资格审查	1. 国家机关不得作为保证人，地方政府提供的担保或变相担保无效（国家另有规定的除外）；学校、幼儿园、医院等以公益为目的的事业单位、社会团体不得为保证人，也不得以其教育设施、医疗卫生设施和其他社会公益设施设定抵押；企业法人的职能部门不得为保证人	对于地方政府出具的安慰函，不能等同于担保函处理。同时，当地财政明确安排预算资金，这类风险控制效力较强
	2. 企业客户的分支机构作为保证人，须由法人提供书面授权，被授权人可在授权范围内提供担保	
	3. 保证人公司章程对担保的总额及单项担保的数额有限额规定的，不得超过规定的限额	
	4. 除非经股东会或者股东大会决议，公司不得为其股东或者实际控制人提供担保，出具的决议须经出席会议的其他股东半数以上同意	

续表

项　　目	审查要点	备注
保证人资格审查	5. 保证人为融资性担保公司的，其对单个被担保人提供的融资性担保责任余额不得超过净资产的 10%，对单个被担保人及其关联方提供的融资性担保责任余额不得超过其净资产的 15%，对所有第三人的融资性担保责任余额不得超过其净资产的 10 倍	鼓励大型国有担保公司、政府背景的担保公司的合作
	6. 外商投资企业作为保证人的，按照有关外商投资企业的法律法规的要求履行了相应的手续	
	7. 股份有限公司、有限责任公司、国有独资公司和具有法人资格的三资企业、合伙企业作为保证人的，须按公司章程的规定提供股东会、董事会或类似机构关于同意提供保证或其他具有同等法律效力的文件或证明（包括股东会决议、董事会决议和授权委托书等）	
	8. 上市公司及其控股子公司提供担保：对外担保总额（含上市公司对子公司担保及子公司对外担保总额）超过最近一期审计净资产 50% 以后提供的担保，资产负债率超过 70% 的担保对象提供担保，单笔担保额超过最近一期审计净资产的 10%，对股东或实际控制人及其关联方提供的担保，以上事项担保人同时需提供董事会决议和股东大会决议，对外提供担保的审批程序需满足其公司章程规定，且经出席董事会的三分之二以上董事审议同意；为股东、实际控制人及其关联方提供的担保议案，该股东或受该实际控制人支配的股东不得参与该表决，该表决由出席股东大会的其他股东所持表决权的半数以上通过	
	9. 地方各级政府及其所属部门、机构和主要依靠财政拨款的经费补助事业单位，均不得以财政性收入、行政事业等单位的国有资产，或其他任何直接、间接形式为融资平台融资行为提供担保	
	10. 保证人须承担连带责任保证担保（银行不得接受保证人提供的一般保证）	
	11. 符合国家环保规定（经有权环保部门批准/定期检验合格）	

（三）信贷审批的要点

在信贷审批过程中，要改变过分依赖于借款人/担保人背景、过分依赖于抵（质）押物的评估价值和现时市值、过分看重授信带来的收益和存款回报而忽视本金的违约损失风险的观念，要将评审标准建立在"三个注重"的基础上，即在判断授信风险是否在银行可接受的范围内时：

1. 应注重分析借款人（作为第一还款来源）从事主要经营活动产生现金流量的能力和未来的偿债能力。

2. 应注重分析借款人的经营管理能力、经营作风、管理质量和市场经营环境。

3. 应注重分析保证人（作为第二还款来源）从事主要经营活动产生现金流量的能力和未来的偿债能力或抵（质）押物（作为第二还款来源）变现的难易程度及变现时对价值的影响。

在信贷审批过程中，要紧紧围绕"干什么用、用什么还、怎么还"的审批要点，努力做到"十看"：

一看企业第一还款来源是否有充足的经营活动净现金流，严格控制依赖他行授信或第二还款来源的企业授信。

二看授信额度和品种是否与企业规模和需求相适应，严格控制对无明确资金用途的企业授信。

三看企业抵押担保方式是否有足够的变现和代偿能力，严格控制虚估押品价值难以变现和关联方担保的企业授信。

四看企业组织架构是否为合并报表的控股公司，严格控制对投资收益少或主营收入低的投资公司和空壳集团授信。

五看企业信用记录是否良好，严格控制对还款意愿差或曾逃废银行债务或有欠息逾期记录的企业授信。

六看企业经营是否有核心竞争力的拳头产品，严格控制对生产供过于求产品的企业授信。

七看企业所处行业是否符合银行信贷政策，严格控制对有悖于国家产业政策重复建设的产品和项目授信。

八看经风险调整后的收益水平是否与风险相匹配，严格控制对风险大收益低的项目授信。

九看企业未来成长性是否有可持续发展能力，严格控制对产品寿命周期短且无后续开发能力的企业授信。

十看企业的社会声誉是否良好，严格控制对有违法乱纪或违规经营的企业授信。

【点评】

何为大担保范畴，其实，就是有效风险抓手。凡是能够让债权得到保全、能够让借款人做事有所顾忌的手段都可以称为担保、抵押、质押、保证、追索权、回购、付款承诺等。不一定非是法律意义上的连带责任担保。

三十、土地使用权抵押贷款审查要点

（一）土地使用权抵押贷款定义

土地使用权抵押贷款是房地产公司融资取得贷款的主要方式之一，开发商通过自有资金获取开发土地的使用权后，就可以把土地使用权抵押给银行，获取贷款资金，再把这笔资金投入开发建设，通过商品房预售回笼资金，归还贷款。

（二）土地使用权抵押登记

1. 申请。抵押人和抵押权人应当在抵押合同签订十五日内，凭抵押合同、贷款合同申请抵押登记，填写土地抵押登记申请书，并提供国有土地使用证或集体土地使用证、身份证等有关材料。

2. 地籍调查。由规划和自然资源局派人对新设定土地使用权抵押权的宗地进行地籍调查。

3. 权属审核。土地登记人员对抵押设定的登记内容进行审核。

4. 注册登记。经审核符合登记的，在宗地原土地登记卡上进行注册登记。

5. 颁发证书。申请人凭身份证和土地登记收件单领取土地他项权利证明书。

【抵押登记示范】

国有建设用地使用权抵押权登记

土地证号：	京石国用（2015出）第×××号
他项证证号：	京（2016）石景山不动产证明×××号
抵押人：	××国际房地产开发有限公司
抵押权人：	××银行股份有限公司阜裕支行
土地坐落：	××区鲁谷路C2商业金融用地项目
使用权面积（平方米）：	11597.79
抵押种类及范围：	一般抵押权设立登记 部分
存续期限：	2016-10-11至2023-10-11
登记日期：	2016-12-23
备注：	

返回

（三）审查要点

项　　目	审查要点
评估报告	1. 出具评估报告机构符合银行规定要求，预评估报告与正式评估报告价值相差10%（含）以下的，根据两者孰低原则确定抵押物价值，相差10%以上的，授信需重新报批
建设用地使用权抵押	2. 提供建设用地使用权证书，且证书记事栏中无限制性描述或可能影响抵押权实现的他项事件记载
	3. 该土地上的建筑物一并抵押
	4. 检查建设用地使用权证书在土地使用期限内、未设定抵押、证内注明用途与实际用途一致
	5. 出让地抵押率上限原则上不超过70%
	6. 不属于以集体建设用地使用权单独设立抵押
以划拨方式取得的建设用地使用权抵押	7. 除符合上述建设用地使用权抵押的要求外，还需提供土地管理部门和房产管理部门准许进行抵押登记的有效证明（当地政府主管部门另有规定的除外）；划拨地抵押率上限为扣减出让金后原则上不高于70%
其他	8. 不存在重复抵押、分别抵押
	9. 不得接受以出让方式取得、满两年未动工开发、可无偿收回的土地使用权作为抵押担保；不接受空置3年以上的商品房作为贷款的抵押物

土地使用权是指国家机关、企事业单位、农民集体和公民个人及三资企

业，凡具备法定条件者，依照法定程序或依约定对国有土地或农民集体土地所享有的占有、利用、收益和有限处分的权利。

国有土地使用权是指国有土地的使用人依法利用土地并取得收益的权利。国有土地使用权的取得方式有划拨、出让、出租、入股等。有偿取得的国有土地使用权可以依法转让、出租、抵押和继承。划拨土地使用权在补办出让手续、补缴或抵缴土地使用权出让金之后，才可以转让、出租、抵押。

国有土地使用权证是指经土地使用者申请，由城市各级人民政府颁发的国有土地使用权的法律凭证。该证主要载明土地使用者名称、土地坐落、用途、土地使用权面积、使用年限和四至范围。

（四）风控要点

1. 《关于认定收回土地使用权行政决定法律性质的意见》第五条明确规定，依照《城市房地产管理法》第二十五条（现为第二十六条）的规定，超过出让合同约定的动工开发日期满二年未动工开发的，人民政府或者土地管理部门依法无偿收回出让的国有土地使用权，属于行政处罚决定。

2. 依照《城镇国有土地使用权出让和转让暂行条例》第十七条的规定，土地使用者未按出让合同规定的期限和条件开发、利用土地的，市、县人民政府土地管理部门无偿收回出让的国有土地使用权，属于行政处罚决定。

【点评】

银行要防止一些没有实力的中小开发商通过将土地使用权抵押给银行的方式变现土地价款，最终因为土地在两年内没有进行开发，被国家收回，导致银行的抵押悬空。

【案例】 ××置业有限公司土地及在建工程抵押授信方案

（一）企业基本概况

××置业有限公司，注册资本 10000 万元，该公司高层均为集团派驻，从事房地产行业已 18 年。××房地产（集团）股份有限公司是大型国有房地产企业，进驻青岛后，很快就成为青岛房地产行业的领军人物，并在社会上产生了积极的反响。

（二）银行切入点分析

本次授信优势及收益：

1. ××房地产（集团）股份有限公司作为房地产行业的龙头企业，拥有强大的经营管理能力和项目运作能力，具有良好的品牌认知度和市场美誉度，竞争优势明显，通过本次授信，将会有效地增加银行对该企业的授信份额及银行在全国房地产行业的市场份额。

同时，银行此次申请房地产开发贷款的××项目区域优势、竞争优势明显，项目定位准确，价格设定合理，销售前景光明，财务效益良好，加之其强大的股东背景等有利因素，能使银行的授信风险得到有效的保障，从而实现银行收益的最大化。预计银行开发贷款利息收入合计为8500万元。

2. 通过本次授信，银行将与该公司签订《银企合作协议》及预售资金监管协议，将该项目的部分个人按揭贷款业务（不包括公积金部分）吸纳至银行，按照按揭总量所确定的按揭贷款业务在5亿元左右。

基于该笔开发贷款可大幅提高银行个人贷款业务的同业份额，还可为银行增加一大批优质的对私客户，从而有效地推动对公、对私业务的均衡、健康、快速发展，符合银行公、私联动开展业务的经营理念。

3. 社会效益明显。通过本次授信，银行能进一步巩固与××房地产（集团）股份有限公司已建立起来的良好银企合作关系，对于提升银行在金融同业间，尤其是房地产行业内的社会影响和知名度将起到不可估量的作用，有利于促进银行各项业务的持续、健康发展。

4. ××市商品房预售资金监管中心会严格按照工程进度划付企业监管资金，并会将用于偿还银行开发贷款的资金留存在监管账户，保证偿还银行贷款。

（三）银行授信方案

银行本次申请授予青岛××置业有限公司4亿元人民币的住房开发贷款，用于其所开发的××项目一期所需的建设施工资金，期限为36个月，不可循环、不可串用。担保方式为土地及在建工程抵押，本次授信纳入总行对××房地产（集团）股份有限公司100亿元人民币总授信额度中管理。

授信方案						
额度类型	内部授信额度		授信方式	单笔单批额度		
综合授信额度（万元）	40000.00		授信期限（月）	36		
授信品种	币种	金额（万元）	保证金比例	期限（月）	用途	收益
1. 住房开发贷款	人民币	30000.00	0	36		
2. 商业承兑汇票保押	人民币	10000.00	0	36	用于向上游施工企业付款，施工企业持商业承兑汇票换开银票（缴存50%保证金）	银行可以获得可观的保证金存款
授信性质	新增	本次授信敞口（万元）	40000.00			
担保方式及内容	抵押物名称：土地及在建工程抵押；《最高额抵押合同》对应《综合授信协议》，申请人在《综合授信协议》项下，签订《开发贷款合同》《商业承兑汇票保押合同》					

三十一、房产抵押贷款审查要点

（一）房产抵押贷款定义

房产抵押贷款是借款人以已经办理房产证的房产办理抵押，向银行申请的融资贷款业务。

（二）审查要点

项　　目	审查要点
评估报告	1. 出具评估报告机构符合银行规定要求
建筑物抵押	2. 提供房产管理部门核发的房屋所有权证，土地管理部门核发的建设用地使用权证
	3. 该建筑物占用范围内的建设用地使用权一并抵押，抵押率符合银行规定（银行设定的抵押率上限为商业营业用房60%、办公楼50%、成熟园区开发区的标准厂房50%、其他工业厂房40%、普通住宅类60%、别墅及高档公寓类50%）
	4. 检查房屋所有权证在房屋使用期限内，且未设定抵押
	5. 不属于列入文物保护的建筑物和有重要意义的房地产

续表

项　目	审查要点
正在建造的建筑物抵押（在建工程）	6. 建设用地规划许可证、建筑工程规划许可证、建筑工程施工许可证、建设用地使用权证书等有关文件齐全
	7. 该建筑物占用范围内的建设用地使用权一并抵押，抵押率不超过50%
	8. 在建项目与用地规划批准项目用途一致、施工面积在工程规划许可证范围内
	9. 施工企业声明放弃在建工程优先受偿权，或出具用于抵押的在建工程价款已结清的证明
其他	10. 不存在重复抵押、分别抵押

（三）风控要点

1. 优先操作纯住宅项目，其次是商业地产项目，风险最大的是工业地产项目。

2. 要关注借款人本身的经营状况，房产抵押仍是第二还款来源，应当作为辅助的风险缓释手段，而不应当简单地将它作为第一还款考量因素。

（四）操作要求

自然人、法人或其他组织为保障其债权实现，依法设立不动产抵押权的，可以由抵押人和抵押权人共同申请办理不动产抵押登记。以建设用地使用权抵押的，该土地上的建筑物、构筑物一并抵押；以建筑物、构筑物抵押的，该建筑物、构筑物占用范围内的建设用地使用权一并抵押。

1. 为担保债务的履行，债务人或者第三人不转移不动产的占有，将该不动产抵押给债权人的，当事人可以申请一般抵押权首次登记。

2. 为担保债务的履行，债务人或者第三人对一定期间内将要连续发生债权提供担保不动产的，当事人可以申请最高额抵押权首次登记。

3. 以正在建造的建筑物设定抵押的，当事人可以申请建设用地使用权及在建建筑物抵押权首次登记。

4. 已办理房屋所有权首次登记，当事人应当申请在建建筑物抵押登记转为建筑物抵押权登记，或者在建建筑物最高额抵押登记转为建筑物最高额抵押权登记。

（五）申请材料

1. 不动产登记申请书原件。

2. 申请人身份证明。

3. 不动产权属证书原件。

4. 主债权合同原件。最高额抵押的，应当提交一定期间内将要连续发生债权的合同或者其他登记原因文件等必要材料原件。

5. 抵押合同原件。主债权合同中包含抵押条款的，可以不提交单独的抵押合同书。最高额抵押的，应当提交最高额抵押合同。

6. 抵押权人为金融机构的，提交金融机构法人许可证或金融机构营业许可证；抵押权人为典当企业等特许经营机构的，提交商务部颁发的特许经营许可证。

7. 下列情形还应当提交以下材料：

（1）同意将最高额抵押权设立前已经存在的债权转入最高额抵押担保的债权范围的，应当提交已存在债权的合同及当事人同意将该债权纳入最高额抵押权担保范围的书面材料原件；

（2）出让国有建设用地使用权抵押，属于房地产开发项目的，应提交房屋管理部门出具的房屋销售或未销售证明；

（3）属于国家租赁国有建设用地使用权抵押的，应提交规划国土主管部门同意抵押的证明文件原件；

（4）属于划拨土地使用权抵押的，应提交地上建筑物、其他附着物的不动产权属证书原件及抵押权实现时优先交纳出让金的确认文件；

（5）在建建筑物抵押的，应提交建设工程规划许可证、房屋管理部门出具的房屋销售或未销售证明原件及有资质不动产测绘机构出具的抵押面积证明原件；

（6）限价商品住房和经济适用住房抵押借款用途非支付本套住房购房款的，应提交住房保障管理部门出具的批准意见原件；

（7）在建建筑物抵押登记转为建筑物抵押权登记的，提交抵押人与抵押权人关于在建建筑物抵押转为建筑物抵押的书面协议原件及不动产登记证明原件；

（8）在建建筑物最高额抵押权登记转为建筑物最高额抵押权登记的，提交抵押人与抵押权人关于在建建筑物抵押转为建筑物抵押的书面协议原件以及不动产登记证明原件；

（9）以集体建设用地使用权抵押的，提交集体土地所有权人同意的证明原件、本集体经济组织三分之二以上成员或者三分之二以上村民代表同意的材料原件及地上建筑物、其他附着物的不动产权属证书。

（六）申请人身份证明

境内机关法人：统一社会信用代码证书。

境内事业单位法人：事业单位法人证书。

境内社团法人：社会团体法人登记证书。

境内基金会法人：基金会法人登记证书。

境内民办非企业单位：民办非企业单位登记证书。

农村合作经济组织：北京市农村合作经济组织登记证书。

境内企业或其他组织：营业执照，或者组织机构代码证，或者其他身份登记证明。

（七）房产抵押贷款流程

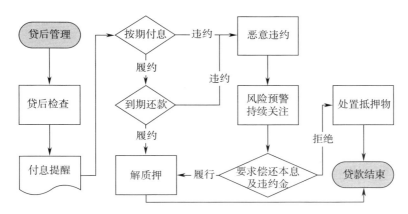

（八）营销要点

1. 鼓励借款人以经营性的商业物业作为抵押，这类商业性物业应当有稳定的现金流收入，且可以清晰地与借款人的一般经营资金流进行剥离，以物业的现金流收入清偿银行贷款。

2. 鼓励将借款人的物业抵押，银行为借款人核定综合授信额度，借款人在额度内办理表外工具等，银行可以获得可观的存款收入。例如，包头的一个中小客户，有价值1000万元的房产，银行的抵押率为七成，客户需要融资6个月。

原有方式：银行可以提供700万元贷款，这种收益仅有35万元利息。

新方式：银行提供银行承兑汇票，要求客户缴存700万元保证金，然后抵押1000万元的房产，银行提供1400万元的贷款，然后银行营销收款人，办理贴现，获得 50 万元的利息收入。很明显，第二种方式银行收益更多。

【点评】

其实，无论是银行承兑汇票，还是贷款，对于客户而言，没有区别，通常是你提供哪个，他就使用哪个。这时候，客户经理的角色更像是点菜员，或者说商场的导购员，要引导客户消费。

三十二、设备抵押贷款审查要点

（一）设备抵押贷款定义

设备抵押贷款是指借款人以已经购买的机器设备办理抵押，向银行申请的融资贷款业务。

（二）审查要点

项　　目	审查要点
现有的及将有的生产设备抵押	1. 提供生产设备的购置发票
	2. 现有的及将有的生产设备抵押时，抵押主体只能是企业、个体工商户、农业生产经营者，不包括普通自然人、事业单位和国家机关；抵押率符合银行规定（其中通用设备抵押率 40%、非通用设备抵押率 30%），原则上不得超过银行设定的抵押率
海关进口设备抵押	3. 进口设备抵押不在海关监管期内，以海关监管货物抵押的应取得海关的批准抵押的书面文件
交通运输工具抵押	4. 提供公安、交通管理部门核发的行驶证件和所有权证明，抵押率不超过 40%
国有企业关键设备、成套设备或重要建筑物抵押	5. 主管部门同意抵押的有效批准文件
集体企业生产设备抵押	6. 企业职工代表大会同意抵押的有效书面证明
其他	7. 不存在重复抵押

（三）风控要点

1. 不能简单地将设备抵押作为唯一的风险控制手段，必须结合基本账户控制、资产抵押、实际控制人担保等辅助风险缓释手段，降低贷款的风险度。

2. 由于设备的价值变化极大，折扣率必须极低，最高不能超过三成。

（四）机器设备抵押登记程序

1. 抵押登记机关：动产所在地的工商局或者工商分局（市场合同管理科）。

2. 所需要提供的文件与资料：

（1）动产抵押登记申请书（自登记受理机关获取）；

（2）主债务合同；

（3）抵押合同（或者最高额抵押合同）、抵押财产清单；

（4）机器设备价值评估报告书（机器设备彩色照片）；

（5）董事会同意抵押决议，或股东会同意抵押决议，或合伙人同意抵押决议，或独资企业出资人同意抵押声明书，或其他抵押物产权说明书；

（6）登记申请人身份证明资料：营业执照、法人代表身份证明书、法人代表身份证、授权委托书、受托人身份证明书。

3. 会同工商局承办人员，对抵押财产所在地进行现场察看，并由承办人员出具现场勘验笔录一份。

4. 到工商局领取动产抵押登记证书。

（五）法律依据

《中华人民共和国物权法》第十六章中第一百七十九条、第一百八十条规定如下：

第十六章 抵押权

第一百七十九条 抵押权基本权利

为担保债务的履行，债务人或者第三人不转移财产的占有，将该财产抵押给债权人的，债务人不履行到期债务或者发生当事人约定的实现抵押权的情形，债权人有权就该财产优先受偿。前款规定的债务人或者第三人为抵押人，债权人为抵押权人，提供担保的财产为抵押财产。

第一百八十条 抵押财产范围

债务人或者第三人有权处分的下列财产可以抵押：（一）建筑物和其他土

地附着物；（二）建设用地使用权；（三）以招标、拍卖、公开协商等方式取得的荒地等土地承包经营权；（四）生产设备、原材料、半成品、产品；（五）正在建造的建筑物、船舶、航空器；（六）交通运输工具；（七）法律、行政法规未禁止抵押的其他财产。抵押人可以将前款所列财产一并抵押。

【案例】××机械集团有限责任公司设备按揭贷款案例

（一）企业基本概况

××机械集团有限责任公司，生产基地位于高新开发区新型工业园，公司经营范围：工程机械及配件、液压元器件、电子元器件的销售；筑路机械、工程机械、机电设备及配件、农业机械的生产制造、销售和技术开发咨询；自营和代理各类商品和技术的进出口业务；工程机械设备租赁与施工；公路路基及路面、各级公路养护、市政、飞机跑道、铁路基础、水利大坝压实工程施工、劳务派遣等业务。

××机械集团有限责任公司以生产最好的筑路机械、建设最好的高速公路为己任，为满足国内高速公路快速建设的需要，研发、生产、销售和租赁摊铺机、压路机等全套筑路机械，现已在全国高速公路建设中发挥越来越大的作用，获得业主、监理和施工各方的认可和青睐。

（二）银行切入点分析

1. 本次授信的优势：

（1）核心企业××机械集团有限责任公司是国内摊铺机重点生产企业，也是行业龙头企业之一，有利于银行进一步开拓筑路机械的专业市场。

（2）在单一额度管理项下，通过中小企业设备融易贷的模式平台，可以扩大银行中小企业客户群体，放款的业务操作流程简化。

（3）本次授信的担保方式是设备抵押，抵押率低于30%。在设备购买方即借款人领用核心企业的担保额度时，核心企业要对借款人提供不可撤销的连带责任保证担保，还要向银行缴纳授信金额20%的保证金，对于设备购买方来说，需要缴纳不低于30%的首付款，如此一来，增加了核心企业和借款人的违约成本。

（4）设备购买方在使用设备时，全套的操作人员和技术都由××公司配套提供，增强了核心企业对借款人的实际控制，大大降低了借款人的违约概率。

2. 本次授信的劣势：

实际借款人多为外地的企业，银行掌握这些企业的信息极为有限，主要是通过核心企业的推荐来进行判断，贷后管理的难度也相对较大。

（三）银行授信方案

银行为××机械申请3000万元的买方信贷业务专项额度，进而××机械在担保额度内向银行认可的下游买方提供担保，使下游买方可以借助银行的贷款资金购买该公司的机械设备。

公司预计明年全年销售摊铺机及与其配套的压路机各60台，其中80%的销售将通过贷款来实现。每台摊铺机的售价450万元，每台压路机的售价180万元，以贷款金额为设备售价的70%来计算，初步测算企业需要机械设备按揭授信额度约2.12亿元。鉴于首次合作，银行此次拟给予××机械设备按揭授信额度3000万元。预计3000万元的额度并不能满足该公司的销售需求，银行将视企业的发展状况及银企合作情况进一步追加授信额度。

授信方案					
额度类型	公开授信额度		授信方式	综合授信额度	
授信额度（万元）	3000.00		授信期限（月）	12	
授信品种	币种	金额（万元）	保证金比例	期限（月）	用途	收益
一般授信担保	人民币	3000.00		12		
授信性质	新增	本次授信敞口（万元）		3000.00		
担保方式及内容	信用					

（四）贸易融资业务方案

1. 授信额度：银行为××机械核定国内买方信贷业务专项担保额度3000万元。担保方式为信用。

2. 借款人额度的使用：借款人特指国内买方信贷业务中的设备购买方。

（1）借款人首先由××机械筛选推荐，在单一额度管理项下，对满足银行授信条件的法人客户买方信贷额度的核定采用单笔单批的核准方式；

（2）首付款：借款人缴纳的首付款不低于30%的合同销售款；

（3）贷款金额：每笔最高金额不超过其所购设备销售款的70%；

（4）期限：最长不超过36个月；

（5）还款方式：采用按月等额还本付息；

（6）利率：按银行规定执行；

（7）担保方式：××机械对借款人的借款逐笔提供连带保证责任担保＋××机械须缴纳不低于实际贷款余额20%的保证金。

三十三、其他财产抵押贷款审查要点

（一）其他财产抵押贷款定义

银行可以接受的抵押财产包括土地承包权、林权承包权、门票收费权、财产继承权等资产。

土地承包经营权就是公民集体对集体所有或国家所有由全民所有制或集体所有制单位使用的国有土地的承包经营权，权利内容由合同约定。分为主体和客体两种。该项权利的权利主体为公民或集体；权利客体为集体所有土地或国家所有由全民所有制单位或集体所有制单位使用的国有土地。

（二）审查要点

项　　目	审查要点
其他财产抵押	1. 其他财产的购置发票等有关材料，能够证明权属的有效性，要求抵押物权属清晰，不存在其他纠纷；有权人出具的同意抵押的文件有效（如集体企业财产抵押，需提供企业职工代表大会同意抵押的书面证明）
	2. 其他财产抵押率上限不超过40%
	3. 不属于难以确定价值的珠宝、首饰、字画、文物等财产，不属于法律、行政法规禁止转让的财产
其他	4. 不存在重复抵押

三十四、存款单证质押贷款审查要点

（一）存款单证质押贷款定义

存款单证质押贷款是企业有价单证质押贷款，是指借款人以企业人有价单证作为质押物向银行申请的人民币贷款。

有价单证包括：

（1）借款人或第三人享有合法所有权的银行同城机构对外签发的人民币整存整取定期存单、银行代售的财政部2002年以后发行的凭证式国债、与银行签订了《有价单证质押贷款合作协议书》的保险公司出具的具有现金价值的保单。

（2）借款人享有合法所有权的银行同城机构对外签发的外币整存整取定期存单、银行代售的财政部发行的国债（电子式）。

（二）审查要点

项　　目	审查要点
存单质押（本行、他行的本外币存款）	1. 提供开户证实书，包括借款人所有的或第三人所有而向借款人提供的开户证实书，第三人向借款人提供的，应同时提交第三人同意由借款人为质押贷款目的而使用其开户证实书的协议书
	2. 单位定期存单已经存款行确认，并出具了单位定期存单确认书，确认书由存款行的负责人签字并加盖了单位公章
	3. 以外币存单质押的，按签订抵（质）押合同前一日或当日汇率中间价折算后确定价值
授信方案	4. 人民币存单项下办理人民币授信质押率不超过90%，外币授信不超过85%，外币存单质押同币种授信质押率不超过90%，其他币种授信质押率不超过80%，人民币授信质押率不超过85%；质押担保的范围包括贷款本金和利息、罚息、损害赔偿金、违约金和实现质权的费用（质押合同另有约定的，按照约定）
其他	5. 不存在重复质押

（三）法律依据

《中华人民共和国物权法》第二百二十三条、第二百二十四条、第二百二十五条规定如下：

第二百二十三条　可以出质的权利范围

债务人或者第三人有权处分的下列权利可以出质：（一）汇票、支票、本票；（二）债券、存款单；（三）仓单、提单；（四）可以转让的基金份额、股权；（五）可以转让的注册商标专用权、专利权、著作权等知识产权中的财产权；（六）应收账款；（七）法律、行政法规规定可以出质的其他财产权利。

第二百二十四条　以汇票等出质的质权设立

以汇票、支票、本票、债券、存款单、仓单、提单出质的，当事人应当订立书面合同。质权自权利凭证交付质权人时设立；没有权利凭证的，质权自有关部门办理出质登记时设立。

第二百二十五条　质权人行使权利的特别规定

汇票、支票、本票、债券、存款单、仓单、提单的兑现日期或者提货日期先于主债权到期的，质权人可以兑现或者提货，并与出质人协议将兑现的价款或者提取的货物提前清偿债务或者提存。

【点评】

　　银行通常不接受第三方存单质押，第三方存单质押极容易产生纠纷风险，主要原因就是第三方的实际决策权人是否完成全部的合规审批流程。操作贷款的银行极容易被拖入借款人与第三方的纠纷中。

三十五、债券质押类融资审查要点

（一）债券质押类融资定义

债券质押类融资是指客户将委托银行购买的，在中央国债登记结算公司记账托管的，经中国人民银行批准可在全国银行间债券市场进行交易的上市公司可转换债券作质押，由银行提供的一种融资业务。

（二）审查要点

项　　目	审查要点
凭证式国债质押	1. 用作质押的凭证式国债所有权无争议、未作挂失或被依法止付
	2. 非跨系统办理凭证式国债质押贷款业务
	3. 为本人名下的凭证式国债（或为第三人名下，但以书面形式同意质押），提供了本人（或第三人）的有效证件
	4. 授信期限未超过凭证式国债的到期日（若用不同期限的多张凭证式国债作质押，应以距离到期日最近者确定贷款期限）
	5. 贷款额度未超过质押品面额的90%，实行利随本清，承诺在贷款期限内如遇利率调整，贷款利率不变

续表

项　　目	审查要点
金融债券/公司债券	6. 债券须经过符合银行认可条件的权威评估机构评估
	7. 中国政策性银行金融债券和中国商业银行金融债券质押率原则上不超过90%，中国政策性银行担保或中国商业银行担保的公司债券质押率原则上不超过90%
其他	8. 不存在重复质押

三十六、股权/股票质押贷款授信审查要点

（一）股权/股票质押贷款定义

股权/股票质押贷款是借款人以股票、证券投资基金和上市公司可转换债券作质押，从商业银行获得资金的一种贷款方式。

股票质押率由银行依据被质押的股票质量及借款人的财务和资信状况与借款人商定，但股票质押率最高不能超过60%。

（二）审查要点

项　　目	审查要点
借款人	1. 原则上信用等级应为BBB级（含）以上，生产经营主业突出，具有连续、稳定的经营活动现金流；不得向本部无实质性生产经营或经营规模很小或主要资产为权益性投资的投资类企业授信
股权/股票	2. 外商投资企业投资者用自己拥有的股权设立质押，须有其他各方投资者同意的文件
	3. 国有股东授权代表单位持有的国有股不能为本单位及其全资或控制公司以外的单位和个人提供质押；原则上不接受上市公司作为授信申请人，以第三方持有的该上市公司股票进行质押授信
	4. 国有股东授权代表单位用于质押的国有股不得超过其所持有该上市公司国有股总额的50%，银行接受的用于质押的一家上市公司股票，原则上全行合计不得超过该上市公司全部A股流通股票的10%
	5. 用于质押的股票需符合银行要求，不属于下列公司股票质押：上一年度亏损的上市公司股票；自授信上报审查审批之日，前六个月内股票价格的波动幅度（期间的最高价/最低价，股票价格以观察期间的复权收

续表

项　　目	审查要点
股权/股票	盘价计算）超过 200% 的股票；可流通股股份过度集中的股票；证券交易所停牌或除牌的股票；证券交易所特别处理的股票；中小企业板、创业板上市公司股票；因上市公司自身经营出现问题，进行重组且重组后转入正常经营尚未超过两年的；不接受以银行股权做质押物
	6. 银行接受质押的上市公司股票，原则上该上市公司按照银行客户评级规定得出的评级结果应达到非金融类公司 A 级（含）以上、金融类公司 BBB 级（含）以上
	7. 原则上不接受国有股东持有的股票质押，接受国有股东持有的股票质押的，对照《国有股东转让所持上市公司股份管理暂行办法》（国务院国有资产监督管理委员会、中国证券监督管理委员会第 19 号令）等有关规定，确保质押股票允许由该国有控股股东按照内部决策程序决定转让，不需报国有资产监督管理机构审核批准；出质人应按照其内部决策程序办妥质押和转让手续，并保证质押期间股票转让手续持续有效
授信方案	8. 以上市公司股票质押：股票质押率≤60%，且质押授信敞口对应的市盈率≤15，原则上质押授信敞口对应的市净率≤2
	9. 原则上不接受限售股票质押，接受限售流通股质押的，授信到期日必须长于限售流通股解禁日期，考虑限售流通股解禁对股票价格的影响，需适当调低质押率
	10. 接受国有股东持有的股票质押的，对照《国有股东转让所持上市公司股份管理暂行办法》（国务院国有资产监督管理委员会、中国证券监督管理委员会第 19 号令）等有关规定，确保质押股票允许由该国有控股股东按照内部决策程序决定转让，不需报国有资产监督管理机构审核批准；出质人应按照其内部决策程序办妥质押和转让手续，并保证质押期间股票转让手续持续有效
	11. 只能办妥有关股票质押登记手续，但不能按照要求掌控出质人的证券交易结算资金账户、股票账户交易密码、证券资金密码等股票质押等情况，股票质押也可以接受，但授信敞口须同时满足如下要求：质押率≤30%
	12. 质押授信敞口对应的市净率≤1

续表

项　　目	审查要点
授信方案	13. 根据质押股票质量、流动性、价格波动性，以及股票市场的总体情况等明确股票质押警戒线和平仓线对应的股票价格。确定原则：警戒线比例（质押股票市值/股票质押授信敞口金额）应高于135%（含）；平仓线比例（质押股票市值/股票质押授信敞口金额）应高于120%（含）
	14. 股票质押授信期限原则上不应超过一年
	15. 以非上市公司股权质押的，按上年末每股净资产确认价值，质押率上限为40%，银行类非上市公司可适当提高
其他	16. 不存在重复质押
	17. 提供中国证券登记结算有限责任公司上海分公司（深圳分公司）证券质押登记证明

（三）风控要点

1. 注意控制质押率，通常不要超过3折，而且防止质押前出现大幅上涨的股票。

2. 要注意分析借款资金用途，防止将借款资金二次用于二级市场补仓，不断累积风险，进行投机操作。

【案例】 ××制冷设备有限公司股票质押贷款案例

（一）企业基本概况

××制冷设备有限公司注册资本300万元，年销售额达1亿元，公司实际控制人有大量的流通股。

银行营销思路：银行一直立足于对客户进行批量营销，银行发现证券公司是一个非常好的渠道类客户，证券公司营业部有大量的客户资源。证券公司非常重视对大客户的维护，很多股市大户的实际控制人本身经营有实业，这些实业公司本身需要融资。

（二）银行切入点分析

××制冷设备有限公司将股票质押给银行，银行为其核定综合授信额度，用于办理银行承兑汇票。公司质押给银行××国货700万股流通股，市值超过1亿元。银行提供3000万元授信额度。

银行要求××制冷设备有限公司的董事长存入1000万元的定期存款，存期6个月。

银行为××制冷设备有限公司办理4000万元的银行承兑汇票。

【点评】
　　上市公司的主要股东经常会采取股票质押贷款方式获得融资，通过股票分红来偿还利息支出，通过股票变现偿还贷款，通过股票价格增长获得资本利得收益。

三十七、商业汇票质押授信审查要点

（一）商业汇票质押定义

商业汇票质押是指借款人以持有的银行承兑汇票或商业承兑汇票办理质押，银行对借款人提供的一种融资业务。

1. 银行承兑汇票质押率对照表：

银行承兑汇票质押	1. 流动资金贷款（质押率不高于95%）
	2. 新签发银行承兑汇票，如质押银行承兑汇票为短期票据，新签发银行承兑汇票为长期票据（质押率100%）
	3. 新签发银行承兑汇票，如质押银行承兑汇票为长期票据，新签发银行承兑汇票为短期票据（质押率90%）

鼓励开办的业务类型：

```
                                    ┌─ 保证金（至少30%）
            新签发银行承兑汇票 ┤
                                    └─ 质押的银行承兑汇票
```

2. 商业承兑汇票质押率对照表：

商业承兑汇票质押	1. 流动资金贷款（质押率不高于95%）
	2. 新签发银行承兑汇票，如质押商业承兑汇票为短期票据，则新签发银行承兑汇票为长期票据（质押率100%）
	3. 新签发银行承兑汇票，如质押商业承兑汇票为长期票据，则新签发银行承兑汇票为短期票据（质押率90%）

鼓励开办的业务类型：

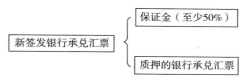

（二）操作流程

商业汇票质押业务操作流程：

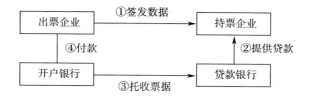

上海票据交易所质押流程：

已完成权属初始登记的票据办理质押，由出质机构通过票交所系统向其他系统参与者发起质押业务申请。质押到期时，由质权机构向出质机构发起质押解除申请，办理质押解除。质押到期且未解除质押的票据，票据交易所系统在票据到期日自动向付款行或付款人开户行发出提示付款申请，并将付款行或付款人开户行支付的票据金额划转至质权机构资金账户。质权机构未获得付款行或付款人开户行付款的，可通过票据交易所系统按追偿流程向保证增信行（若有）、贴现机构、贴现保证人（若有）发起追偿。

1. 质押业务办理流程：

（1）质押申请。出质机构的经办人员在票据交易所系统查询并选择需要办理质押的票据，选定质权机构，向质权机构发出质押业务申请。

（2）质押确认。质权机构收到出质机构的质押业务申请，在票据交易所系统审核待质押票据的清单，核对无误后确认通过。

2. 质押解除业务办理流程：

（1）质押解除申请。票据质押到期时，质权机构的经办人员应在票据交易所系统查询并选择质押待解除的票据，向出质机构发起质押解除申请。

（2）质押解除确认。出质机构收到质权机构的质押解除申请，在票据交易所系统审核待解除质押票据的清单，核对无误后确认通过。

（三）审查要点

项　目	审查要点
商业汇票质押	1. 买卖双方建立长期稳定供货关系，买卖双方合作时间至少在 2 年以上
	2. 拟出质的银行承兑汇票如为系统外银行承兑，需为银行同业融资授信名录中的银行，且质押、贴现总量在同业授信额度范围内
	3. 拟出质的商业承兑汇票承兑人必须在本行有授信额度，在额度内办理商业承兑汇票质押
	4. 出质的银行承兑汇票到期日原则上须先于授信到期日，且票面金额能够全额覆盖银行授信本息
	5. 商业汇票质押可以核定综合授信额度，在综合授信额度内办理流动资金贷款或银行承兑汇票或国内信用证
其他	6. 不存在重复质押

【案例】 江西某电子科技有限公司票据宝业务案例

（一）业务背景

江西某电子科技有限公司因贸易结算，手中持有大额银行承兑汇票，期限在 3 个月以内，该公司上游为电子元件供应企业，可接受 3 ~ 6 个月的银行承兑汇票，但金额较小。据了解，该客户全年预计有近 1 亿元的银行承兑汇票可以办理票据宝业务。

（二）银行切入点分析

该公司手持大额银行承兑汇票，但支付下游金额较小，如果到银行办理贴现，客户承担的财务费用会增加，银行客户经理向其营销票据宝业务，避免客户承担较高的财务费用，延长付款期限，同时取得定期存款利息。

（三）银企合作

客户将手中持有的到期日为 2021 年 8 月 23 日及 2021 年 8 月 30 日的三张银行承兑汇票总金额 290 万元质押给支行，2021 年 6 月 23 日，支行累计为其签发 17 张小额银行承兑汇票，累计金额 290 万元，其中：到期日为 2021 年 12 月 23 日的银行承兑汇票 12 张总计 240 万元，2021 年 9 月 23 日到期的银行承兑汇票 5 张总计 50 万元。

（四）银行收益分析

支行可获得 4 个月期保证金存款 240 万元、1 个月期保证金存款 50 万元及 1450 元的手续费收益，同时满足了客户的结算需要还为客户节省了财务费用。通过开展该项业务，还可引进该公司的其他结算存款。

【文本示范】

××银行"商业承兑汇票质押流动资金贷款"合同

申请人：　　　　　　　　　　（以下简称甲方）

住所：　　　　　　　　　　　邮政编码：

法定代表人：　　　　　　　　联系人：

电话：　　　　　　　　　　　传真：

××银行：　　　　　　　　　（以下简称乙方）

住所：　　　　　　　　　　　邮政编码：

法定代表人：　　　　　　　　联系人：

电话：　　　　　　　　　　　传真：

甲乙双方本着平等互利的原则，经友好协商，签署本合同。

第一条　商业承兑汇票质押流动资金贷款业务是指客户以持有符合贴现规定的商业承兑汇票作为质押，××银行为客户提供流动资金贷款的一种业务操作形式。

第二条　票据业务操作

一、甲方提供质押的商业承兑汇票信息如下：

单位：人民币元

汇票号码	汇票金额（大写）	出票日期	到期日期

二、甲方采取如下用信方式：

甲方在乙方办理贷款如下：

贷款金额（大写）	放款日期	到期日期

第三条 甲方的保证与承诺：

1. 向乙方提交的商业承兑汇票、商品交易合同或商品发运单据及其他材料是真实的。

2. 甲方承诺提供的商业承兑汇票是由甲方合法拥有，具有真实、合法的商品交易背景。

3. 甲方承诺提供质押的应收商业承兑汇票不存在任何缺陷或瑕疵。

4. 被质押商业承兑汇票不会出现虚假、瑕疵、非法或其他票据问题而导致无法托收或托收不能的情形。

5. 甲方承诺承担因被质押商业承兑汇票到期托收不能而给乙方造成的一切损失。

如甲方违反以上保证与承诺，甲方必须在三个工作日内向乙方缴存足以兑付新签发流动资金贷款金额的现金，并赔偿乙方由此而产生的一切损失。如甲方未能按上述约定履行，乙方有权随时从甲方在××银行系统内各机构的账户上扣除上述款项。

第四条 乙方将根据拟质押商业承兑汇票的授信额度确认结果决定是否办理"商业承兑汇票质押流动资金贷款"业务。

第五条 在甲方提交拟质押商业承兑汇票后，乙方需查证票据，对不符合乙方收票条件的票据，乙方有权退回甲方。

第六条 本合同生效后，甲、乙双方当事人均应如约履行本合同项下的义务。任何一方不履行或不适当履行本合同项下的义务，应承担违约责任。

第七条 本合同生效后，除本合同已有约定的外，甲乙任何一方均不得擅自变更或解除本合同；如确需变更或解除本合同的，应经甲、乙双方协商一致，达成书面合同。

第八条 甲、乙双方之间发生的关于本合同的一切争议，双方可协商解决。协商不成需诉讼的，由原告所在地的人民法院管辖。

第九条　本合同自甲乙双方签章之日起生效。本合同生效后，甲方或乙方发生合并或分立或改制的，本合同对合并或分立改制后的全体法人或其他组织同时具有约束力。

第十条　本合同正本一式二份，甲方和乙方各执一份，具有同等的法律效力。

甲方：　　　　　　　　　　　乙方：

法定代表人：　　　　　　　　负责人：

（或授权代理人）　　　　　　（或授权代理人）

签订日期：　　年　月　　日　　签订日期：　　年　月　　日

三十八、外汇担保项下人民币贷款审查要点

（一）外汇担保项下人民币贷款定义

外汇担保项下人民币贷款是由境外金融机构或境内外资金融机构提供信用保证（含备用信用证）或由境内外商投资企业提供外汇质押，由银行向境内外商投资企业发放的人民币贷款。

（二）担保操作流程

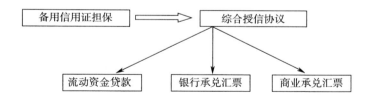

备用信用证又称担保信用证，是指不以清偿商品交易的价款为目的，而以贷款融资或担保债务偿还为目的所开立的信用证。它是集担保、融资、支付及相关服务为一体的多功能金融产品，因其用途广泛及运作灵活，在国际商务中得以普遍应用。但在我国，备用信用证的认知度仍远不及银行保函、商业信用证等传统金融工具。

（三）审查要点

项　　目	审查要点
借款人	1. 借款人仅限于资本金已按期足额到位且未减资、撤资的外商投资企业（包括中外合资、中外合作、外商独资经营企业）
	2. 境内中资企业向境内金融机构借用贷款如需接受境外机构或个人提供的担保，必须经国家外汇管理局批准
	3. 借款人符合国家外债规模管理的有关规定：借款人中长期外债累计发生额、短期外债余额以及境外机构和个人担保履约额（按债务人实际对外负债余额计算）之和，不超过其投资总额与注册资本的差额（投注差）
外汇担保项下业务	4. 外资银行出具的信用保证（含备用信用证），为无条件、不可撤销、不可转让、对借款人人民币债务本金及其相关利息和费用承担连带责任的书面担保。银行对提供信用保证的外资银行核定有授信额度，且担保合计金额在银行对其核定的授信额度之内
	5. 对于备用信用证担保贷款，开立备用信用证的外资银行须符合银行代理行授信标准，不在总行限制使用的代理行之列；银行可接受外资银行境内分支机构开立的人民币备用信用证，但不接受其为境内企业的人民币借款提供外汇担保，备用信用证的金额、失效期、受益行、索偿条款、记载事项等需符合银行要求
	6. 借款人所质押的外汇，来源仅限于企业的经常项目外汇账户，质押外汇币种仅限于美元、欧元、日元、港元、英镑和瑞士法郎
授信方案	7. 外汇担保人民币贷款可用于满足固定资产投资和流动资金需求，但不得用于购汇，外汇担保人民币贷款期限最长不超过 5 年
	8. 外汇质押项下向借款人发放的人民币贷款金额，应参考近期汇率波动趋势确定，原则上不得超过质押外汇按照审批当日银行公布的汇率准价折算的人民币金额（质押外汇折算金额）的85%（在运用相关工具锁定远期汇率风险的前提下，质押率可以适当提高）；在人民币贷款期内，由于人民币汇率变动导致人民币贷款本息高于质押外汇（含利息）折算金额的，银行可以提前收回超额部分贷款或要求债务人补足差额部分的质押外汇
	9. 备用信用证担保的人民币贷款金额，最高不得超过备用信用证担保额折算的人民币金额的90%（外资银行境内分支机构人民币备用信用证担保可适当灵活掌握，但必须能全额覆盖银行债权），如贷款期限超过 1 年，应适当降低贷款金额与备用信用证担保金额的比例
其他	10. 不存在重复质押

鼓励开办的业务类型：

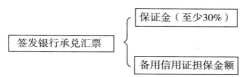

三十九、收费权质押授信审查要点

（一）收费权质押授信定义

收费权质押授信是指出质人将享有的政府许可的某项收费权进行质押，向银行申请授信的一种业务。

（二）审查要点

项　　　目	审查要点
收费权质押	1. 提供有权部门核发的证明借款人具备收费资格的文件或证明材料，银行贷款在收费核准期间内
其他	2. 不存在重复质押
具体种类	3. 高速公路收费权（借款人通常是高速公路公司、交通厅）
	4. 学校学费收费权（借款人通常是大学）
	5. 电费收费权（借款人通常是电力公司）
	6. 公园门票收费权（借款人通常是公园）
	7. 污水处理收费权（借款人通常是污水处理公司）

（三）政策依据

《中华人民共和国担保法》司法解释第九十七条规定：公路、隧道或者公路渡口等不动产收益权可以作为出质权。

（四）风控要点

1. 根据《中华人民共和国物权法》第二百二十八条和《应收账款质押登记办法》的规定，因销售产生的债权、出租产生的债权、提供服务产生的债权、不动产收费权、提供贷款或其他信用产生的债权等应收账款的质押登记，由人民银行信贷征信机构办理。因此，当银行受理此类应收账款质押登记，应及时前往办理。

2. 周密拟定质押合同及相关协议。

质押贷款相关的合同除应具备《中华人民共和国物权法》《中华人民共和国担保法》《中华人民共和国合同法》要求的基本条款外，还应在合同中约定以下内容：

在质押合同中，约定借款人（出质人）在贷款银行开立收费专用账户条款。包括：

（1）收费收入全额归集存入收费专用账户，不得以任何理由分流到其他账户或者与其他账户并户使用。

（2）收费专用账户资金在贷款银行监督下使用，专款专用，除收费运转必要的日常开支外，其余款项应当用于偿还贷款。

（3）当收费专用账户资金低于一定数额或者单笔开支数额较大的，款项支付应当征得贷款银行同意。

（4）收费专用账户存款余额应保持一定沉淀量作为贷款偿还担保。

在质押合同中，约定贷款银行行使抵销权条款。当借款人违约不能或不按时偿还贷款本息时，银行有权从借款人的收费专用账户、基本账户或其他账户扣收资金用于实现债权。

在质押合同中，约定收费权处分条款。当借款人违约不能或不按时偿还贷款本息时，银行有权向管理部门提出通过依法拍卖或者变卖方式处置收费权的要求，有权诉请人民法院通过拍卖或者变卖方式处置收费权，以转让收费权所得款项清偿担保的贷款本息，出质人应当配合做好收费权处分工作。

在委托合同（代收费协议）中，约定借款人有义务督促其用户在贷款银行开立缴费账户条款。

3. 贷款期限届满日应在收费权有效期内。

银行应审核收费期限与贷款期限，并使贷款期限届满日在收费期限之内。否则，或是缩短贷款期限，或是督促借款人向审批机关申报延长收费期限，或是要求借款人提供其他附加担保。在一般情况下，商业银行不应接受收费期限届满日早于贷款期限届满日的收费权质押。

（五）操作要点

1. 出质的权利是国家享有的公权益，以获得政府的许可为前提。由于此类项目多为政府投资并享有权利的基础设施建设，能源、交通、电力等支柱产业，因此权利一般由政府代表国家行使。部分收费权，如高速公路项目收费，还须由省级政府批准确定，建成后经省政府批准并确定收费标准才能开始收费。

2. 质押的权利可通过政府授权等形式发生转移，具有有限让与性。由于政府部门在融资、担保主体资格等方面的限制，需将收益权让与市场主体行使，但这种让与是有限的。一方面让与的不是所有权，而是经营、管理、收益的权利；另一方面让与不是无限期的，期限的确定要根据投资回收周期和贷款期限确定。

3. 收费权是一种财产权利，收费权项下的权利具有可预测和可期待性。虽然收费权目前不能直接拥有，但具有明确的预期收益并能够为贷款偿还提供保障。如公路收费确定收费标准后，车流量可以预测，收入金额可以估计；电力和自来水的收费标准确定后，也可以根据使用客户群体的数量进行收益预测，收入可以估计，覆盖贷款本息。

4. 质押的权利不是即期现有的收益，而是未来享有的收益。一般动产和权利在设定质押时，出质人原则上对质押物都享有权利，而收费权项下的权利是在项目建成并经批准实施收益后才能享有。以公路建设为例，政府必须在申请贷款时即批准将未来建成后的公路收费权用于质押，而银行在获得未来收益质权后才可能发放贷款。

5. 收费权质押贷款的办理条件。

办理收费权质押贷款需要具备以下条件：

（1）收费权必须依法设立并具备合法的收费依据。收费权的设立，一般由县级以上人民政府主管部门在其权限范围内，按行政审批程序依法审查批准，下发批准文件或颁发收费许可证。出质的收费权应在收费项目、收费额度、收费期限方面符合批准文件和管理要求。未经批准而自行设立的收费项目不得设定质押，否则将直接导致质押合同无效。

（2）收费权及其相关权利可依法进行转让。债权银行设置收费权质押，其贷款可通过两种途径获得保障：

一是银行对收取的费用享有优先受偿权，借款人将所收取的费用直接转让给债权银行，用于抵偿银行贷款及利息。

二是当债务人不履行到期债务或发生当事人约定实现质权的情形时，质权人可以拍卖、变卖的方式将收费权转让，用所得价款偿还贷款。这两种途径是以收费主体资格可依法变更或收费收入可依法转让为前提，失去可变更或可转让前提，债权银行质押目的便无法实现。

（3）出质人主体职责应符合法律及相关管理要求。一是出质人应具有法人资格，未经授权的法人分支机构及国家机关、以公益为目的的事业单位、社会团体不能为出质人。二是出质人与收费许可证或收费批准文件等所记载的收费权主体一致。实践中，因承包、转包或挂靠等原因，实际收费人与收费权主体不一致的情况较多，为确保出质主体合法有效，在签订合同时要注意甄别和核对，以免因出质人不是收费权主体而导致质押无效。

（4）出质人能够按有关法律法规要求办理登记。收费权质押应按《中华人民共和国物权法》《应收账款质押登记办法》及《中国人民银行征信中心应收账款质押登记操作规则》要求，在中国人民银行征信中心的应收账款质押登记公示系统办理电子登记。在具体办理时，应严格审查登记内容的真实性、完整性和合法性，与出质人签订《应收账款质押登记协议》，按照规定的步骤和要求，无差错地完成电子登记。

6. 收费权质押中存在的风险。

（1）收费权项目下的内容和表现形式没有明确。一是在比较常用的收费权质押中，学校收费权存在学费收费权、住宿费收费权、书杂费收费权、择校费收费权、考试费收费权等多种方式出质情况；医院收费权质押有医院收费权、门诊住院收费权等不同形式，内容包括医院收费的挂号费、检验费、治疗费、手术费、护理费、床位费、医药费等。上述收费项目中具体哪些项目能够设立质押目前没有法律法规和制度加以明确。二是学校、医院等以公益为目的的事业单位，以其教育设施、医疗卫生设施和其他社会公益设施以外的财产为自身债务设定抵押，可以认定抵押有效。但是学校、医院哪些是公益设施的收费、哪些是公益设施以外的设施产生的收费很难分清楚。

（2）质押权流转和处置存在难度。一是收费权是批准机关基于某种服务资源和设施的存在，经评估认为企事业单位有能力提供某种服务，才为申请人发放的用于收回成本或者获利的行政许可。如果收费权受让人没有能够提供服务的资源和设施，收费权的批准机关将依法取消此项收费权，质权人不能控制和处置收费权，债权可能面临悬空的危险。二是对于污水处理等民生项目涉及千家万户，各级政府不会允许因收费权利转让而影响服务的提供。银行强制执行取得质押收费权利或者依法拍卖这种权利存在较大的难度。无法转让的权利是不能用来质押的，否则质押只能成为名存实亡的对贷款人毫无价值可言的"虚无"权利。

（3）收费资金的监管存在较大不确定性。我国公立学校和医院均实行的是财政预算拨款。虽然在贷款发放初期银企双方签订了收费账户管理协议，设立专户管理收费资金，但收费必须服从于地方财政预算。部分政府财政，尤其是行政管理相对不够规范的县级财政部门资金调拨存在随意性，主动权不在银行手中，因而通过做预算来还贷款基本上没有操作的可能。如果不能履行借款合同或者逃避银行债务，作为出质人的主管部门和财政部门也不可能用财政拨款偿还银行贷款，银行对出质人的资金无法控制。

（4）收费权质押办理登记存在一定障碍。收费权的取得一般都是要经过行政审批程序并取得收费许可证，但是收费许可证只是赋予一种收费资格，并不是一种权利凭证，收费权质押的生效，仍需进行出质登记公示。

（5）收费权额度和价值的确定存在一定难度。一是收费权质押，实际上是以出质人将来的不确定经营收入做质押，如果不能获得收入或者收入远低于预期，致使项目运行期实际收入不足，难以达到按期还贷要求。二是收费权种类繁多，没有统一的价值评估依据，没有可以量化、易于操作的标准，且收费价格受政策和市场双重因素影响较大，存在较大的不确定性。

7. 实现收费权质押贷款的主要风控措施。

（1）做好前置性的贷款审查。

一是在权利出质时要对出质人主体的适格性进行审查，收费权人与出质人是否具有同一性。对于不具有同一性的出质人，要审慎把握权利的转让和分包合同。

二是对于法律法规、相关管理部门对收费权转让或质押有审批要求的，必须按有关规定办理审批手续。如关于出质人经营质押公路的批文、关于质押公路收费站数量、地点和收费标准的批文、关于批准出质人用公路收费权作质押担保的批文等。

三是应向有关主管部门和抵押登记部门查询，核查该收费权所依附的设施是否已抵押给第三人。未抵押的，应要求其一并抵押给贷款银行，或在有关合同中明确未经贷款人同意，不得抵押给第三人。

（2）做好备案登记工作。

一是找准登记部门，不同的收费权利有不同的法定质押登记部门，在办理质押贷款前必须要明确，质押登记程序要合法合规。要求出质人出具如下书面承诺函：知晓并对登记内容无异议，保证所提供的出质人法定注册名称、有效身份证件号码等登记内容无误，在出质人基本信息发生变更后的一定时间内及时告知质权人等，并明确未履行上述承诺时的责任。

二是对于部分同时在人民银行办理质押登记的，要查询拟质押应收账款在人民银行"应收账款质押登记公示系统"的质押登记情况，并提供相关凭据附入贷款审批资料。

三是在司法解释对应收账款的范围作出明确解释前，对于各类收费权，最好做好双重登记。若管理部门的规章、政策有登记部门和程序要求的，除在应收账款质押登记公示系统进行电子登记外，仍需到相关管理部门办理登记。对于应收账款质押登记公示系统启用前，已在相关管理部门办理了登记的各类收费权质押，需及时到应收账款质押登记公示系统补办电子登记。

（3）把握贷款要素中的重要环节。

一是要充分考虑收费权收入的预期性和不确定性等因素，在收入中核定每期还本付息的额度时，需将出质人必要的基础设施维护、养护费用或者公共服务必要的支出扣除。

二是合理确定贷款期限，收费权一般情况下是带有一定期限的行政特许权。在签订质押合同时，应注意贷款期限、担保期限与剩余收费期限的协调：质权人应注意审查出质的收费期限及剩余收费期限，并尽量使贷款期限等于或短于剩余收费期限，原则上贷款期限应控制在收费期限的一半之内。

三是争取多种担保方式结合使用。由于收费权利价值不确定的因素太多，再加上质押实现难度较大，在条件许可的情况下，贷款银行在办理收费权质押贷款时，应尽量争取多种担保方式结合使用，以有效担保质押债权实现。如在设置收费权质押的同时，可再增加其他保证担保、抵押担保等担保措施。

四是要求借款人或出质人为收费权所依附的项目财产办理保险。大多数收费权依附于特定项目，项目财产的安全性是收费权存在的客观前提。为防范项目本身由于自然灾害或人为损害导致收费权的灭失或收费收入的下降风险，可要求出质人办理项目财产保险，明确贷款人为保险赔偿权益的第一受益人。

（4）加强收费账户的监管。为防范收费收入流失的风险，应在与出质人签订质押合同的同时，订立补充条款或单独签订收费账户监管和划转协议，明确以下内容：

①对账户的开立事项进行约定。要求出质人在贷款机构开立收费专用账户，明确专用账户开立、收费收入存入时间、资金使用条件、偿还贷款比例、扣款权利、违约惩罚等监管内容，并承诺所开收费账户的唯一性以及质押期间所有收费收入全额存入该账户，从源头上控制收费权收入的实现。

②对账户资金的日常使用进行限制性约定。一是应约定该账户内的最低资金余额不得低于各分期到期贷款的本息。二是明确账户资金的使用条件，要求出质人单笔资金支用数额超过规定金额的，应征得质权人书面同意。三是对于收费账户开在他行的，应要求借款人定期提供其在他行账户资金的收入和使用的情况。

③对账户资金的划转进行直接约定。约定应分期偿还贷款本息时，或出现借款合同约定的实现质权的情形时，贷款机构有权从该账户中直接扣划资金用于抵偿贷款本息。该账户开在他行的，他行应根据提供的债务人不能按约定还本付息或实现质权的约定情形出现的证据，有义务将该账户的资金划入质权人指定的账户用于抵偿贷款本息。

（5）与收费项目有关的第三方签订补充协议。为保证收费项目正常完工以及能够足额收取相关费用用于债务偿还，还要通过有效方式进行管控。

出具必要的保证性承诺。一是对项目法人或项目出资人，为防止收费权依附的项目建设完工风险，应要求项目投资方或者项目主要建设承包方出具承诺资本金按时、按比例足额到位的承诺函。二是要求资金的实际支配人出具拨款还贷的保证性承诺，在收费主体经营性收费收入实行收支两条线管理的情况下，要明确应拨付给企业的资金额度及用于还贷的具体数额，保证及时将还贷资金直接汇入企业指定账户。

主动锁定第三方交费收入。一是对于交费人众多，如水电用户和有线电视用户等，需由交费人自行将款项交到指定银行的收费账户的，应要求出质人在与付费方签订的交费合同或交费通知中明确约定，所有收费由付费方直接交到收费账户。二是对于交费人为相对固定的主体的，如电网企业将购电费交给发电企业，应在三方协议或补充协议中，约定由交费人直接将款项交到收费账户。三是对于由收费人收集后，再交到收费账户的，如公路收费和景区门票收费，应要求出质人承诺质押期间所有收费收入都全额存入收费账户，并约定贷款行有权定期查阅与收费有关的账务和票据等，一旦发现出质人有隐匿收费收入或不按期将收费收入归行等违约行为，贷款行有权提前行使质权。

【案例】 ××商业大学学费收费权质押贷款案例

（一）企业基本概况

××商业大学为省属高校，学校拥有优良的教学场地和教学实验设施，由3个校区组成，总占地面积2544亩，建筑面积52.8万平方米，固定资产价值45168万元，教学、科研仪器设备价值16637多万元，有9个省部级以上研究中心或重点实验室，实验设备选用主流设备和先进设备，多普勒激光测振仪、材料结构显微分析系统、数控加工中心、ARM嵌入式系统等一批先进的教学科研仪器设备投入使用，优势突出，特色鲜明。

（二）银行切入点分析

1. 优势。

（1）在校生24667人，收入3.5亿元，在××省高校中排名第五位，收支结余较为理想，并且两个老校区正在申请土地置换，置换后将为学校增加较多的收入，可以用于偿还银行贷款，还款来源有保障。

（2）教育厅协助管理，政府支持力度大，同时按照贷款金额的10%设立了风险准备金。

（3）银行已经与该校建立合作关系，可利用此次授信，进一步加大对该校的营销力度，在借记卡、信用卡、代发工资、自助网点建设、理财、个人网银等方面开展合作，创造更多的效益。

2. 劣势。该校负债结构中流动资金贷款占比为31.2%，存在短贷长用现象，短期还款压力较大，学校不得不留存一定的银行存款来应付到期的流动资金贷款，增加了财务成本。

3. 客户管理能力分析。

××市规划局委托××城市规划设计研究院对该校老校区置换进行了规划，××城市规划设计研究院已提交了老校区置换初步方案。待规划方案通过审查后，学校将和××市土地储备中心签订土地储备相关协议。若拟置换土地在一定阶段内能够顺利出让，将显著增加该校的可还款资金。但考虑到当前的房地产形势，该校在短期内出让上述土地的可能性较小，且出让时机无法明确，因此在测算项目还款计划时，未将土地置换收入考虑在内。

经测算，若申请人拟置换土地的出让价格为 200 万元/亩，申请人需缴纳的农业综合开发资金为 575 万元、省政府复垦基金 2298 万元、国有土地收益基金 1532 万元、其他相关成本费用 20 万元，合计为 4425 万元。扣除上述成本，申请人可以取得置换土地收入 72175 万元。

（三）银行授信方案

1. 授信方案：本次授信额度为 1.5 亿元人民币，用途为置换短期流动资金贷款，品种为固定资产贷款，期限 8 年，基准利率，担保方式为收费权质押。

2. 合作模式：

银行与××省教育厅、××省学生资助管理中心签订院校贷款三方合作协议，作为院校贷款业务的基本框架协议。对院校贷款业务的运作机制、风险控制及风险准备金管理等方面进行详细规定。

（1）院校以教育事业收费权益提供质押担保，教育厅负责办理质押审批、登记手续。

（2）建立风险准备金制度，由用款院校按贷款额度的 10% 的比例缴纳，用于对院校贷款欠付贷款本息的补偿。××省学生资助管理中心（省教育厅的管理平台）对风险准备金实行专户管理。

（3）教育厅监督院校按借款合同约定的还款计划将还本付息资金足额列入年度预算，并将省财政厅对预算的批复及时函告，监督院校将列入年度预算的还本付息资金在规定的时间划入指定的银行账户。

（4）用款院校还款资金不能及时到位或院校的各项收入（扣除必要支出后）不足以偿还贷款时，教育厅负责协调院校及时归还贷款。若协调不能奏效，可统筹安排教育经费，调度平衡资金，采取有效措施，包括在专项经费、招生计划的安排等方面采取相应的制裁措施，直至该校的逾期本息得到清偿为止，确保银行贷款本息如期足额偿还。

3. 授信方案设计依据：

（1）学校需求迫切：该校负债结构中流动资金贷款占比为 31.2%，存在短贷长用现象，短期还款压力较大，学校不得不留存一定的银行存款来应付到期的流动资金贷款，增加了财务成本。

（2）银行预期相关效益较好：一是贷款利息收入；二是风险准备金存款；三是结算沉淀存款；四是拉动对私业务发展。学校在校生达 24667 人，教职工达 2062 人，银行可以在借记卡、信用卡、代发工资、自助网点建设、理财、个人网银等方面开展合作。

授信方案						
额度类型	内部授信额度		授信方式	单笔单批额度		
授信额度（万元）	15000.00		授信期限（月）	96		
授信品种	币种	金额（万元）	保证金比例	期限（月）	用途	收益
基本建设项目的固定资产贷款	人民币	15000.00	0	96		
授信性质	新增	本次授信敞口（万元）		15000.00		
担保方式及内容	质押物名称：河南商业大学收费权					

四十、动产融资授信审查要点

（一）动产融资定义

动产融资是指企业以自有或第三人合法拥有的动产或货权为抵/质押、或银行对企业动产或货权进行监管的授信业务。

动产是指银行认可的生产或流通领域有较强变现能力、价格相对稳定的通用商品，具体以总行公布的商品目录为准；货权是指以仓单、提货单等权利凭证形式表现的上述动产之所有权。

动产融资授信业务品种可包括短期流动资金贷款、银行承兑汇票、商业承兑汇票保贴、国际贸易融资等。

（二）审查要点

项　目	审查要点
借款人	1. 贸易企业：进销渠道通畅稳定，行业经验两年以上、无不良资信记录，或银行认可的核心生产厂商的分销商；专业进出口公司需无逃套汇、骗税走私等不良资信状况
	2. 生产加工企业：连续经营两年以上，生产经营正常、主导产品销售顺利、应收账款周转速度和存货周转率不低于行业平均水平、无不良资信记录或银行认可的核心生产厂商的配套厂家
	3. 不属于对期货经纪公司或将银行资金用于期货交易的客户办理标准仓单质押授信业务

续表

项　目	审查要点
货押商品/仓单	4. 属于企业正常经营周转中的短期存货，有良好流通变现能力
	5. 货物通用性强，有成熟交易市场，有通畅销售渠道，价格易于确定，价格波动区间能够合理预测
	6. 货物质量稳定，易于仓储、保管、计量，不易变质、损毁，有形及无形损耗均能合理预测
	7. 货物本身适销对路，市场需求旺盛，供货商实力雄厚，技术水平较高，在行业内具有品牌优势
	8. 质量和价格确定有较强专业性的货物，要求提供银行认可的质量检验及价格认定材料
	9. 对于标准仓单质押授信，银行仅限于接受以电子仓单形式出质的授信申请
授信方案	10. 授信额度期限最长不超过一年，单笔业务期限一般不超过 6 个月
	11. 货押业务的质押率原则上不高于 70%
	12. 标准仓单质押授信的质押率不高于 80%
	13. 标准仓单质押授信的期限原则上不超过 6 个月，且不超过出质标准仓单的有效期

（三）政策依据

《中华人民共和国担保法》中有如下规定：

第六十三条　本法所称动产质押，是指债务人或者第三人将其动产移交债权人占有，将该动产作为债权的担保。债务人不履行债务时，债权人有权依照本法规定以该动产折价或者以拍卖、变卖该动产的价款优先受偿。

前款规定的债务人或者第三人为出质人，债权人为质权人，移交的动产为质物。

第六十四条　出质人和质权人应当以书面形式订立质押合同。

质押合同自质物移交于质权人占有时生效。

第六十五条　质押合同应当包括以下内容：

（一）被担保的主债权种类、数额；

（二）债务人履行债务的期限；

（三）质物的名称、数量、质量、状况；

（四）质押担保的范围；

（五）质物移交的时间；

（六）当事人认为需要约定的其他事项。

质押合同不完全具备前款规定内容的，可以补正。

第六十六条　出质人和质权人在合同中不得约定在债务履行期届满质权人未受清偿时，质物的所有权转移为质权人所有。

第六十七条　质押担保的范围包括主债权及利息、违约金、损害赔偿金、质物保管费用和实现质权的费用。质押合同另有约定的，按照约定。

第六十八条　质权人有权收取质物所生的孳息。质押合同另有约定的，按照约定。

前款孳息应当先充抵收取孳息的费用。

第六十九条　质权人负有妥善保管质物的义务。因保管不善致使质物灭失或者毁损的，质权人应当承担民事责任。

质权人不能妥善保管质物可能致使其灭失或者毁损的，出质人可以要求质权人将质物提存，或者要求提前清偿债权而返还质物。

第七十条　质物有损坏或者价值明显减少的可能，足以危害质权人权利的，质权人可以要求出质人提供相应的担保。出质人不提供的，质权人可以拍卖或者变卖质物，并与出质人协议将拍卖或者变卖所得的价款用于提前清偿所担保的债权或者向与出质人约定的第三人提存。

第七十一条　债务履行期届满债务人履行债务的，或者出质人提前清偿所担保的债权的，质权人应当返还质物。

债务履行期届满质权人未受清偿的，可以与出质人协议以质物折价，也可以依法拍卖、变卖质物。

质物折价或者拍卖、变卖后，其价款超过债权数额的部分归出质人所有，不足部分由债务人清偿。

第七十二条　为债务人质押担保的第三人，在质权人实现质权后，有权向债务人追偿。

第七十三条　质权因质物灭失而消灭。因灭失所得的赔偿金，应当作为出质财产。

第七十四条　质权与其担保的债权同时存在，债权消灭的，质权也消灭。

（四）风控要点

质押担保的范围，原则上应当由当事人自由约定。如果没有约定或约定不明时，应当适用法定质押担保的范围，即主债权及利息、违约金、损害赔偿金、质物保管费用和实现质权的费用。

主债权是指动产质押所担保的主债务合同中债权人对债务人的债权，这里不包括利息及其他因主债权产生的孳息债权。

（五）授信流程

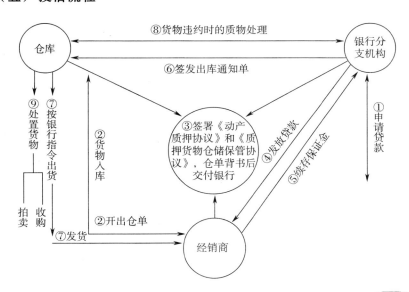

【点评】

　　银行开出动产质押融资必须非常谨慎，必须培养专门的货押人员，不能过分依赖监管公司，需要银行自己投入人力资源去盯货。

【案例】　××合金有限公司动产质押融资案例

（一）企业基本概况

　　××合金有限公司，是一家专门从事各类铝合金锭生产、销售的再生铝业生产企业。公司占地面积 128 亩，注册资本 20000 万元。公司主营业务为加工、销售铝合金锭，汽车配件、摩托车配件；批发、零售金属材料，机电产品，建材，工业硅；货物进出口（以上经营范围法律、行政法规禁止的项目除外；法律、行政法规限制的项目取得许可后方可经营）。生产中国、日本、美国、欧盟等各种牌号的铝合金锭。公司生产的产品主要为西南地区的汽车、摩托车行业的配套厂家和各铝制品公司提供优质的铝合金锭系列产品。

（二）银行切入点分析

1. 优势：

（1）市场优势：公司经过近几年的快速发展，产品质量在同行业中得到认可。有较稳定的销售客户，占据了一定的市场份额。××市汽车和摩托车厂家众多，对铝的需求量巨大。

（2）税收政策优势：公司是一个民政福利企业，在增值税上享受的是安排一个残疾职工（残疾职工占员工总人数的25%以上可以享受税收返还政策），国家从企业上缴的增值税中每年返还35000元，同时，残疾员工工资总额在企业每年所得税计算基数时加倍税前扣除的政策；另外，公司还享受西部大开发优惠政策，所得税按15%计征。

（3）政策优势：再生铝是我国大力鼓励的、减少污染、可循环的行业，当地政府为了鼓励企业投资，以相当低廉的价格为其提供厂房用地。

2. 劣势：该行业为资金和人力密集型行业，对资金需求量较大。

综合各项分析，同意对××合金有限公司授信流动资金贷款17000万元，可以串用为银行承兑汇票、信用证及押汇。其中，货押融资授信敞口12000万元，品种为流动资金贷款可串用为银行承兑汇票，进口T/T、信用证押汇授信敞口5000万元，担保方式为信用；其风险隐患在于质押物波动及质押物数量不足。

3. 控制方法：在价格下降超过10%时，要求企业补充质押物；引进总行推荐的监管公司进行适时监管，保证银行业务安全。

供应渠道分析		
前三名供应商（按金额大小排名）	金额（万元）	占全部采购比率（%）
1　××市明杰进出口贸易有限公司	27669.58	
2　××市大正铝业有限公司	19273.80	
3　××市南海华弼金属有限公司	16267.62	

续表

为了降低原材料采购成本及补充国内市场原材料供应不足，公司每年从全国各地以及国外采购超过12万吨的废铝切片、铸件、型材、边角料等；国外进口原材料的比例在40%～60%；公司综合考虑国内外的原材料市场价格变动因素，适时调整采购比例		
销售渠道分析		
前三名销售商（按金额大小排名）	金额（万元）	占全部销售比率（%）
1 ××贸易有限公司	11252.68	
2 ××压铸有限公司	10918.77	
3 ××科技有限公司	9043.63	
公司生产的铝合金锭质量稳定、可靠，得到大型集团客户和公司客户的一致认可并与公司保持了长期的合作关系，其合作客户为本地的汽车和摩托车生产和配套企业，包括××贸易有限公司、××压铸有限公司、××科技有限公司等，现有客户近百余家，其中市外十余家		

（三）银行授信方案

授信品种：本次授信总额为17000万元，其中12000万元为货押融资授信可串用为银行承兑汇票。另外5000万元为海外代付，主要以进口T/T、信用证押汇的形式，担保方式为信用。

授信用途：本次授信总额17000万元将全部用于公司在采购、生产、销售等各环节产生的流动资金需求。

在新的生产基地投产后，公司产能将逐步增加（新厂区逐步投产和现厂区逐步缩量退出），产量在15万～18万吨，2013年产量将达25万吨以上，当所有项目全部投产后，公司总产能将达到55万吨/年，公司将一跃成为全国再生铝行业的龙头企业。同时，产能的扩大在为公司带来新销售渠道的同时也将对公司的流动资金产生一定压力。另外，公司存货主要为废铝及铝合金锭，在整个生产过程中，存货部分对公司资金占用较大。本次授信的12000万元将全部采取货押形式予以授信。

公司近年来因生产、销售规模不断增大，公司综合考虑国内外的原材料市场价格变动因素，适时调整采购比例，国外进口原材料的比例在40%～60%，而国外采购主要采取T/T和信用证的形式付款，公司采取的形式为前期支付30%的预付款，对方发货后支付70%的尾款，从支付预付款至货物到达重庆的时间大约为3个月，因此银行以90天的押汇期限对公司予以授信。而公司在其他银行的信用证均采取信用模式，考虑到公司整体实力较强，且长期合作，银行申请本次授信的 5000 万元 T/T、信用证押汇授信额度以信用方式予以授信。

授信方案						
额度类型	公开授信额度		授信方式	综合授信额度		
授信额度（万元）	17000.00		授信期限（月）	12		
授信品种	币种	金额（万元）	保证金比例	期限（月）	利率/费率	是否循环
①汇出汇款押汇	人民币	5000.00		12	按规定执行	是
②流动资金贷款	人民币	12000.00		12	按规定执行	是
贷款性质	新增	本次授信敞口（万元）		17000.00	授信总敞口（万元）	17000.00

四十一、应收账款质押授信审查要点

（一）应收账款质押授信定义

应收账款质押授信是指银行取得在"商务合同"项下产品卖方（债权人）对产品买方（债务人）所拥有应收账款的债权的质押权，以企业未到期应收账款质押担保的方式，向企业提供的一类短期银行融资业务。

该项业务，能将未到期的应收账款作为质押担保，从而解决融资担保方式难题。该项业务，使债权人迅速变现未到期的应收账款，改善客户的现金流状况。债权人可预先得到银行垫付的融资款项，不影响企业正常经营活动，有助于改善企业的经营状况。

银行应当对应收账款进行分析：

如果应收账款对应的债务人（买卖合同中的买方）实力非常强大，而且可以操作成明质押，即通知买方而且买方确认，并承诺封闭付款至银行指定账户，则这类可以视为强担保。这种担保足以作为风险担保措施。

如果应收账款对应的债务人（买卖合同中的买方）实力非常强大，但是不可以操作成明质押，即买方不会确认，则这类可以视为一般担保。这类应收账款只能作为辅助的风险缓释手段。

如果应收账款对应的债务人（买卖合同中的买方）实力非常一般，而且不可以操作成明质押，即买方无法确认，则这类可以视为弱担保。应当要求借款人额外追加其他强担保和抵押品。这类应收账款只能作为辅助的风险缓释手段。

172

（二）应收账款质押贷款操作流程

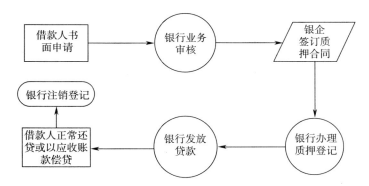

（三）审查要点

项　　目	审查要点
借款人	1. 借款人已依约全面履行销售方义务，销售合同约定的付款条件、日期明确，已经在销售合同中约定银行为指定收款银行（或借款人已经书面通知买方，变更银行为收款银行）
	2. 除非能证明双方交易的真实性，买卖双方原则上不得为同一集团内部企业及其他关联性企业
应收账款	3. 质押账款属于以下范围：销售产生的债权，包括销售货物，供应水、电、气、暖，知识产权的许可使用等；提供服务产生的债权
	4. 不存在贸易纠纷、反索、抵消等争议
	5. 银行办理质押的应收账款必须是合格的应收账款，属于借款人正常、完整、真实履行销售合同取得的债权，涉及社会公众利益的应收账款不能用于质押，如学校持有对学生的、医院持有对患者的未偿还债权等
	6. 客户经理已查询拟质押应收账款的登记情况（包括出质人是否已将拟质押的应收账款的部分或全部出质或转让给其他第三人、是否存在异议登记等），并保存或打印相关页面资料，银行不接受客户在同一应收账款上设立多个质权
	7. 如借款人发生财务困难或违约，银行可有权不经过应收账款债务人同意，出售或转让该质押的应收账款
授信方案	8. 应收账款质押授信金额原则上最高不得超过所质押应收账款金额的80%，原则上不得超过银行设定的抵押率，对于超过上限的情况，需在授信调查报告中说明其原因，并在审查报告中说明是否同意

续表

项　　目	审查要点
授信方案	9. 应收账款到期日原则上均应在半年以内，应收账款质押循环授信总额度的使用期限不超过 1 年，在额度内单笔发放质押授信期限不超过对应的应收账款期限
	10. 银行提供融资的工具要求：（1）提供表外工具：银行承兑汇票、商业承兑汇票的期限，应当长于质押的应收账款期限，为银行风险控制和制造存款预留时间差；（2）提供表内工具：贷款等应当稍微长于质押的应收账款期限，为银行风险控制预留时间差

（四）政策依据

《应收账款质押登记办法》（中国人民银行令〔2019〕第 4 号）第二条、第七条、第八条规定如下：

第二条　本办法所称应收账款是指权利人因提供一定的货物、服务或设施而获得的要求义务人付款的权利以及依法享有的其他付款请求权，包括现有的和未来的金钱债权，但不包括因票据或其他有价证券而产生的付款请求权，以及法律、行政法规禁止转让的付款请求权。

本办法所称的应收账款包括下列权利：

（一）销售、出租产生的债权，包括销售货物，供应水、电、气、暖，知识产权的许可使用，出租动产或不动产等；

（二）提供医疗、教育、旅游等服务或劳务产生的债权；

（三）能源、交通运输、水利、环境保护、市政工程等基础设施和公用事业项目收益权；

（四）提供贷款或其他信用活动产生的债权；

（五）其他以合同为基础的具有金钱给付内容的债权。

第七条　应收账款质押登记通过登记公示系统办理。

第八条　应收账款质押登记由质权人办理。质权人办理质押登记的，应当与出质人就登记内容达成一致。

【案例】 ××实业有限公司应收账款质押融资案例

（一）卖方情况介绍

××实业有限公司，主营业务为电煤贸易，主要为××燃料开发有限责任公司等发电企业供应电煤，根据企业与××燃料开发有限责任公司签订的煤炭购销合同，年供应地方煤 35 万吨，具体以××电力的月度供煤计划发运。××燃料开发有限责任公司为国内五大发电集团之一的××电力的煤炭采购部门，信誉好，合同执行力强。

（二）买方介绍

××燃料公司负责组织协调集团公司在湘发电企业燃料工作的专门机构，同时也是为股东单位进行燃料组织和服务的经营企业。该公司以确保电力燃料供应为目的，以提供优质服务为宗旨，并兼管投资经营中心煤场、铁路专用线、运输车辆、煤矿开发、洁净煤生产等与电力燃料供应紧密相关的领域。

××实业有限公司与××燃料开发有限责任公司签订了年供应电煤 35 万吨的合同，月最低供应电煤 2 万吨，低于 2 万吨的按照 5 元/千卡扣减结算价格，因此××实业有限公司会在确保月供应 2 万吨的基础上与××电力进行结算，以确保销售价格。根据双方以往的交易记录，××实业有限公司均能按照合同约定供应电煤，与××电力保持了良好的合作关系，××电力按照合同约定及时支付煤款，履约情况良好。

（三）授信方案

买方：国内即期信用证

卖方：应收账款质押

销售商品：电煤

应收账款质押融资额度：壹仟万元整人民币

业务类型：供应链融资

卖方协议文本：采用银行标准《应收账款质押/转让登记协议》和《委托收款及账户质押协议》

应收账款转让通知方式：卖方融资前通知，买方签署应收账款债权转让通知书回执提交银行

买方付款方式及付款路径：买方若以电汇付款，则付至卖方在银行开立

的监管账户，若以银行承兑汇票方式付款，则要求卖方将银行承兑汇票直接交付至银行，并将贴现资金直接划入监管账户

融资比例：合格应收账款（发票金额）的60%

融资方式：即期国内信用证，同时缴纳50%的保证金

保证金：按开证金额的50%缴纳保证金

买方付款期限：120天

授信期限：1年

是否在授信期限内循环使用：是

资金用途：购买原煤

供应链安全性分析：××实业有限公司拥有一条20万吨/年的洗煤设备，年洗煤能力达到20万吨，同时在火车站旁有专用货场进行配煤，本地煤与外地优质煤进行搭配符合电煤要求，再将配好的电煤通过火车运送至××电力指定的电厂。从企业的设备和原煤供应情况看，公司具备履行年供应35万吨电煤的能力。

××燃料开发有限责任公司为××电力在湖南地区的燃料供应专职机构，公司股东由××电力股份有限公司、××未能实业有限责任公司、××投资股份有限公司、××水电电力修造开发总公司和××华电实业有限责任公司组成。具备中央企业背景，资金实力雄厚，履约能力较强。根据双方以往的交易记录，双方均履约情况良好，货款回笼有保障。

市场价格变动：本地低质煤资源丰富，价格相对低廉，通常需要经过选洗后与外地的优质煤进行掺配，周边的煤炭质量相对较好，能够达到5000大卡左右，煤炭资源也比较丰富，价格基本随着市场行情变化而变化，签订的合同价格不会锁定，基本以市场行情确定当期价格，因此价格的变化基本上全部传导给下游电厂，中间商影响较小。

运输成本变化：××电煤运输基本通过火车运输，运输成本也全部传导给下游电力企业，对企业影响较小。

合同质量风险：根据合同约定，电厂对电煤的具体要求为热值≥3800大卡/千克，Vdaf≥12%，St.d＜1.5%，Mt＜8%。根据以往的交易看，××本地煤质与××等地煤质经过洗配后完全能够达到电煤要求，数量也能满足合同需求，完全能够履约。

付款期限：为了尽可能地保护自身利益，××实业有限公司一般以供煤

达到 2 万吨为结算周期，以求价格为最高。根据选配能力，2 万吨煤的选配需要 22～25 天，加上验收合格及结算时间，时间约为 35 天。

业务流程简述：××实业有限公司与其供应商均在银行开立账户，由××实业有限公司开出金额 2000 万元的即期国内信用证给供应商购煤，保证金 1000 万元，保证金期限 6 个月，供应商收到即期国内信用证后开始备货，完成备货后按要求发货至指定的货场，同时将信用证正本单据以及运输单据和发票交付银行，银行根据供应商提供的单据进行审核，核对无误后向××实业有限公司提示付款，××实业有限公司向银行申请他行代付，在拟定他行代付条件后银行办理他行代付，代付期限 180 天，同时扣划代付费用。代付到期时由××实业有限公司归还代付本金。

收益分析：本次信用证授信预计新增保证金存款 1000 万元，月均回笼资金 1800 万元，结算日均存款达到 100 万元。按照 1.5‰开证手续费，1‰的信用证审单费及 5‰的代付利差收益，预计中间业务收入为 20 万元。

对买方付款能力的评价：

付款能力有保障，应收账款质押放款时，银行将严格审查应收账款，不为逾期及不合格的应收账款提供融资。

督促卖方签署并向银行提交应收账款债权转让通知书。

每次融资前要求提供买卖双方应收账款产生及往来的增值税发票、由客户经理在原件单据上对应收账款质押融资作相应批注。

经办行应密切关注应收账款质押监管账户资金情况，确保在授信期间质押监管账户内的资金＋已质押给银行的应收账款金额大于或等于在银行办理应收账款质押授信业务敞口。

关注公司的经营情况，加强过程管理和贷后检查，认真监控公司的资金用途，督促其按照授信合同约定安排使用资金，避免挤占挪用。若买方出现经营情况恶化或不按照协议书履行义务的，银行将暂停融资。

经办行需跟踪卖方经营情况和发货情况，以及买方经营情况及付款情况，发现异常情况，及时采取相应措施。

【文本示范】

应收账款质押通知函

致：＿＿＿＿＿＿＿＿公司（买方）

截至＿＿＿＿＿年＿＿月＿＿日，我公司对贵公司存在的全部应收账款明细如下：

合同号：＿＿＿＿＿＿＿＿＿，应收账款金额：＿＿＿＿＿＿＿＿＿＿

合同号：＿＿＿＿＿＿＿＿＿，应收账款金额：＿＿＿＿＿＿＿＿＿＿

合同号：＿＿＿＿＿＿＿＿＿，应收账款金额：＿＿＿＿＿＿＿＿＿＿

合同号：＿＿＿＿＿＿＿＿＿，应收账款金额：＿＿＿＿＿＿＿＿＿＿

请贵公司在支付货款时，将应付给我公司的全部应收账款付至下列＿＿＿＿＿＿＿＿银行账号。

如付银行承兑汇票，银行承兑汇票收款人限定为：＿＿＿＿＿＿＿。

收款行：＿＿＿＿＿＿＿银行

收款账号：＿＿＿＿＿＿＿＿＿＿＿

户　　名：＿＿＿＿＿＿＿＿＿＿＿

卖方公司

签章

年　月　日

回　　执

我公司确认以上应收账款事项，我公司承诺，将支付到以上账户中，或将银行承兑汇票签发收款人限定为＿＿＿＿＿＿＿。

买方公司

签章

年　月　日

应收账款整体质押承诺函

致：_____银行

根据我公司与_____银行的《应收账款质押业务协议》（编号_____）（以下简称《质押协议》）约定，我公司兹声明并承诺如下：

我公司已经按照《质押协议》的要求履行了应收账款质押通知事宜，并承诺将我公司与买方公司未来所有的应收账款质押给_____银行，用于我公司与贵社授信项下的质押直至我公司与贵社的所有授信业务结清之日后 30 个工作日止。

我公司若违反本声明项下的承诺，则视同我公司在《质押协议》项下违约，贵社有权行使《质押协议》项下约定的权利。

联系人：

联系电话：

联系地址：

公司

年　月　日

企业应收账款征询函

致：

由于本公司与_____银行办理业务需要，应当询证本公司与贵公司（买方）之间应收账款事项。下列数据出自本公司账簿记录（截至_____年____月____日），如与贵公司记录相符，请在本函"回复意见"栏打"√"并签章证明；如有不符，请在"回复意见"栏填入正确数字并说明正确原因。

1. 本公司与贵公司的应收账款列示如下：

单位：元

截止日期	合同号	应收账款余额	备注

2. 其他事项本函仅为复核账目之用，并非催款结算。

（公司签章）
年　月　日

回复意见

1. 确认正确数字为（　　　　　元）
2. 上述数据不符，正确数据为：（　　　　　元）
　　说明：

公司签章　　　　　　　　　　　　　　公司签章
年　月　日　　　　　　　　　　　　　年　月　日

四十二、内外部合规性审批文件

合规是保护商业银行的基本措施，银行必须高度重视。内外部合规性审批文件示例如下：

序号	文件名称	文号	批准机关	批准时间 （年/月/日）	有效性确认	备注
1	外部审批文件（如立项、					
2	用地、环境、规划、开					
3	工审批文件等）					
4	内部审批文件（如业务					
5	部门立项、方案审批文					
6	件等）					

审查人员在授信项目审查过程中，应全面、深入、细致地做好审查要点工作，并客观、真实地反映审查要点结果，如存在问题，应进行有针对性的分析判断，不得摘抄引用上述表述。

如果合规性方面存在问题，应按如下格式进行表述："本人已按规定对本项目进行了审查要点，经审查，本项目在资料完整性、产品准入、担保准入等方面存在如下问题：……"

四十三、如何了解借款人的历史授信情况

> 银行必须对行业有清晰认识，选择景气度较高的行业，选择国家政策支持的行业，通常风险较小。

（一）明确授信申请性质

说明申请人在银行该笔授信属于首次授信、叙做授信、追加授信、展期、贷新还旧、重组、额度重启或复议的哪一类。

（二）叙做业务需说明的内容

1. 叙做业务包括叙做授信、追加授信、展期、贷新还旧、重组、额度重启。

2. 说明申请人在银行授信沿革情况，重点分析最近一次授信批复情况（至少应包括批复时间、终审机构、授信额度、授信敞口、业务品种、期限、用途、利费率、保证金、担保方式、授信前提条件、授信要求）、当前授信余额、未使用授信额度、债项评级状况。

3. 简要评价通过授信后检查报告、平行作业、授信回访等渠道了解到的存量授信执行情况和客户风险状况，说明是否为银行低质量和特别关注客户。

4. 对集团客户授信，判断集团客户的认定是否合理，说明已核定的集团客户授信限额，各成员单位的授信品种、额度和余额，可用限额。

5. 对贷新还旧、展期、重组类授信，说明本次授信的原因。

（三）复议项目需说明的内容

说明上次授信批复的时间、内容及复议原因，如上次批复为否决项目，说明否决理由。

【点评】

要透彻分析借款人在本行，以及在其他银行、信托公司的历史借款记录，忠实记录其还款情况，综合分析其对借款的诚信态度。没有良好态度的客户，再强的抵押及担保都应放弃。

四十四、如何进行行业分析

行业分析是指对申请人所处细分子行业的运行状况、产品生产、销售、消费、技术、行业竞争力、市场竞争格局、行业政策等要素进行分析，从而发现行业运行的内在规律，进一步判断行业的发展趋势，包括行业分析的原则、行业准入审查、行业风险分析和行业专家意见等。

（一）行业分析的原则

1. 行业分析应有针对性，原则上应具体到"行业投向"的细分子行业，避免对所属大类行业泛泛而谈。

2. 如客户主营业务所属行业与授信实际投向行业不一致，应分别进行行业分析。

3. 行业分析应有所侧重，针对不同授信业务选取分析重点，如短期授信业务应注重客户在行业中的竞争优势分析，中期、长期授信业务应注重趋势分析等，避免千篇一律，缺乏重点。

4. 行业分析结论应做到有据可依、观点明确、条理清晰，避免不加判断、归纳，直接大幅粘贴互联网或其他渠道取得的行业分析报告内容。

5. 审查人员除依据调查人员提供的基本资料外，应借鉴权威机构发布的数据、行业内上市公司的公开数据、著名咨询机构及银行内部印发的行业分析报告、行业地图，进行比较、归纳分析，识别行业的经济特征和授信企业的竞争优势，并结合财务分析部分，与财务报表中的多种钩稽关系相互印证。

6. 对于属于以下情况之一的授信业务，可结合行业近期内部、外部政策变化及发展趋势，主要撰写"授信申请人的行业分析结论"部分：

（1）客户为银行战略客户；

（2）客户所属子行业为银行信贷投向政策优先支持类；

（3）客户所属行业对经济周期变化较不敏感，如学校、医院、交通等，且近期内部、外部行业政策未发生重大变化的短期新增授信；

（4）短期叙做授信，且授信期间内部、外部行业政策未发生重大变化，行业景气度较高；

（5）中小企业批量授信。

（二）行业准入审查

1. 行业分类和行业投向的审核。由于行业分类和行业投向关系到银行授信政策的适用、审批权限的判定、组合管理的效果，因此，审查人员应对调查人员填报的"国标行业门类/大类""行业分类""国标实际投向""投向补充行业分类""银行投向大类"等数据项进行认真审核，如发现填报错误应退回调查人员进行修改。

2. 外部行业准入。对照国家主管部门通过产业结构调整指导目录、五年规划、振兴计划、淘汰落后产能政策等文件在产业政策、行业准入条件、生产经营规范条件、项目基本金要求、土地政策、用工政策、环保政策、价格管制、安全生产、税收、对外开放政策、分级分类标准等方面的规定，判断授信申请人是否符合前述准入条件，判断授信申请人主要工艺、设备、产品是否属于国家《产业结构调整指导目录》的限制类、淘汰类，严格控制主要产品属于限制和淘汰类项目，禁止向属于国家明令禁止的产品或项目授信；对焦炭、焦化、炼油、水泥等实行名单制管理的行业，还应判断授信申请人是否列入国家主管部门准入名单之为。

（三）行业风险分析

运用行业分析和行业风险评估方法，充分利用内外部行业分析的成果，分析授信业务投向细分子行业的行业特征、现状、发展趋势、竞争结构和行业风险因素。

1. 行业所处的产业链，包括产业链的构成、主导行业、产业链中不同行业的影响、价值分布等。分析授信申请人所处行业与产业关联度，以及在产业链中的地位。

2. 行业成熟度，包括行业的生命周期，以及经济发展水平、科学技术发展状况、市场供给和需求状况、要素供给状况、自然社会环境、对外贸易关系等因素。对行业发展前景，分析行业及授信申请人的发展前景。

3. 行业的基本特征，包括市场容量及成长性、生产要素、市场结构、产品特性、主要原料供应、产品销售、主要融资来源、行业惯例等。确定影响行业发展的关键因素，分析这些因素对行业发展的影响程度。

4. 行业主要经济指标，包括行业财务指标、现有生产能力及生产能力利用率、在建和拟建的生产能力、产销率、单位产能投资额、单位产能平均能耗、原料消耗量、单位利润率。判断行业的盈利能力和发展趋势，分析授信申请人在主要经济指标方面的优劣势。

5. 行业的技术状况，包括行业的核心技术、行业的技术状况是否符合国家产业政策、新技术及可替代技术的发展，产权问题、行业中的主要企业技术状况等。分析授信申请人技术水平在行业中的优劣势。

6. 行业的规模经济效应，包括行业的最小经济规模等。分析授信申请人生产规模的组成或形成过程，以及与市场需求、资源、地域、范围经济的匹配程度。

7. 行业集中度，包括行业集中度现状分析，以及行业集中度发展趋势等。关注行业的集中度变化情况，对集中度不断提高的行业或具备高集中度条件的行业，特别是该行业中的中小企业或弱势企业的发展前景及扩张行为要给予特别的关注，分析授信申请人在行业中所处的地位。

8. 行业竞争结构，包括现有竞争者的竞争、新进入者的威胁、替代品威胁、供应商威胁、购买者威胁等。分析授信申请人在行业中的竞争力。

9. 归纳授信申请人的行业分析结论。总结在行业所处产业链、成熟度、基本特征、主要经济指标、技术状况、规模经济效应、集中度、竞争结构分析中该行业的主要风险点和客户的优劣势。

【点评】

　　瞬息万变的时代，新鲜事物不断涌现，思维方式更迭换代，我们生活的时代充满了巨大的不确定性。

　　银行在做信贷分析的时候，离不开大行业思维，要迈向朝阳行业，彻底放弃夕阳行业。

　　对于大势已去的小水泥、小钢铁、小水电、普通玻璃等行业要远离，否则，一旦陷入泥潭，只会越陷越深，无法自拔。

四十五、如何进行集团客户统一授信

　　统一授信业务是指银行作为一个整体，按照一定标准和程序，对单一客户统一确定授信额度，并加以集中统一控制的信用风险管理制度。

　　银行应当尽可能考虑对集团客户提供统一授信，如果总公司属于纯管理机构，实力偏弱，可以采取要求核心子公司将股权或核心资产反向质押给银行的担保方式。

统一授信项下业务品种包括贷款、商业汇票贴现、商业汇票承兑、保函等表内外授信业务，只要授信余额不超过对应的业务品种额度，在企业经营状况正常的前提下，企业可便捷地循环使用银行的授信资金，从而满足企业对金融服务快捷性和便利性的要求。

对集团企业内各法人（或关联企业）逐一进行授信，将集团企业（或关联企业）整体视为单一法人进行统一授信，统一识别评判、管理控制集团企业（或关联企业）的整体风险。对该集团内各个法人（或关联企业）不再单独设定统一授信额度。

【案例】 ××铁路建设投资公司授信额度案例

（一）企业基本概况

××铁路建设投资公司，其前身是××（集团）总公司与××建设（集团）总公司合并成立，合并后，分别成立了××路桥工程有限责任公司和××港湾工程有限责任公司，为××股份的一级子公司。

（二）银行切入点分析

1. 列出本次授信的优势和劣势。该公司是大型施工企业，且为香港上市公司，优势是该资产实力雄厚，业务品种多，且公司下属子公司有很多与银行有业务合作记录，如能给总公司足够规模授信，银行与该公司合作范围将全面扩大；劣势是银行与该公司合作内容不够深入，且竞争银行比较多，公司为施工企业，资金占用比较多，利润率不高，银行负债业务难以扩大。

2. 对本次授信的风险是否可控及效益与风险能否平衡作出明确的判断。该公司与银行合作多年，信誉良好，资金实力雄厚，融资能力强，业务发展稳定，风险可控。应大力开展中间业务，产生最大效益。

3. 就相关风险隐患，提出具体的防范措施。该公司施工项目遍及全国和海外一些国家，工程风险较高，工期长，施工安全是影响企业效益的另一重要因素。因此，银行在与企业合作的同时，加强与企业的沟通，了解企业项目进展，关注企业经营趋势和发展方向，随时保证银行资金的安全性。

行业分析：

（1）该客户主营业务为铁路、道路、隧道和桥梁工程建筑，根据银行

2010 年信贷政策应划入建筑行业，主要政策包括"优先支持铁路建设、桥梁、电力、水利、高等级公路、市政等专业性强、垄断性强且在大型施工项目中中标的具有特级资质等级的大型承包企业；择优支持其他具有特级资质等级的建筑企业。""控制涉外保函业务，严格控制对欠发达地区及局势动荡地区或国家的项目的保函业务。"

（2）综合、归纳该行业主要特点，成熟行业，劳动密集型行业，市场竞争程度激烈。但在道路、桥梁和港口施工方面具有较高资质等级的企业在工程承包市场中具有较为突出的优势，对原料供应的控制能力一般，对产品销售的控制能力一般，盈利能力普遍偏弱，主要融资来源为股市、发债和贷款。

（三）银行授信方案

银行的综合授信额度已无法满足该企业在资金上的需求，因此，银行为了在激烈的市场竞争中占据较有利的地位并能够进一步与企业取得更深入的合作，特申请增加在银行的综合授信额度。此次申请授信额度为 100 亿元人民币，期限为 2 年，授信品种为 40 亿元其他非融资类保函额度，主要是工程类投标保函、履约保函和预付款保函等，并能够串用信贷证明额度和涉外工程保函。60 亿元流动资金贷款额度，能够串用美元贷款额度。

授信额度用于开立保函及流动资金周转。使用主体为中交股份及其下属子公司。公司申请其下属子公司使用银行授信额度时，需由××股份出具银行标准格式的授权使用书。

领用额度情况如下：北京分行领用 34.5 亿元（具体使用情况见下表）；南京分行领用 20 亿元（10 亿元流贷＋10 亿元保函）；天津分行领用 5 亿元；本部主要业务为开立保函，当前保函余额为 5.3 亿余元。

授信方案					
额度类型	公开授信额度		授信方式	综合授信额度	
授信额度（万元）	1000000.00		授信期限（月）	24	
授信品种	币种	金额（万元）	保证金比例	期限（月）	用途	收益
①其他非融资类保函	人民币	400000.00	0	24		
②流动资金贷款	人民币	600000.00	0	24		
授信性质	新增	本次授信敞口（万元）		1000000.00	
担保方式及内容	信用				

银行与××建设股份有限公司的贸易融资业务合作主要以开立保函为主，公司以施工项目居多，银行将丰富贸易融资品种，争取在信贷证明和开立信用证方面有所突破。

【文本示范】

集团统一综合授信合同

合同编号：（　　）银授字第＿＿＿＿＿＿号

授信人：＿＿＿＿＿＿＿＿＿银行（以下简称甲方）

住所：＿＿＿＿＿＿＿＿＿＿＿＿

邮编：＿＿＿＿＿＿＿＿＿＿＿＿

电话：＿＿＿＿＿＿＿＿＿＿＿＿

传真：＿＿＿＿＿＿＿＿＿＿＿＿

法定代表人：＿＿＿＿＿＿＿＿＿＿

开户银行：＿＿＿＿＿＿＿＿银行

受信人：＿＿＿＿＿＿＿＿＿有限公司（以下简称乙方）

住所：＿＿＿＿＿＿＿＿＿＿＿＿

邮编：＿＿＿＿＿＿＿＿＿＿＿＿

电话：＿＿＿＿＿＿＿＿＿＿＿＿

传真：＿＿＿＿＿＿＿＿＿＿＿＿

法定代表人：＿＿＿＿＿＿＿＿＿＿

开户银行及账号：＿＿＿＿＿＿＿＿＿

依据我国《商业银行法》《商业银行授权、授信管理暂行办法》等有关法律、法规之规定，甲、乙双方本着平等诚信的原则，经协商一致，于＿＿＿＿＿年＿＿月＿＿日在＿＿＿＿＿＿订立本合同，以兹共同遵照执行。

受信人将授信额度切分给如下分子公司使用：

1. 子公司 A ＿＿＿＿＿＿＿＿＿＿

2. 子公司 B ＿＿＿＿＿＿＿＿＿＿

3. 子公司 C ＿＿＿＿＿＿＿＿＿＿

4. 子公司 D _____

第一章　授信额度及类别

第一条　在本合同规定的条件下，甲方同意在授信额度有效期间内向乙方提供人民币_____元整（含美元_____）的授信额度。在授信额度的有效期限及额度范围内，乙方使用上述授信额度时，不限次数，并可循环使用。上述授信额度用于下列授信业务的额度暂定为

（1）贷款：人民币_____元（或美元_____元）；

（2）银行承兑汇票：人民币_____元；

（3）银行保函：人民币_____元；

（4）国际贸易融资：人民币_____元（美元_____）。

第二条　本合同项下授信额度的授信范围为乙方在甲方申请办理的人民币及外币业务，包括但不限于贷款、银行承兑汇票、银行保函以及国际贸易融资（如信用证、押汇等）。乙方在授信额度内申请办理其他业务须经甲方书面认可。上述各项授信业务所用额度经甲方同意，乙方可相互调剂使用，但各项业务累计余额不得超过人民币_____元整（其中包括美元_____）。

第二章　授信期间

第三条　本合同项下授信额度的有效使用期间为____年，自_____年____月____日至_____年____月____日，但贷款额度的有效使用期限应受相关借款合同的约定。

第四条　甲方有权对本合同项下授信额度使用情况进行不定期审查，如出现本合同第六章述明的情形，甲方有权调整授信期间。

第三章　授信额度的使用

第五条　在本合同约定的授信期间和授信额度内，乙方可一次或分次向甲方书面申请使用该授信额度。

（1）保函授信额度的使用

a. 本合同项下保函授信额度的使用范围为乙方在甲方申请开立的投标保函、履约保函、预付款保函或经甲方认可的其他种类的保函。

b. 在本合同规定的授信期间内，乙方有权在保函授信额度内向甲方提出开具保函的申请。乙方要求甲方开具保函时，应按照规定的格式逐笔填制"＿＿＿＿＿＿＿银行保函申请表（代保证书）"（以下简称"保函申请表"）并与甲方书面要求的有关资料一起提交甲方。

c. 甲方对乙方使用保函授信额度的项目或交易的真实性、有效性和合法性不承担实质审查的义务。

d. 在具体办理每笔保函业务时，甲方在收到由乙方提交的"保函申请表"并出具保函后，即将保函授信项目纳入本协议项下的授信额度统一管理。在本协议生效之前，甲方为乙方已出具的但尚未结清的保函统一纳入本协议项下的授信额度。

e. 乙方应及时向甲方提供其申请的保函所涉及的业务的相关资料，包括但不限于主债务合同、政府部门的批准文件、其他背景材料等，但法律法规另有规定的除外。

f. 甲方有权根据自身的保函审批程序，对乙方的保函申请进行审核；审核通过后，由甲方出具保函正本一式一份；如果审核未获通过，甲方应及时通知乙方或其下属公司，并将申请材料退还乙方。

g. 对于保函授信额度的使用情况，以甲方按季度向乙方提供的保函余额明细表作为依据。

（2）免保开证额度的使用

a. 乙方每次使用此免保开证额度时，须逐笔填制开证申请书和开证申请人承诺书，并提交开证所需的其他材料，由甲方审核同意后及时对外开证。

b. 甲方接到受益人、出口方银行或者其他当事人提交的单据，应在2个工作日内通知乙方；乙方应指定专人负责承办付款或承兑工作。

c. 乙方在收到甲方的进口信用证单据通知书后，必须在甲方收到单据之日后6个银行工作日内书面向甲方办理付款、承兑或拒付手续。如果乙方同意付款或承兑，应在进口信用证单据通知书上做好有效签章，并注明相应付款账户的账号。如果乙方未按本条规定时间办理付款、承兑手续，视为乙方同意办理付款、承兑。

d. 乙方有义务在甲方依照相关信用证的约定支付该笔款项之前，向甲方支付信用证项下应付款加其他应付费用。如对外拒付，则按甲方有关规定办理。乙方应不迟于距甲方支付6个工作日之前将款项划入其在甲方的付款账户；如乙方是以人民币买汇付款，须提前办妥一切买汇手续。

e. 本协议项下授信额度（人民币贷款额度除外）限于乙方主营并且记载于企业法人营业执照的进出口业务。在本合同生效前已经发生的甲方已经对外支付但乙方尚未清偿的信用证款项纳入本合同的授信额度。

（3）保函垫款或信用证垫款

a. 如果发生保函受益人要求甲方履行保函授信项目下的付款义务时，甲方有权直接从乙方在甲方或甲方其他分支机构开立的账户中扣收相应的款项以向保函受益人偿付，但甲方在扣划后应及时通知乙方。

b. 如果乙方在甲方开立的账户中存款不足以偿付保函受益人索偿的款项时，甲方有权要求乙方在自甲方通知送达之日起 5 个工作日内将相应的款项存入上述账户，并由甲方直接扣划；和/或乙方在自甲方通知送达之日起五个工作日内将相应款项汇入甲方指定账户。如果乙方未能在收到甲方上述通知后 30 个工作日将相应存款存入账户或者相应款项汇入甲方指定账户，则甲方有权要求乙方提前清偿本合同项下所有债务，并有权终止本合同。

c. 对甲方垫付的任何保函款项，乙方应向甲方支付利息。除此之外，乙方还应支付违约金。每迟延一日，应按垫付金额万分之二点一支付违约金。

d. 乙方保证对甲方为其开出的信用证按期履约付款。若乙方违反本约定，使甲方发生垫款，则甲方在相关信用证项下的垫款构成乙方对甲方一项单独的债务。如垫款币种非人民币，则甲方有权自主以该币种在垫款发生当日的银行卖出价折合成人民币作为该笔债务的本金，乙方保证对此不提出异议。乙方除有义务向甲方偿还垫款金额外，还应向甲方支付逾期利息。逾期利息自垫款之日起至实际偿还之日止，按垫款数额每日万分之二点一逐日计算。

e. 如自甲方垫付信用证款之日起逾 30 日，乙方仍未按前款约定向甲方清偿垫付金额及逾期利息，甲方有权要求乙方提前清偿本合同额度项下的全部债务，并有权终止本合同。

f. 如信用证发生甲方垫款，甲方以该信用证项下的货物作为抵押物，乙方负责补偿甲方因货物滞留所垫付或支付的一切费用，其中包括但不限于：

第一，海关所征收的关税及代征的增值税、消费税等；

第二，因逾期申报和缴纳关税所征收的滞报金以及海关收取的其他有关费用；

第三，因逾期提货所发生的仓储费、保管费等；

第四，其他相关费用。

（4）银行承兑汇票额度的使用

a. 乙方申请开立的银行承兑汇票必须以真实的商品交易为基础，并提供每笔交易的商品购销合同正本和合同当事人企业法人营业执照复印件。

b. 乙方在申请开立每笔银行承兑汇票前须向甲方提交承兑申请书，并附该笔交易的商品购销合同复印件，复印件须加盖乙方公章。

c. 每笔汇票开出之前，乙方须向甲方支付承兑手续费，手续费按票面金额的万分之五计算。

d. 汇票到期日前 2 个工作日内，乙方必须将应付票款足额交付甲方。

e. 甲方对乙方的每笔承兑申请进行审查，如乙方发生重大不利变化或购销合同中存在不利条款或者购销合同没有真实的交易基础，甲方有权拒绝为乙方开出承兑汇票，并终止剩余额度的使用。

f. 承兑汇票到期日，甲方凭票无条件支付票款，如到期日之前乙方不能足额交付票款时，甲方对不足部分自票据到期日起转作逾期贷款。乙方除应支付逾期贷款利息外，还应支付违约金，违约金每日按逾期贷款万分之四计算。同时甲方有权要求乙方提前偿还本合同项下的所有债务，并终止本合同项下所有剩余额度的使用。

g. 承兑汇票如发生任何交易纠纷，均由出票人和持票人双方自行处理，甲方不承担任何责任。

（5）其他授信额度的使用

在本合同约定的授信期间内，乙方可一次或分次向甲方书面申请使用其他授信额度。该书面申请应载明授信类别、使用期限、使用金额等。甲方经审查认为符合本合同的约定，应该与乙方再签订相应授信业务的具体合同或协议。

第六条　乙方申请使用的授信额度余额（使用中尚未归还的累计本金数额）在任何时候都不得超过本合同第一条约定的授信额度。在授信期间内，乙方对已归还的授信额度可循环使月，授信期间内未使用的授信额度在授信期间届满后自动取消。

第七条　乙方必须在本合同第四条约定的授信期间内申请使用授信额度，

每笔授信项目的开始使用日期不得超过授信期间的截止日，该截止日包括调整后授信期间的截止日。每笔授信项目的使用期限依所签的合同或协议约定。

第八条 本合同项下的银行承兑汇票、银行保函、国际贸易融资等业务中甲方应计收的费用，票据贴现的贴现率，贷款和进出口押汇业务中所需确定的利率、汇率等，除非在本合同中已有约定，否则均由甲方与乙方在每项授信业务的具体合同或协议中依法约定。

第九条 甲方与乙方就每一项具体授信所签订的合同或协议与本合同不一致的，以该合同或协议为准，但乙方一起对本合同项下或与本合同相关的具体业务合同或协议项下的任何和一切债务承担的连带责任不得因此无效或得以解除。

第四章 甲方的权利与义务

第十条 如果乙方申请使用授信额度符合本合同的约定，甲方应批准申请并按所签的合同或协议及时履行。

第十一条 除有本合同第六章约定情形外，甲方不得随意对授信期间和最高授信额度作出不利于乙方的调整。

第十二条 对乙方在本协议及具体协议项下的到期未付应付款项，甲方有权从乙方在甲方处及甲方其他机构开立的任何账户中扣款而无须事先征得乙方或其下属公司的同意，并且甲方有权对资金使用情况随时进行检查。

第五章 乙方的权利与义务

第十三条 对于授信资金的使用，应符合法律的规定和合同或协议的约定。

第十四条 在授信期间内按甲方要求不定期报送真实的财务报表及所有开户银行账号、存贷款余额等情况。

第十五条 在授信期间内，未经甲方书面同意，不得为他人债务提供担保。

第十六条 在授信期间内，未经甲方书面同意，不得采取兼并、收购、分立等任何形式的资产重组活动或有任何形式的承包、租赁等改变企业经营权活动，或进行改变企业组织机构、经营方式的活动，或者增减注册资本、股权和重大投资改变等情形。

第十七条　如有法定代表人或法人住所地、营业地更换，应在更换或改变之日起 15 日内书面通知甲方。

第十八条　按时偿还授信资金的本息，按时支付应付费用。还款时所使用的币种应与甲方业务计价货币相同。当甲方依据本协议及具体协议的约定主动扣款时，如该账户币种与业务计价货币不同，则按结算当日甲方公布的汇率折价计算。

第十九条　如甲方依照本协议及具体协议之约定扣款时，乙方承诺甲方享有本协议第十三条所约定的权利，而无须事先征得乙方的同意，乙方对此放弃一切抗辩权。

如果甲方依据本合同所开立的银行保函、信用证、银行承兑汇票等产品对外支付的，乙方应无条件予以偿还，并且放弃一切抗辩权。

第六章　授信额度的调整

第二十条　如发生以下事件之一即构成乙方违约：

（1）乙方没有按期支付到期的与甲方有关的未清偿债务，包括但不限于本合同规定或每笔具体授信项目合同或协议的本金、利息和其他费用；

（2）乙方没有按照本合同或与甲方签订的其他有关合同或协议规定的用途使用授信资金；

（3）乙方没有充分履行本合同或与甲方签订的其他有关合同或协议项下的任何义务或没有完全遵守其中的任一规定，且已对甲方的权益产生重大的实质性的不利影响，并在接到甲方书面通知后没有采取令甲方满意的补救措施；

（4）乙方作为当事人不能或表示不能偿还与第三方签订的借款合同或授信合同项下的任何其他债务；

（5）乙方未履行本合同第五章中的所规定的义务，且已对甲方的权益产生重大的实质性的不利影响；

（6）乙方被宣告破产或者资不抵债；

（7）发生据甲方合理的判断可能会实质性危及、损害甲方权益的与本合同有关的其他事件，如本合同的担保人的担保能力变得明显不足，与乙方经营相关的市场情况或国家政策发生重大变化并将对乙方经营状况产生实质性的不利影响等。

第二十一条 违约事件发生后，甲方有权根据情节轻重调整、减少或终止本授信额度及授信期间，并有权采取以下部分或全部措施：

（1）宣布直接或间接源于本合同的一切债务提前到期，并要求乙方立即清偿；

（2）要求乙方承担甲方因实现债权而发生的各项合理费用（包括但不限于诉讼费、律师费等）；

（3）要求乙方提供或追加担保，担保的形式包括但不限于保证、抵押和质押；

（4）采取维护其在本合同项下权益的符合有关法律规定的其他措施。

第七章　担　保

第二十二条 为保证本合同项下形成的债权能得到清偿，＿＿＿＿＿＿公司将与甲方签订编号为＿＿＿＿＿＿《最高额保证合同》（以下简称《保证合同》），为乙方履行本合同及与本合同相关的每笔具体业务合同或协议项下债务提供担保。

第八章　合同生效、变更和解除

第二十三条 本合同自双方法定代表人或委托代理人签字和加盖公章后成立，与担保合同同时生效。本合同生效后，甲、乙双方任何一方不得擅自变更或提前解除本合同。需要变更或解除时，应经双方协商一致，并达成书面协议。

第九章　争议和解决

第二十四条 甲、乙双方在履行本合同中如发生争议，首先由双方协商或者通过调解解决。如双方协商或调解不成，则应提交中国国际经济贸易仲裁委员会按照该会届时有效的仲裁规则在北京仲裁。仲裁裁决是终局的，对双方具有约束力。

第十章　附　则

第二十五条 本合同一式二份，甲方与乙方各执一份，每份法律效力同等。

第二十六条 甲方与乙方依据本合同就每一项具体授信所签订的合同或

协议均为本合同的组成部分，并构成一个合同整体。

甲方：（公章）_____银行

法定代表人（或授权代表）：_____

乙方：（公章）_____有限公司

法定代表人（或授权代表）：_____

四十六、什么是商业银行表外业务

> 商业银行表外业务拉存款，表内业务做利润，这是经营的不二法则。

（一）商业银行表外业务定义

通常我们所说的表外业务主要指的是狭义的表外业务。类型包括：担保类业务，是指商业银行接受客户的委托对第三方承担责任的业务，包括担保（保函）、备用信用证、跟单信用证、银行承兑汇票等。承诺业务，是指商业银行在未来某一日期按照事先约定的条件向客户提供约定的信用业务，包括贷款承诺等。

（二）政策依据

《商业银行表外业务风险管理指引》（银监发〔2011〕31号）第二条、第三条、第四条、第十条、第十一条规定如下：

第二条 本指引所称表外业务是指商业银行从事的，按照现行的会计准则不计入资产负债表内，不形成现实资产负债，但有可能引起损益变动的业务，包括担保类、部分承诺类两种类型业务。

第三条 担保类业务是指商业银行接受客户的委托对第三方承担责任的业务，包括担保（保函）、备用信用证、跟单信用证、承兑等。

第四条 承诺类业务是指商业银行在未来某一日期按照事先约定的条件向客户提供约定的信用业务，包括贷款承诺等。

第十条 商业银行经营担保类和承诺类业务可以采用收取保证金等方式降低风险。

第十一条 商业银行经营担保类和承诺类业务，应当对交易背景的真实性进行审核。真实交易是指真实的贸易、借贷和履约及投标等行为。

（三）表外业务的影响

按照通行的会计准则不列入资产负债表内，不影响其资产负债总额，但能影响银行当期损益，改变银行资产报酬率的经营活动。

四十七、什么是表内授信业务和表外授信业务

授信是指商业银行必须承担一定风险的信贷业务。

表内授信业务包括贷款、贸易融资、票据融资、融资租赁、透支、各项垫款等。

表外授信业务包括银行承兑汇票、国内信用证、保函、备用信用证、信用证保兑、债券发行担保、借款担保、有追索权的资产销售、未使用的不可撤销的贷款承诺。

【点评】

商业银行的四项核心工具："贷、票、证、函"，"贷"属于表内工具，"票、证、函"属于表外工具。

表内工具做利润，表外工具做存款，请牢牢记住。先做表外业务，再做表内业务。表外业务中的电子银行承兑汇票业务，具备极强的创造存款的能力，可以带来可观的保证金存款。

表外业务抢粮、表内业务做饭。偿债能力分析是商业银行信贷分析的核心。

四十八、什么是偿债能力

偿债能力是指企业偿还到期债务（包括本息）的能力。能否及时偿还到

期债务，是反映企业财务状况好坏的重要标志。通过对偿债能力的分析，可以考察企业持续经营的能力和风险，有助于对企业未来收益进行预测。企业偿债能力包括短期偿债能力和长期偿债能力两个方面。

1. 短期偿债能力分析。

短期偿债能力是指企业以流动资产对流动负债及时足额偿还的保证程度，即企业以流动资产偿还流动负债的能力，反映企业偿付日常到期债务的能力，是衡量企业当前财务能力，特别是流动资产变现能力的重要指标。企业短期偿债能力的衡量指标主要有流动比率、速动比率和现金流动负债。企业通常以应收账款、存货等变现来偿还债务。

2. 长期偿债能力分析。

长期偿债能力是指企业有无足够的能力偿还长期负债的本金和利息。反映上市公司偿债能力的指标，主要有流动比率、速动比率、现金比率、资本周转率、清算价值比率、利息支付倍数等。企业长期偿债资金来源通常是固定资产或机器设备使用而产生的长期现金流来偿债。

四十九、如何分析企业的偿债能力

（一）判断企业偿债能力

银行必须要分析企业的偿债能力，那么怎么来判断一个企业的偿债能力是好还是坏，单凭分析反映企业偿债能力的指标是不够的，也是不科学的，必须与获利能力、现金流量指标相结合，这样来分析，才能反映企业实际的偿债能力。

【点评】

只有短期有资金周转能力和长期有盈利能力的企业才能及时偿债。抵押及担保不是第二还款来源，真正的还款来源是借款人的经营现金流。

（二）反映公司偿债能力的主要指标

反映公司偿债能力的主要指标包括流动比率、速动比率、资产负债率、现金负债率等。通过计算企业的流动比率和速动比率可以了解企业偿还短期债务的能力；通过计算资产负债率，可以了解企业偿还长期债务的能力。一般认为公司的流动比率大于2，速动比率大于1，资产负债率低于50%（在我国低于60%）是合理的，说明该公司偿债能力较强。

单纯分析公司的偿债能力指标是不能反映公司真实的偿债能力的，应该与公司的获利能力结合起来分析。

公司偿债能力的好坏也取决于公司获利能力的高低，即使公司的各项偿债能力的指标都符合上述标准，如果该公司处于衰退期，并且是夕阳行业且获利能力很低的话（息税前利润率低于负债的资金成本），则该公司从偿债能力指标分析来看，可能短期具有一定的偿债能力。但是，从长期来看，该公司的偿债能力是不可靠的，是值得怀疑的。相反，如果公司的资产负债比率较高（如大于60%），但只要该公司的息税前利润率高于公司负债的资金成本及该公司的获利能力较强，并且该公司处于发展阶段以及朝阳行业的话，则该公司从偿债能力指标分析来看，短期内偿债能力较差，但是，长期而言，该公司的偿债能力是可以肯定的。所以单纯地以偿债能力指标的高低来判断公司的偿债能力是不科学的。

通常而言，获利能力指标主要有：净资产收益率、销售净利率、总资产收益率等。但是单纯地分析以权责发生制为基础的获利能力指标而得出公司能力相关指标也是片面的，我们认为获利能力的好坏与否应该与公司获取的现金流量（本文指经营活动净现金流量）的能力结合起来考虑，即使从获利能力相关指标分析得出公司的获利能力较好，但是如果没有稳定的经营现金净流量为基础，则该公司的获利能力是值得怀疑的，说明该公司的收益质量不高，收益能力不可靠、不能持续。相反，即使通过分析公司的获利能力指标而反映出公司的获利能力一般，但是该公司如果有稳定可靠的经营现金净流量作为保障，则该公司的获利能力是真实可靠的，是能够持续的。

我国企业现有的偿债能力分析是建立在清算基础而非持续经营基础上的。对偿债能力的分析是建立在对企业现有资产进行清盘变卖的基础上进行的，并且企业的债务应该由企业的资产作保障。而正常持续经营的企业偿还债务要依赖企业稳定的现金流，所以偿债能力的分析如果不包括对企业现金流量的分析就有失偏颇。

【点评】

　　企业的短期偿债能力有三个要素：

　　一是资产的快速变现能力。只有资产可以快速地被出售，企业才会获得流动性补充，具备偿债能力。

　　二是企业的销售回款。只要企业销售回款正常，都是真金白银的现金，就具备较好的还款能力。

　　三是企业具备较好的融资能力。企业在具备前面两个要素的基础上，如果在银行获得较多备用授信额度，就可以随时提款偿还前期的存量贷款，这也是一个很重要的资金来源。

五十、如何提高客户信贷存款回报率

（一）提高客户信贷存款回报率的方法

　　为确保信贷资金系统内循环使用，提高信贷客户流动结算存款，充分发挥贷款户对其他结算户的拉动作用，把信贷资金的结算现金流量沉淀在行内，必须落实在营销、发放等环节，对于已明确支付对象且支付对象不在本行的，非特殊原因坚决不得发放贷款。

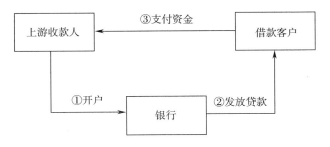

（二）具体措施

　　1. 加强销售归行率管理，加强资金流向监测分析，对资金持续大量流失的信贷客户，认真分析原因，落实责任，力争短期内做好回流工作。定期认定"裸贷客户"并导入贷后管理系统，定期督导通报。

2. 在贷款发放作业监督过程中将信贷资金支付对象开户行纳入审查要点，作为信贷资金发放的前提条件，严控信贷资金第一手流向，确保信贷资金系统内封闭循环。

3. 建立信贷资金流向的监测机制。通过统计系统每日对上一日银行信贷资金流向进行监测，对信贷资金第一手流向他行的，立即落实原因，并限时整改。

（三）政策依据

《流动资金贷款管理暂行办法》第三十一条规定如下：

贷款人应通过借款合同的约定，要求借款人指定专门资金回笼账户并及时提供该账户资金进出情况。

贷款人可根据借款人信用状况、融资情况等，与借款人协商签订账户管理协议，明确约定对指定账户回笼资金进出的管理。贷款人应关注大额及异常资金流入流出情况，加强对资金回笼账户的监控。

【点评】

千万不要做裸贷的客户，客户没有任何的结算流水，一笔贷款上账，立即被转走使用。就像牛郎织女，一年见一次，其余时候，各过各的，这是非常危险的游戏，客户是否变心了，你都不知道。

五十一、什么是连带责任保证和一般责任保证

（一）保证的方式

保证可分为两种：一种是连带责任保证，另一种是一般责任保证。

连带责任担保、无限责任担保都属于连带责任保证范围。一般责任保证与连带责任保证的主要区别在于一般责任保证是当事人在保证合同中约定，

债务人不能履行债务时，由保证人承担保证责任的保证；连带责任保证是当事人在保证合同中约定保证人与债务人对债务承担连带责任的保证。

（二）连带责任保证与一般责任保证的区别

第一，承担责任的具体做法不同。一般责任保证的保证人只是在主债务人不履行时，有代为履行的义务，即补充性；而连带责任保证中的保证人与主债务人为连带责任人，债权人在保证范围内，既可以向债务人求偿，也可以向保证人求偿，无论债权人选择谁，债务人和保证人都无权拒绝。

第二，连带责任保证中保证人与主债务人的权利义务及其责任承担问题适用于连带责任的法律规定；而一般责任保证中保证人与主债务人之间不存在连带债务问题，只是在保证人向债权人履行债务后，保证人对主债务人有求偿权。

第三，一般责任保证中的保证人享有先诉抗辩权，而连带责任保证中的债务人没有先诉抗辩权，即不能以债权人是否催告主债务人作为是否履行保证义务的抗辩理由。

第四，连带责任保证是由法律规定或当事人约定，无规定或约定的，按连带责任保证承担；而一般责任保证则只是由当事人约定。

第五，连带责任保证的担保力度较强，对债权人很有利，而保证人的负担相对较重；而一般责任保证的担保力度相对较弱，保证人的负担也就相对较轻。

【点评】

　　当前，在银行信贷市场上，流行两种基本的担保方式，第一种为连带责任担保，有着极为清晰的法律责任边界，遵循《担保法》，一般限定为实力一般的母子公司使用；第二种为差额补足，相对法律责任模糊，遵循《合同法》，一般限定为实力极强的母公司，对子公司的借款可以承担差额补足。

五十二、如何进行客户经营管理分析

客户经营管理分析是对客户的品质和产供销等经营活动进行评价，以分析客户的竞争能力和经营业绩，判断客户的发展变化趋势，包括经营管理分析的原则、股东背景和集团客户分析、经营许可审查、经营状况分析、管理质量分析、重大事项分析与相关信息查询等。

（一）经营管理分析的原则

1. 在对客户的经营管理分析中，应紧密结合其所处行业和自身财务状况进行综合分析判断。

2. 对首次授信客户的经营管理情况应进行全面审查，对叙做业务应注重经营管理状况与原授信审批时段的比较。

3. 如授信申请人为集团公司的母公司，应同时分析集团公司的整体经营状况和母公司本部的经营状况。

4. 审查人员除依据调查人员提供的基本资料外，还应查询公开信息。如发现对授信申请人有重大影响的不利报道，应就该事件对授信安全的影响进行分析。

5. 审查报告中应避免大幅引用调查报告内容，审查人员应在平行作业和综合相关信息基础上，作出综合分析判断，将结论性内容在审查报告中加以表述，要做到内容翔实、重点突出、层次分明、条理清晰。

（二）股东背景和集团客户分析

1. 分析客户的股东构成和股东的属性（控股股东、战略投资者、财务投资者、小股东等），股东与企业之间有无业务联系。银行更喜欢借款人股东背景强势，股东可以对公司经营提供较多支持的借款人。

2. 对集团客户还应进行以下重点分析：

（1）集团生产经营情况。

①集团主营业务及其在集团成员间的分布，集团主要经营性资产在集团成员间的分布；

②集团母公司属于纯粹的管理型公司，还是有一定的经营活动，其经营活动是否只是为其子公司提供原材料采购、产品销售等辅助性活动；

③集团是否有明确可行的发展战略和具体实施步骤，对集团发展前景可

能产生的影响。

（2）集团母公司对下属企业的管理模式。

①母公司对子公司董事会的控制程度；

②母公司是否向分、子公司委派关键经营管理和财务人员。

（3）集团实行集权式管理还是分权式管理，子公司是否有独立的筹资权和投资决策权。

（4）集团是否实行账务集中管理，通过财务中心还是财务公司运作。

（5）子公司是否有明确和稳定的利润分配政策，以往利润分配情况如何。是否需要在授信合同中对授信对象的利润分配加以一定的限制。

3. 具有以下特点的集团客户，应从严控制授信，或不予授信：

（1）股权结构复杂，成员企业众多，主业不突出，股权结构和子公司名单变动频繁。

（2）企业管理混乱，成员企业由实际控制人"一人"管理，资金调拨使用随意性强。

（3）超常扩张，进行超过自身管理能力的特大项目投资或兼并，资金筹集渠道不合理，过度依赖银行借款甚至非法占用成员企业、产业链上下游企业的资金。

（4）企业融资总量超过合理水平，财务费用负担沉重。资产流动性不足，存在短贷长用现象，银行借款与资产流动安排及收益周期不匹配。

（5）利用掌控的上市公司、证券公司和商业银行进行关联交易形成"银行融资—购并—上市—再购并—再上市—银行融资"的资金链。

（6）集团间互保、集团内互保现象严重，集团关系与"互保"关系交叉出现；集团对外担保超过其自身承受能力，或有负债金额巨大，被担保企业风险较高，甚至贷款已出现违约。

（三）经营许可审查

1. 经营许可审查：审查授信业务用途是否在申请人营业执照注册登记范围内，对需要取得特殊经营许可的业务，如煤炭、有色金属开采、成品油经营、外贸进出口等客户是否按规定取得相关业务许可或权证。

2. 环保审查：对"环保信息查询—处罚信息"及外部其他环保查询结果有异常事项的，须作出相应风险分析，特别应对钢铁、化工、有色、水泥、电力、电石、焦炭、铁合金、造纸等重污染工艺或者高污染、高环境风险的授信申请人的环保信息高度关注。在授信审查审批过程中，对存在违法、违规、不达标、审核未通过等环保信息的授信项目应予以否决。

3. 在建、新建项目手续审查：对有在建、新建项目（通常项目正式投产不足一年）的授信申请人，特别是属于产能过剩和潜在产能过剩行业，在申请新增授信业务用于在建、新建项目时，应审查项目是否具备核准、土地、环评、规划、节能评估和节能审查等合法手续，对不符合国家节能减排政策规定和国家明确要求限制、淘汰的落后产能违规在建项目，不得提供任何形式的新增授信支持，对违规已经建成的项目，不得新增任何流动资金贷款。

4. 法律诉讼审查：通过全国法院被执行人信息查询系统等途径，审查客户及其重要关联企业是否存在诉讼、重大商业纠纷。如有，应具体列示，并作出风险分析。

（四）经营状况分析

判断客户主营业务是否突出，并结合行业特点，判断申请人的经营状况是否与其所处行业特点吻合，如不吻合，应分析具体的原因和风险。

通过对客户产供销和研发等方面的分析来评估客户经营状况：

1. 供应阶段：分析货品质量、货品价格、进货渠道、付款条件等。

2. 生产阶段：分析设备状况、技术水平等。

3. 销售阶段：

（1）分析主要产品在总销售收入和毛利中的占比情况；

（2）产品生命周期（进入、成长、成熟、衰退）；

（3）销售价格弹性和价格变化趋势；

（4）产品的客户定位；

（5）产品替代性；

（6）产品发展战略；

（7）产品是大批量生产还是按订单生产；

（8）对互补产品的依赖程度（造纸和包装、水泥和建筑等）；

（9）分析市场占有率和销售增长率等。

4. 研发能力（适用于技术密集型企业）：分析研发人员占比、投入费用、研发能力的可持续性等。

（五）管理质量分析

着重从客户法人治理结构、管理层的品行、依法合规经营等方面分析和评估客户的管理质量：

1. 法人治理结构分析。分析董事会、监事会等权力监督机构的设置情况，发展战略是否激进，决策与纠错机制、激励与约束机制是否健全，决策是否过分依赖个人，信息披露是否合规透明；如为股权关系较为复杂的集团客户，尤其是民营企业，追溯分析最终控制人。

2. 管理层分析。列表说明法定代表人和管理层的构成、年龄结构、学历、个性风格、从业经历、在企业服务年限、是否存在亲属关系，有无黄、赌、毒等不良嗜好，管理层之间是否融洽协调，说明法定代表人是否持有外国护照或拥有外国永久居住权。

3. 依法合规经营分析。分析客户内部控制制度是否健全，有无重大违规违纪情况，与交易对手之间有无欺诈性交易，与同行之间有无恶性竞争行为，是否有走私、欠缴、漏缴或偷税情况，员工对公司的满意程度。

（六）重大事项分析及相关信息查询

1. 重大事项。对授信申请人近期经营过程中出现的对授信安全有影响的重大事项进行描述，分析、评估其对授信申请人当前经营、未来前景和银行授信风险的影响，包括：

（1）客户实行承包、租赁、联营、合并（兼并）、合作、分立、产权有偿转让、股份制改造等体制变更；

（2）主要客户丧失；

（3）产品线、代理经营权、特许经营权和主要供应商丧失；

（4）产品严重积压；

（5）发生重大质量、生产事故，处于停产、半停产状态；

（6）股票被 ST 或被证券管理机构发布不利的预警信息；

（7）出售、变卖主要的生产、经营性固定资产；

（8）客户的主要股东、关联企业或母子公司、互保公司等发生了重大的不利变化。

2. 相关信息查询。

（1）对申请人及其母公司、主要下属子公司、担保人为国内外上市公司，进行信息查询，列示查询结果，并对指标和变化趋势作风险分析。

（2）对风险警示客户、预警客户和其他特殊客户，须对其中"预警信息"和"风险警示名单管理"进行检索，并在审查报告中对生效的预警信息予以说明和解释。对有"定性预警"信息的客户和"风险警示名单客户"，须在项目提交审议前出具分行风险预警委员会的相关纪要或预警解除单；对低质量客户，应列明低质量客户压缩方案的主要内容；对特别关注客户，应列明特别关注客户授信调整方案的主要内容等。

（3）人民银行个人征信系统查询结果：审查人员应对民营企业实质控制人的个人信用记录进行查询，列示查询结果，对查询异常的事项作出分析和判断。

（4）外部公开市场信息查询结果：如有对授信申请人有重大影响的不利报道，应列示相关内容并进行风险分析，如千里眼查询结果及信息分析等。

（5）环保查询：对"环保信息查询—处罚信息"及其他环保信息查询结果异常的事项作出分析和判断。

（6）通过海关、税务机关等其他渠道查询的信息。银行对企业的经营分析切忌仅停留在表面文章，应当结合企业的经营数据和现金流进行分析，扎扎实实地分析得出对企业的经营情况的判断。

信贷审批的要点：在信贷审批过程中，要改变过分依赖借款人/担保人背景、过分依赖抵（质）押物的评估价值和现时市值、过分看重授信带来的收益和存款回报而忽视本金的违约损失风险的观念，要将评审标准建立在"三个注重"的基础上，判断授信风险是否在银行可接受的范围内。

【点评】
　　同一行业中的不同企业经营状况往往千差万别，如空调行业中的格力、美的一骑绝尘，属于王者，而空调行业中的其他客户虽然起步较早，但往往都落伍了，所以对企业的经营管理的判断非常重要。

五十三、如何进行客户财务分析

财务分析是以客户财务报表为主要依据，运用一定的分析方法，对客户的财务过程和结果进行评价，以分析客户财务状况、盈利能力、资金使用效率和偿债能力，判断客户的发展变化趋势。财务分析主要包括财务报表完整性与规范性审查、人民银行征信系统查询、财务报表重点科目分析、主要财务指标分析和财务状况综合分析。

（一）财务分析的原则

1. 对首次授信客户的财务状况应进行全面分析。对于叙做业务，可在归纳财务结构特点的基础上，重点分析本次授信时主要财务科目与财务指标的变化，并对照前期授信时提供的财务资料，核实财务报表的连续性与一致性。

2. 如授信申请人为集团公司的母公司，应同时分析合并报表与本部报表。如集团客户实行集中财务管理，在说明其具体的资金、账务等财务管理方式的基础上，应重点分析合并报表；如不实行集中财务管理，且授信为集团公司本部使用，应重点分析其本部财务报表。

3. 对申请年度综合授信的授信申请人，应以分析年度财务数据为主、分析即期财务数据为辅；分析即期报表时，侧重分析异动科目与异动指标；对季节性销售明显的授信申请人，应要求提供上两年同期财务报表，并进行对比分析。

4. 对未经审计的财务报表，应在财务分析之前判断财务报表的可信性，并与人民银行征信系统提供的财务报表相核对，不一致时说明原因。

5. 财务分析应避免单纯列举财务数据，审查人员应将财务数据、财务指标与行业发展状况、企业经营管理情况相互印证、综合分析，归纳财务分析结论。

（二）财务报表完整性与规范性审查

1. 审查财务报表的齐全性。

（1）审核授信资料时，若发现财务报表不齐全或者未提供会计报表附注，应说明原因；如果提供的报表为汇总口径报表，应注意是否存在集团内通过关联交易、相互投资等方式虚增了总资产、净资产、经营规模、利润、现金流量等。如存在前述情况，应作出说明和分析，并判断其实际的资产、经营规模、利润、现金流等，使其与合并报表数据具有可比性。

（2）近三年合并财务报表的编制范围是否发生变化。如有变化，详细说明原因及变化范围，并调整关键财务指标，使连续三年的财务报表数据具有可比性。

（3）客户会计政策是否发生重大变化，并分析其对客户财务状况的影响，包括但不限于折旧政策、存货计价、无形资产摊销、收入确认、或有事项、关联交易和销售政策。

2. 审查财务报表及详情录入的完整性。

（1）是否已完整录入近三年及最近期的财务报表？

（2）录入的财务数据是否与企业提供的书面财务报表及人民银行征信系统的财务数据一致？如果不一致，分析具体原因，对属于期初追溯调整原因造成的，应在审查报告中揭示报表期初授信调查报告中"财务分析—主要资产质量"（包括应收账款分析、存货分析、固定资产分析、无形资产分析、对外担保和或有负债分析）内容是否已完整填写。

（3）与会计报表附注数据是否一致？若不完整或数据不一致，应要求调查人员予以修改或作出说明。

3. 审查审计报告内容。

（1）近三年的合并及本部财务报表是否经过审计？审查审计意见的格式和内容是否规范？是否符合《中国注册会计师审计准则》第 1501 号、第 1502 号的规定？对于不符合规定的，应审慎对待，进一步落实并判断审计报告的可靠性。

（2）审计报告是否标准无保留意见？如不属于标准无保留意见，应明确审计意见类型及强调事项段、保留意见段、否定意见、无法表示意见的具体内容；对审计机构出具无法表示意见以及否定意见的企业，原则上不予授信。

（3）三年来是否更换审计机构？合并报表与本部报表的审计机构是否一致？若频繁更换审计机构或合并报表与本部财务报表的审计机构不一致，应说明原因。

【点评】

企业新的借款是应对企业以上的现金流流出的游戏。企业的资产负债表右侧的上半部分为企业对外的债务，任何企业对外的偿债负担，都会导致企业现金流的流出。在企业看来，大部分都是企业到期必须偿还的刚性负债，短期借款、应付票据、应付账款、其他应付款、应付工资、应付税款、长期借款等，都属于刚性负债，甚至有些负债的压力和紧迫程度超过银行贷款。

大部分客户经理分析企业刚性负债的时候，仅是分析长短期借款和应付票据，其实这并不科学。

五十四、如何进行人民银行征信系统查询

（一）人民银行征信系统查询内容

1. 记录人民银行征信系统中"信息查询""信用报告"的查询日期和查询结果。信息查询包括但不限于未结清的信贷信息及五级分类、已结清的不良贷款、已结清欠息、垫款记录、对外担保信息、未决诉讼、社保信息、纳税信息、处罚信息；信用报告包括但不限于企业组织架构图、财务报表详情等信息。若有异常，应说明原因并分析对企业的影响。

2. 核对未结清信贷信息与借款申请人报表数据是否一致，若有异常，审查人员应作出说明。

3. 结合对外担保信息，分析是否超出企业的担保能力，根据对外担保的客户，分析企业是否存在关联客户的互保及连环担保现象。

（二）做好信贷的三大要点

做信贷第一个要点就是看人投资。我们不是看企业而决定投放贷款，而是看准企业实际控制人而决定投放贷款。做信贷业务，企业人品是第一位的，抵押和担保仅是辅助手段。

做信贷第二个要点是捆绑企业经营需要，银行信贷资金嵌入时，直接嵌入客户采购付款环节。要知道企业为什么需要信贷资金，我们必须透彻了解企业的商业模式。

做信贷第三个要点是控制企业回款的路径，银行信贷资金要收回自如，必须知道企业的资金什么时间回来，回来的量是多少，这些都要在银行的掌控之中。

【点评】

　　企业在人民银行征信系统中反映出的历史借款状况，可以间接地表达出企业对征信的重视程度，以及对金融债权的偿还状况。银行必须通过征信系统认真核实借款人的偿还记录，对借款人的还款意愿、还款态度作出正确评价，那些不重视自身征信、还款意识较差的借款人要坚决摒弃。

五十五、财务报表重点科目分析要点

　　重点科目的特征是金额大、占比高、变动异常（同比变动幅度在5%以上）、易隐藏风险。审查时，应结合行业特点，并充分利用财务报表分析方法，根据重点科目的特征，找出重点会计科目，分析该类科目的具体内容以及异常变动的原因、未来变化趋势，对经营及偿债能力的影响。

（一）货币资金

　　货币形态表现的资金是资产负债表的一个流动资产项目，包括库存现金、银行存款和其他货币资金三个总账账户的期末余额，具有专门用途的货币资金不包括在内。货币资金是指在企业生产经营过程中处于货币形态的那部分资金，按其形态和用途不同可分为库存现金、银行存款和其他货币资金。它是企业中最活跃的资金，流动性强，是企业的重要支付手段和流通手段，因而是流动资产的审查重点。其他货币资金包括外埠存款、银行汇票存款、银行本票存款、信用证保证金存款、信用卡存款、存出投资款等。结合该科目与银行借款科目分析合并报表与本部报表的数据差异，判断集团本部是否对下属公司实施了财务集中管理。

　　通过查询会计报表附注，关注其他货币资金的金额大小，是否有限定用途，分析货币资金中不能用于偿债（如保证金、增发配股、发债资金）资金金额等。分析货币资金的来源与用途，判断借款用途是否合理。如果货币资金占比高，长年规模稳定，同时银行借款持续增加，则应特别关注授信用途。如果货币资金异常增加，同时负债方应付票据同步增加，应关注是否企业存在"开立银行承兑汇票—贴现—再全额保证金开票……"的情况，并分析原因。

对于企业主要产品为大宗商品，存在期货投资/投机交易的企业，关注是否单独设置"期货保证金"科目，或者货币资金的二级科目是否有期货保证金明细科目；若有，则根据期货保证金的大小，估测企业从事期货的交易量，并结合企业的经营业务、管理层的风险偏好等分析可能给企业带来的风险。

（二）交易性金融资产、可供出售金融资产

交易性金融资产是指企业为交易目的而持有的债券投资、股票投资和基金投资。

可供出售金融资产通常是指企业初始确认时即被指定为可供出售的非衍生金融资产，以及没有划分为以公允价值计量且其变动计入当期损益的金融资产、持有至到期投资、贷款和应收款项的金融资产。比如，企业购入的在活跃市场上有报价的股票、债券和基金等；没有划分为以公允价值计量且其变动计入当期损益的金融资产或持有至到期投资等金融资产的，可归为此类。

关注该科目是否均记录企业为交易目的持有的投资，分析企业从事高风险有价证券投资、委托理财的数量，估计潜在的投资损失，分析企业的风险偏好；关注是否存在衍生产品交易，是否以公允价值计量，相关公允价值变动是否计入当期损益或所有者权益，分析一旦市场发生变化将给企业带来的风险；关注投资账面价值和实际价值、提取的减值准备，结合报表附注详情以及有关证券的市场价格分析对正常生产经营活动的影响。

（三）应收账款

其他应收款是企业应收款项的另一重要组成部分。其他应收款科目核算企业除买入返售金融资产、应收票据、应收账款、预付账款、应收股利、应收利息、应收代位追偿款、应收分保账款、应收分保合同准备金、其他应收款备金、长期应收款等以外的其他各种应收及暂付款项。其他应收款通常包括暂付款，是指企业在商品交易业务以外发生的各种应收、暂付款项。

结合会计报表附注提供的应收账款账龄、前三大客户明细及其与借款人的关系，分析应收账款的规模、质量，是否已足额计提坏账准备，结合主要收款对象、集中度、账龄等分析形成坏账的可能性；应收账款债务人中，是

否有关联客户，是否存在关联交易以及关联公司间转移资金的现象；对大额应收账款，了解其交易背景。

应收账款的比重：结合行业特点、经营方式、销售信用政策、市场情况等分析其合理性，并结合企业的销售模式、特点，分析其合理性。如应收账款超常增长，分析企业是否为了达到增长目标，正在使用额外优惠的信用政策创造销售额，是否存在通过应收账款虚增营业收入的情形。

应收账款的周转天数：趋势分析及行业比较，与销售信用期限比较。应收账款周转天数上升是经营出现问题的信号。说明应收账款是否已质押或转让。

（四）其他应收款

结合会计报表附注提供的其他应收款账龄、前三大客户明细及其与借款人的关系，分析其他应收款的规模、质量，特别需关注金额大、期限长的款项，判断有无长期挂账现象。

关注企业集团内部母子公司之间、关联企业之间的资金往来，有无被大股东长期占用的情况。

对大额应收账款，应了解其产生的原因，预计收回的可能性等。

集团客户应分析本部报表的其他应收款与其他应付款科目，判断本部与下属公司之间的资金往来情况。

（五）存货

存货是指企业在日常活动中持有以备出售的产成品或商品、处在生产过程中的在产品、在生产过程或提供劳务过程中耗用的材料、物料等。存货区别于固定资产等非流动资产的最基本的特征是，企业持有存货的最终的目的是出售，不论是可供直接销售，如企业的产成品、商品等；还是需经过进一步加工后才能出售，如原材料等。

结合提供的存货质量分析，分析存货占总资产的比重、变化趋势及异常变动的原因，存货中产成品占营业成本的比重，判断与生产能力、生产规模是否匹配。

对于季节性销售明显的企业，应关注存货余额时点变化是否与企业销售特点相吻合，并与上两年同时点财务报表数据比较。

根据调查报告中录入的存货明细，分析企业是否存在大量、期限超过一年以上的存货，是否存在大量的滞销产品，判断是否存在市场价值远低于入账价值的原材料及产成品，了解企业的存货跌价准备政策，分析企业的存货计价是否符合稳健原则。

根据调查报告中提供的三年来的存货周转天数，分析周转率有无异常变化，如存货周转天数延长，分析具体原因，是生产效率降低、过度采购，还是销售下降，并关注是否存在为了增加利润少结转销售成本或挂账存货科目的情况。

（六）长期股权投资

长期股权投资（Long – term Investment on Stocks）是指通过投资取得被投资单位的股份。企业对其他单位的股权投资，通常视为长期持有，以及通过股权投资达到控制被投资单位，或对被投资单位施加重大影响，或为了与被投资单位建立密切关系，以分散经营风险。

鉴于新旧会计准则对该科目的核算内容不同，对于更换报表编制基础的企业，应结合新会计准则分析企业长期股权投资的变化是否合理。

分析投资的核算方法是否符合相应会计制度，若不符合，分析其对企业财务报表的影响；分析投资规模占总资产和净资产的比重；分析投资对象是否从事与主业关联度较低的多元化经营，过度投资、偏离主业是企业发展不利的信号；分析投资收益与投资规模的配比，投资收益有无相应现金流的支撑；明确投资失败记录及损失情况。

（七）固定资产

固定资产是指企业使用期限超过 1 年的房屋、建筑物、机器、机械、运输工具以及其他与生产、经营有关的设备、器具、工具等。不属于生产经营主要设备的物品，单位价值在 2000 元以上，并且使用年限超过 2 年的，也应当作为固定资产。固定资产是企业的劳动手段，也是企业赖以生产经营的主要资产。从会计的角度划分，固定资产一般被分为生产用固定资产、非生产用固定资产、租出固定资产、未使用固定资产、不需用固定资产、融资租赁固定资产、接受捐赠固定资产等。

根据调查报告录入的固定资产明细、金额、折旧计提方法等，分析固定资产变化及原因，折旧计提政策变化对现金流量的影响等。

与在建工程、现金流量表、生产能力对照，检查其合理性。若增长较快，有无产能及营业收入的变化。

区分经营性和闲置未用固定资产，分析固定资产减值准备计提和损失处理是否恰当，是否存在已抵押或存在不能正常运营的资产。

（八）在建工程

在建工程是指企业固定资产的新建、改建、扩建，或技术改造、设备更新和大修理工程等尚未完工的工程。在建工程通常有自营和出包两种方式。自营在建工程指企业自行购买工程用料、自行施工并进行管理的工程；出包在建工程是指企业通过签订合同，由其他工程队或单位承包建造的工程。

了解主要的在建工程计划总投资，资金来源构成；资金是否均已落实，资金到位以及累计完成投资情况；是否存在超投资的风险以及后续资金是否落实；是否存在已投入使用，却未转固定资产，少提折旧的情况。

（九）无形资产

无形资产是指企业拥有或者控制的没有实物形态的可辨认非货币性资产。无形资产具有广义和狭义之分，广义的无形资产包括货币资金、应收账款、金融资产、长期股权投资、专利权、商标权等，因为它们没有物质实体，而是表现为某种法定权利或技术。但是，会计上通常将无形资产作狭义的理解，即将专利权、商标权等称为无形资产。

分析无形资产的具体内容、入账价值、评估方法，入账价值调增是否符合会计准则的要求，对不符合规定的无形资产和不合理的高估价值，应予以说明。

分析土地使用权的摊销政策、抵押情况、土地权属是否清楚、是否交清费用、土地使用的未来规划等。

（十）应付票据

应付票据是指企业在商品购销活动和对工程价款进行结算因采用商业汇票结算方式而发生的，由出票人出票，委托付款人在指定日期无条件支付确定的金额给收款人或者票据的持票人，它包括商业承兑汇票和银行承兑汇票。

结合行业特点、结算方式，分析应付票据余额及变动趋势是否正常。应付票据属于企业的刚性负债，它对企业现金流出造成重大影响。

（十一）应付账款

应付账款是指因购买材料、商品或接受劳务供应而发生的债务。这是买卖双方在购销活动中由于取得物资与支付贷款在时间上不一致而产生的负债。

结合行业特点、应收账款数额、存货变动方向，分析应付账款规模是否合理，是否存在长期挂账款项，分析主动应付和被动应付；应付账款是否与企业的采购模式和特点相吻合。

通过账龄分析，判断付款的紧迫程度。

对应付账款周转天数异动情况进行分析。

（十二）短期和长期借款

短期借款是我国银行或其他金融机构向企业发放贷款的一种形式，期限在一年以下（含一年）。我国的短期借款按照目的和用途分为流动资金借款、临时借款、结算借款等；按照借款方式的不同，还可以分为保证借款、抵押借款、质押借款、信用借款。

长期借款是指企业向银行或其他金融机构借入的期限在一年以上（不含一年）或超过一年的一个营业周期以上的各项借款。

借款的变动趋势是否与客户经营趋势保持一致。债权银行是否较多，了解他行借款的授信条件，并分析企业是否有继续融资的能力。

与人民银行征信系统提供的信息相比较，并说明是否吻合，如不吻合，要说明理由。

分析借款的到期期限分布和还款高峰期；是否通过母公司调整财务报表，减少时点银行借款。

短期借款及应付票据合计数与营业成本、营业收入相比较，判断企业短期融资的合理性及偿还能力。

（十三）其他有息债务

通过应付债券、应付短期融资券或其他流动负债等科目分析企业是否存在其他有息债务，如短期融资券、中期票据或公司债券等。该类直接融资的债务也应到期归还，因此，应关注其规模、增幅及增速，判断企业的整体偿债能力。

（十四）或有负债和对外担保

通过报表附注了解全部或有负债内容（含委托第三方开证），分析成为实际负债的可能性。

对外担保的对象及其资信状况。担保总额是否超出企业的承贷能力，上市公司对外担保是否超过净资产的50%。关联企业之间的互保情况，与其他公司是否签订互保协议。了解信用证、未决诉讼等表外或有事项。

（十五）所有者权益

所有者权益是指企业资产扣除负债后由所有者享有的剩余权益，包括实收资本（或股本）、资本公积、盈余公积和未分配利润。在股份制企业所有者权益又称为股东权益。

企业净资产的规模及其变动情况，资本规模是否充足，结构是否合理、稳定；上市公司股本的变动，如首发、增发、转增、配股、收购、转让等引起的权益变动；注册资本的到位情况，关注实收资本，对比应收账款、预付款或其他应收款中股东占比，判断有无抽逃资本金的嫌疑；分析资本公积科目所反映的资产评估增值的合理性。

（十六）营业收入

营业收入是指企业在从事销售商品、提供劳务和让渡资产使用权等日常经营业务过程中所形成的经济利益的总流入。营业收入分为主营业务收入和其他业务收入。

营业收入的真实合理性，与市场占有情况、纳税情况是否相符，分析是否存在通过应收账款、预收账款等科目虚增销售收入的现象；分析营业收入的质量，通过与现金流量表实际现金流入、应收账款等对比，判断营业收入是否有相应现金支撑，关注偶然性的收入；近几年来营业收入的变化趋势及主要原因，注意分析营业收入实现的稳定性和可持续性，关注偶然因素造成的波动；结合会计报表附注列表说明收入构成（产品、客户、地区），分析各种收入的利润率和稳定性；关联交易的比重；关注与营业收入变化方向相反或变化幅度相差较大的项目，如成本、费用、利润、应收账款、资产总额等，并分析原因。

（十七）营业成本

营业成本，也称运营成本，是指企业所销售商品或者提供劳务的成本。营业成本应当与所销售商品或者所提供劳务而取得的收入进行配比。

分析成本的构成，原材料来源的稳定性及价格的波动情况；分析成本变动的原因，不同因素对成本变动的贡献；分析关联交易对成本真实性的影响。

（十八）投资收益

投资收益是对外投资所取得的利润、股利和债券利息等收入减去投资损失后的净收益。严格地讲，所谓投资收益是指以项目为边界的货币收入等，它既包括项目的销售收入又包括资产回收（项目寿命期末回收的固定资产和流动资金）的价值。

分析投资收益占利润总额的比重，结合投资收益的来源（实业、债券、股票、投资性房地产公允价值与原账面价值差额等），判断盈利对投资收益的依赖程度及盈利能力的稳定性；分析投资收益与投资规模是否匹配；关注投资利润与实际收到现金的差异。

（十九）收到其他与经营活动有关的现金

分析该科目占经营活动流入量约比重；分析具体内容，是否存在将投资和筹资活动现金流入计入该科目的情况；是否存在利用其他与经营活动有关的现金流量调节经营活动净现金流约情况，如将一些暂收、暂借甚至投资收回等项目列入该科目，虚增经营活动现金流入。

五十六、主要财务指标综合分析要点

结合计算出的财务指标，比较近三年及近期财务指标，或与其他同行业客户比较分析。对单项财务指标的优劣不应轻易下结论，要结合其他财务数据及行业发展状况与企业经营管理状况进行综合判断。

（一）短期偿债能力分析

关注有息债务的动态变化，分析长短期负债结构是否合理，是否与资产转换周期相适应，近期是否过度举债，短期借款、应付票据、直接债务融资和长期借款集中到期金额是否较大，到期日分布是否合理。

1. 主要指标。

盈余现金保障倍数 = 经营活动产生的现金流净额/（净利润 + 折旧和摊销）。该指标应为正数，大于 1，说明客户经营活动产生现金的能力较强；若为负数，分析是由于企业所处发展阶段还是流动资本管理出现问题；若变动趋势与利润变动相反，说明利润确定质量差。

长期资产适合率 = （长期负债合计 + 股东权益合计）/（总资产 - 流动资产合计）。该指标小于 1，说明存在"短资长用"问题。

留存现金流与总资本支出比 = （经营活动产生的现金流净额 - 财务费用 - 应付现金股利）/（固定资产、无形资产及其他长期资产投资的现金支出）。比例越高，说明客户经营活动为长期投资提供自有资金的能力越强。若持续下降，关注长期投资内容及收益；若该指标小于 1，说明经营现金净流量满足资本性支出的能力较低，需要外部筹资支持投资支出，财务风险加大，短期偿债能力下降。

营运资本＝流动资产－流动负债。绝对值指标，若小于0，说明流动负债除运用于流动资产外，还用于支撑长期资产的形成，存在短期资金长期占用。

利息保障倍数＝（营业利润＋财务费用）/（利息支出＋当年资本化利息）。该指标小于2，说明短期偿债能力不足；越高，偿债能力越强。

流动比率＝流动资产/流动负债。低于同类客户中值，说明客户资产流动性较差。若高出同类客户中值过多，则需核查流动资产有效性。不同行业的流动比率有差别。商业和流通领域的客户流动性较高，机器制造和电力行业的流动性较差，汽车和房地产业的流动比率在1.1和1.2左右，家电行业在1.5左右，而食品和饭店行业的流动比率一般要求大于2。

速动比率＝（流动资产－存货－待摊费用－预付账款）/流动负债。低于同类客户中值，说明客户资产流动性较差。一般认为，速动比率在1左右比较合适，但对应收账款较少的行业，如零售业，允许保持速动比率低于1；相反，一些应收账款比较多企业，该比率应该大于1，同时还应评价应收账款的变现能力。

现金比率＝（现金＋有价证券）/流动负债×100%。该指标只量度所有资产中相对于当前负债最具流动性的项目，是流动性比率中最保守的指标，现金比率是速动资产扣除应收账款后的余额。速动资产扣除应收账款后计算出来的金额，最能反映企业直接偿付流动负债的能力。现金比率一般认为20%以上为好。但这一比率过高，就意味着企业流动负债未能得到合理运用，而现金类资产获利能力低，这类资产金额太高会导致企业机会成本增加。

2. 分析方法。

（1）短期偿债能力应与现金流分析相结合，分析短期偿债指标在近三年的变化情况、变化原因，以及资产变现能力强弱的原因。判断有息债务规模与营业收入和经营现金流量相比，增长是否过快。

（2）分析对外担保、未决诉讼、有追索权的票据贴现等或有负债对客户偿债能力的影响，分析成为实际负债的可能性。授信申请人近期是否对外提供新的大额担保或大量资产被抵押，出现接近或超过自身承受能力的情况。对集团授信申请人，更应关注该类项目的明细情况。

（二）长期偿债能力分析

1. 主要指标。

资产负债率＝负债总额/资产总额。高于同类客户中值很多，说明债务负担较重；若低于行业均值很多，核实资本公积中有无虚增项，有无抽逃资本。制造业比率一般在 60% 左右，但建筑安装业比率较高。

调整后资产负债率＝（负债总额＋或有负债总额）/（资产总额－待摊费用－无形资产）。高于同类客户中值很多，说明长期偿债能力较差；若与资产负债率差别大，关注或有负债形成原因及无形资产变现能力。

总有息债务与留存现金率＝（短期借款＋一年内到期的长期负债＋长期负债＋应付债券＋长期应付款）/（经营活动产生的现金流净额－财务费用－应付现金股利）。该指标越小，说明客户依靠自身经营偿还债务的保障能力越强。

2. 分析方法。

结合盈利能力与重点科目分析，分析长期偿债指标在近三年的变化情况和变化原因。若资产负债率适中，盈利能力较强，资本结构无异常情况，说明客户长期偿债能力较强。

如果调整后的资产负债率和总有息债务与留存现金率均较差，或调整后的资产负债率较好，但总有息债务与留存现金率较差，说明客户长期偿债能力较差。如果调整后的资产负债率较差，而总有息债务与留存现金率较好，说明客户长期偿债能力可能在以后得到改善。

分析或有负债对客户偿债能力的影响。通过报表附注了解或有负债内容，对外担保的对象及其资信状况，分析成为实际负债的可能性。

（三）盈利能力分析

1. 主要指标。

营业利润率＝营业利润/营业收入。与同类客户中值相比越高，反映客户经营的竞争力越强，抵抗市场风险的能力越强。但是指标数值过高的，应检查报表信息的真实性。

息税前营业利润率＝（营业利润＋财务费用）/营业收入。与同类客户中值相比越高，反映成本控制水平和生产率越高。但是指标数值过高的，应检查是否通过营业费用和管理费用调整粉饰报表。

总资产收益率＝（利润总额＋财务费用）×2/（年初总资产＋年末总资

产）。净资产收益率＝净利润×2/（年初净资产＋年末净资产）。高出同类客户中值，说明客户盈利能力较强。

2. 分析方法。

（1）分析营业收入、营业成本、净利润等指标和盈利能力指标在近三年的变化情况。对营业利润持续下降的，要重点关注客户是否面临财务危机的风险。

（2）通过因素分析法，深入分析引起盈利能力指标变动的原因及其对将来盈利能力的影响。如营业收入与净利润增长是否同步，如果不同步，非经常收益的来源是什么，是否稳定；收入是主要依靠主营业务还是非主营业务，是生产经营活动还是投资活动，是自营收入或是代理收入；主营业务本身是否发生重大变化、出现新的利润增长点等。

（四）营运能力分析

1. 主要指标。

存货周转天数＝（年初存货净额＋年末存货净额）×360/营业成本×2。与同类客户中值相比越高，说明企业创造收入的能力较差，或者企业存在大量积压时间较长的存货。

应收账款周转天数＝（年初应收账款净额＋年末应收账款净额）×360/营业收入净额×2。与同类客户中值相比越高，反映企业产品竞争力较差，或者是由于某种原因导致企业的信用政策放宽。

应付账款周转天数＝（年初应付账款净额＋年末应付账款净额）×360/营业成本×2。与同类客户中值相比越高，反映企业对商业信用依赖性较强，或者存在拖欠货款的现象。

预付账款周转天数＝（年初预付账款净额＋年末预付账款净额）×360/营业成本×2。与同类客户中值比较越高，反映企业在产业链中处于相对弱势地位。

预收账款周转天数＝（年初预收账款净额＋年末预收账款净额）×360/营业收入×2。与同类客户中值比较越高，反映企业在产业链中处于相对强势地位。

营运资金周转次数＝360/（存货周转天数＋应收账款周转天数－应付账款周转天数＋预付账款周转天数－预收账款周转天数）。与同类客户相比越高，企业运营效率越高。

营运资金量＝上年度销售收入×（1－上年度销售利润）×（1＋预计销售收入年增长率）/营运资金周转次数。与同类客户相比，企业经营所需的营运资金量越大，说明企业资金使用效率越低。

2. 分析方法。

（1）分析上述指标在近三年的变化情况，对周转天数明显变长的，重点关注是否存在产品销售不畅、关联交易等情况。

（2）通过因素分析法，深入分析引起资金周转指标变动的原因及其对未来资金流动性的影响，是否存在短贷长用、短资长投的现象。

五十七、如何进行企业财务状况综合分析

财务报表分析是客户经理必须具备的基本信贷技能，对企业报表进行分析，从而真实掌握企业的经营情况，为银行的信贷决策提供依据。重点关注以下方面：

（一）分析财务报表的特点、结构是否与行业特征相符

在全面分析财务资料的基础上，利用"财务分析—结构分析"提供的结构分析报表，分析企业自身的资产构成特点，判断资产构成与业务经营特点是否吻合，分析企业的利润率水平是否与行业平均的利润水平相符。如生产型企业与流动资产配套的固定资产规模较大，对应有长期资金占用；批发零售业客户资产主要集中于流动资产，经营规模相对于资产规模偏大，但利润率普遍较低；建筑安装类企业的资产负债率较高，但负债主要应集中于应付账款，银行债务较少。

比较同行业客户财务指标，分析授信客户在行业内的竞争力。比如，通过比较毛利率、负债率等指标分析授信客户在行业内的竞争能力。

判断企业负债主要源于银行债务还是商业信用，分析企业在产业链中的地位，并与该类企业在产业链中的地位相比较，如与行业特点不一致，应分析原因。

（二）分析企业发展趋势

对比列示的主要财务指标的变化值，分析有无特别突出的变化指标。会计科目的变化不是孤立的，应根据会计科目的钩稽关系对三张报表进行结合分析。比如，如果应收账款比营业收入增加得快，分析企业是因以赊销占领

市场，还是清理库存，或者关联企业间的虚假交易所致。再如，如果企业的资产或固定资产的增幅远大于营业收入的增加，需分析是新形成的固定资产刚投入使用，还是企业通过某种途径虚增了资产。

进行趋势分析，根据三年以来资产规模、经营规模、现金流及主要财务指标的变化趋势，分析企业发展是否稳健，是否符合行业整体发展趋势。

（三）分析企业长短期偿债能力

分析资产负债率与调整后的资产负债率是否超过行业平均水平，关注有息债务总体规模、增幅及增速，判断企业的整体偿债能力。

分析短期偿债能力指标是否处于行业合理水平，并结合企业的营运资金、经营活动净现金流，分析企业资产的流动性、资产的变现能力、经营活动创造现金的能力。并结合固定资产、在建工程、长期投资等资产科目分析是否存在短贷长用、短资长投现象。

计算银行短期债务（短期借款＋应付票据＋一年内到期的长期借款）占营业收入的比例，并比较连续三年的数值，若近期该比例升幅较大，需分析原因。对于短期债务大量增加而未引起收入同步增长的情况，需分析是否存在短期银行债务被企业长期占用，企业资金链是否紧张，是否存在资金链断裂风险。

比较企业的应付股利（投资活动股利流出）与银行债务规模的变化。若企业的银行债务大幅增加，同时投资活动反映大幅的股利等流出，则反映出企业管理层的理念，即通过加大银行债务、减少股东资金进行规模扩张，此时银行资金的风险加大，企业举债能力有限。

应注意分析企业资本金到位比例和进度，是否符合《公司法》要求和公司章程规定，资本金到位比较慢的企业，对银行资金的依赖程度大，银行资金的风险加大。

比较年末与年初借款总额。企业筹资活动产生的现金流量通常为正值，如出现负值，应分析原因。

1. 是否存在存量借款规模过大，导致年内偿付的贷款利息过高，而使得筹资净现金流为负值，进而分析企业的再融资空间是否广阔；

2. 是否存在连续多年大额分配股利的情况，是否存在转移利润的情况，对申请人长期经营是否构成实质性影响。

【点评】

1. 中国的特大型垄断企业，即便不做任何的财务报表分析，提供授信也不会出现风险。但是对中小企业进行报表分析就非常重要。

2. 中央企业子公司的贷款风控核心在于看中央企业总公司对这些子公司的态度，总公司愿意提供担保，说明对这些子公司愿意扶持，这类子公司的贷款通常风险较小。

3. 对上市公司的贷款的风控核心在于看上市公司贷款信息是否披露，如果上市公司对贷款都按时、及时披露，说明上市公司对这次贷款态度认真、还款意愿充足，这类贷款风险往往也可以控制。

4. 对中小企业的贷款要更多地落实抵押和担保，尽可能地找实担保，如房产、地产等，只有坚实的抵押担保，才可以真正控制风险。

五十八、如何分析企业资产经营效率

分析存货周转率、应收账款周转率、应付账款周转率、总资产周转率是否与行业特点相吻合，并进行趋势分析。

计算溢余资产（其他应收款＋长期待摊费用＋无形资产＋交易性金融资产＋长期股权投资＋持有至到期投资＋可供出售金融资产）占总资产的比率，这部分资产主要用于非主营目的。该比率越大，说明企业投入过多的资产在非主营行业，关注其对主营业务发展的影响。

【案例】××新华书店集团公司循环使用银行承兑汇票案例

（一）企业基本概况

××新华书店集团公司注册资本为 12099.88 万元人民币，公司经营范围为批发、零售图书、音像制品及电子出版物等。含辅业资产在内，集团公司拥有4个专业分公司、38个县级分公司、14个全资子公司、4个控股子公司和3个参股公司，网点多达290多个。

（二）银行切入点分析

新华书店集团是××省政府实行国有资产授权经营全市中小学教材唯一指定的企业，属于大型国有集团公司，银行评级为 A 级集团公司，旗下优质子（分）公司较多，各家银行竞争激烈。对其授信可以扩大银行的优质客户群体，改善银行的客户结构，提高银行的信贷资产质量，伴随企业的发展获得长远回报。

集团公司拟改制上市，上市后公司的实力更强，因此是各家金融机构竞争的重点客户。集团公司与各家金融机构合作的原则是必须要有相应的授信支撑，银行经过艰苦营销，与集团公司达成了合作意向，此时正值集团预购秋季教材、教辅的时机，集团目前与 8 家银行都有授信合作关系，而且在他行仍有授信额度尚未启用。本次申请的 5000 万元流动资金贷款授信，也是通过艰苦营销才与企业达成合作意向，因此是银行与企业建立实质合作关系的一个契机。希望在该集团快速发展过程中，能够实现与该集团的紧密合作，使其逐步成为银行真正意义的重点客户，将银行在该公司的业务做大做强。

公司属于大型国有集团公司，政府背景深厚，行业优势明显，在各家银行激烈竞争中，企业处于比较强势的地位。与这样的企业合作，银行必须充分考虑企业的需求和利益，客观上银行将在一定程度上受到企业的制约，因此在合作过程中银行必须精心应对。

	前三名供应商（按金额大小排名）	金额（万元）	占全部采购比率（%）
1	××出版社	33643	28
2	××师范大学出版社	7123	6
3	××新教材	4352	4

该公司前三名供应商均为大型、正规出版社，在出版业享有较高声誉，特别在教材及辅导材料的出版方面，具有较高的权威性和垄断性。由于××市学校教材供应商资格被该公司独家夺得（国家实行义务制教育后已取消招标方式，按照属地原则将全市大、中、小学教材及教辅的发行权交当地的新华书店集团公司），故在供货质量、价格、付款条件等方面，该公司都处于强势地位。××出版社、××师范大学出版社、××新教材三个出版社，供货量占总供货量的38%，三大供应商的稳定供货，充分保证了公司供货渠道的稳定，根据相关规定，所有教材款均由市财政统一支付

续表

	前三名销售商（按金额大小排名）	金额（万元）	占全部销售比率（%）
1	全市各大、中、小学教材，辅导材料销售	115685	84.54
2	酒店经营收入	6770	4.94
3	光盘销售收入	5189	3.79
4	房地产公司经营收入	8775	6.41
5	旅游公司经营收入	88	0.07
6	其他单位经营收入	326	0.25

该公司全年主营业务销售收入13.68亿元，其中教材及辅导材料销售11.57亿元，占销售总额的84.54%，由于教材、辅导材料供应政策性较强，而××市学校教材供应商资格又被该公司独家夺得，故销售价格和销售量都非常稳定，销售款项结算及时，但备货资金占用量较大；其他副业经营收入2.11亿元，占销售总额的15.46%，受历史因素影响，国有新华书店在图书零售市场仍占据主导地位

（三）银行授信方案

客户已在银行开立结算账户。本次拟对客户购买教材、教辅及其他图书音像制品的资金需求授信。按照银行评级标准，客户评级为 A 级，符合银行授信标准。本次拟授信品种为流动资金贷款，授信金额 5000 万元，期限 1 年，利率为基准利率下浮 10%（与其他银行一致），保证方式为信用。

授信方案					
额度类型	公开授信额度	授信方式	综合授信额度		
授信额度（万元）	5000.00	授信期限（月）	12		
授信品种	币种	金额（万元）	保证金比例（%）	期限（月）	用途 / 收益
（1）银行承兑汇票（买方付息＋代理贴现）	人民币	3000.00	30	12	
（2）流动资金贷款	人民币	2000.00	0	12	
授信性质	新增	本次授信敞口（万元）	5000.00		
担保方式及内容	信用				
签发的银行承兑汇票，要求××新华书店集团公司3个月回填敞口至50%，4个月回填敞口至80%，5个月回填敞口至100%					

【点评】

　　经营效率较高的企业一定是资金周转速度极快的企业，这类企业能够在极短的时间内实现资金快速地从资产再次转换成资金，并实现增值。中国房地产行业中的保利地产、万科地产；家电行业中的国美电器、苏宁电器等都是资金运用的高手，能够实现资金的快速增值。

五十九、如何分析企业的盈利能力

　　看企业经营发展是否有现金流的有效支撑，关注营业收入和企业净利润是否同步变化，对于营业收入增加但不能带来净利润同步增长的企业，应分析原因是经营成本增加、管理成本增大，还是投资亏损或营业外损失侵蚀了营业利润。

　　计算期间费用占营业收入的比例，并比较连续三年的数据，是否存在异常变化，分析企业管理能力及对企业盈利的影响。

　　分析营业收入的增加是否带来经营活动现金流入的同步增加，关注连续三年来经营活动净现金流的数值，并与应收、预付账款等科目对比分析。如果连续两年以上营业收入的增长缺乏经营活动净现金流的有效支撑，主要依靠外部融资尤其是银行融资支撑业务发展，企业发展缺乏可持续性，应重点关注。

【点评】

　　企业的短期偿债能力依靠的是经营现金流及持续不断的融资能力，企业的长期偿债能力应当依靠企业持续不断的创造利润的能力。只有持续不断创造利润，才有在市场经济环境下生存的可能；只有源源不断产生利润，足以覆盖贷款利息，才能有长期的偿债能力。

六十、如何分析现金流的均衡性和经营活动现金流的稳定性

以经营活动现金流为重点，并结合投融资现金流，评估偿债能力，预计未来现金流入超过现金需求的水平和可能性。

分析不同性质现金流量的均衡性，了解企业所处的生命周期、企业经营发展的稳定性和企业运营业务的强弱程度。

分析大额非持续性现金流量的内容和对现金的增减、偿债能力的影响，是否存在利用经营性债权债务，调节经营性现金流量的情况，如拖延应在本年度内偿还的大额应付款，调节关联企业之间的应收应付、内部经营性应付项目等。

分析收到其他与经营活动有关的现金占经营活动流入量中的比重。分析其具体内容，有无将投资和筹资活动现金流入串计的情况；是否存在利用其他与经营活动有关的现金流量调节经营活动净现金流的情况，如将一些暂收、暂借甚至投资收回等项目列入收到其他与经营活动有关的现金流量中，虚增经营活动现金流入。

若经营活动产生的净现金量为负或波动性较大，或资金紧张、高度依赖再融资的情况，应重点关注，并与资产负债表的银行债务及利润表的营业收入、利润率结合分析。

分析投资活动现金流入来自回收投资还是取得投资收益，或是由于企业转产或变卖资产，分析对未来现金流的影响；对于投资活动现金流出，分析具体投资内容，是否符合客户发展战略，是否带来固定资产增长。

分析筹资活动现金流量，是为扩大经营筹资，还是由于投资活动及经营活动现金流出失控而不得已筹资，并分析企业可能的筹资渠道。

【点评】

客户经理一定要牢牢记住：抵押与担保控制不了风险，是现金流偿还贷款。我们首先应重点关注借款人第一还款来源和经营现金流，无论是大企业，还是小微企业。其次，关注企业提供的抵押与担保。否则，就是舍本逐末。

六十一、如何分析企业的经营理念及风险偏好

第一，银行要认认真真分析企业实际控制人的经营理念，我们需要的是经营稳健、有长期经营打算的企业，而不是总是希望做短线、希望炒作一把的企业。

根据企业主营业务外投资（交易性金融资产＋可供出售金融资产＋持有至到期投资或短期投资＋长期投资）占总资产的比例，并结合公允价值变动损益、投资收益、资本公积、投资活动现金流入，分析企业管理层对主营业务外投资的热衷度，并关注投资是否带来相应的投资收益，投资收益是否收到相应的现金。若投资回报率低于企业营业利润率，则投资加大了企业的经营风险。

第二，没有成熟的商业模式，总是东一榔头西一榔头的经营，盲目多元化经营的公司，风险非常大。必须提供足额的抵押和担保。为什么上海的钢贸企业成群倒闭，就是经营多元化，转向房地产、股市等。很多没有主业的客户就是二流子。

第三，根据企业营业收入的明细，关注企业经营涉及几个行业，是否涉足高风险行业，并比较连续三年收入明细，分析高风险行业的经营占比，结合企业发展战略分析企业管理层的风险偏好，评价银行资金的风险。

【点评】

企业的经营思路必须持续稳健，坚守自己的主业，通过主业持续不断地创造竞争力，带来稳定的现金流，这才是生存的王道。

很多民企偏离自身的主业，追逐一些并不熟悉的高暴利的其他行业。例如，原本从事家电行业的部分客户，从事了地产行业，最终连累主业经营状况连续下滑，产生了严重的风险。

六十二、如何分析企业关联交易及关联企业相互占款现象

根据其他应收、应付款数额大小与连续三年的变化，如果该两项科目数额较大，应要求调查人员提供明细数据，并结合企业的组织架构图分析集团内企业是否存在大额相互占用资金的现象，是否存在股东变相抽资的现象，关联交易是否频繁，集团内是否存在吞噬利润的企业。对于关联交易频繁的企业，银行不易控制资金流向，应尽量避免直接给予流动资金授信，可考虑能监控贸易背景真实性的授信品种。

对一些成熟的关联企业可以提供信用授信或者关联担保方式授信。只要客户不搞期货、不搞房地产开发，银行融资风险就是可控的。这类经销商，就是提供信用授信，风险也会很小。

【点评】
在商业银行信贷领域，关联交易是我们面临的最大风险之一，很多企业设立关联公司，通过关联公司走流水，挪用信贷资金。

六十三、如何分析授信用途和还款来源

授信用途和还款来源分析是通过对授信的申贷用途和还款安排进行分析，重点解决"干什么用、用什么还、怎么还"的问题，判断申贷用途的合理性和还款来源的可靠性。

（一）授信用途与还款来源分析的原则

1. 授信用途的审查应坚持合法合规、明确具体、贷用一致的原则，避免过于笼统的描述。

常用贷款用途示范：

【示范】

1. 施工企业借款 1000 万元	购买钢材、水泥、沙石等资料，具体金额为 500 万元；支付农民工工资 500 万元。
2. 电力设备企业签发 1000 万元银行承兑汇票	购买电力设备制造专用钢材，收款人为宝钢公司，合同金额为 1000 万元，保证金为自筹。
3. 园林公司借款 1000 万元	购买树苗 300 万元，支付工资 500 万元，其他杂支 200 万元。

2. 授信额度的确定应坚持按需核贷、合理测算、交叉验证、规模适度的原则。

3. 还款来源的审查应注重还款来源的可测性、可控性、充足性和稳定性。

【示范】

1. 施工企业借款 1000 万元	以承接恒大某项目工程回款归还本次贷款，恒大项目回款金额在 1500 万元，足以覆盖本次贷款。
2. 电力设备企业签发 1000 万元银行承兑汇票	以销售给国家电网××电力公司应收账款偿付银行承兑汇票敞口，金额覆盖，期限在银行承兑汇票到期前 2 个月回款，期限匹配。
3. 园林公司借款 1000 万元	以保利项目回款归还本次贷款，保利项目园林合同金额为 2000 万元，可以覆盖。

4. 固定资产贷款（含项目融资）、经营性物业抵押贷款、房地产开发贷款、货押业务、保理、国内信用证、打包贷款、商业承兑汇票贴现、银团贷款，结合相关授信审查审批操作进行分析。

（二）授信用途分析

1. 了解客户申请授信的动机，是否做到诚信申贷，分析本次授信用途是否有明确、具体、合理的资金使用计划。

2. 银行授信资金用途须符合国家法律、法规及有关政策规定，不得用于国家禁止生产、经营的领域和用途。对于实际用途超出企业经营范围等违法违规的授信申请，应予揭示。

3. 对授信产品及业务操作模式需要银行相关部门就授信方案进行审批的授信，应简要介绍专业意见或业务方案的主要内容。

4. 授信币种应与授信项下基础交易所使用的结算币种及客户还款来源币种相匹配，并充分考虑授信币种与还款来源币种错配情况下所面临的风险及控制措施。使用外汇贷款的，还需符合国家外汇管理相关规定。

5. 对于单笔单批授信，用途描述应明确具体，应说明交易背景、合作记录、业务模式等情况，重点关注授信调查人员是否提供交易合同或协议等相关资料证明，必要时可通过平行作业等方式进一步查证核实。

6. 对于循环授信额度，应说明额度内具体业务的授信用途和交易背景等情况。如申请人未提供具体交易合同或协议，可根据其以往经营业绩及授信期间内的经营计划，分析实际资金需求，并判断用途的合理性。

7. 对重点客户，说明本授信由本部使用还是授权下属公司使用。如授权下属公司使用，需说明下属公司的经营状况和授信用途。

8. 对于具体授信产品，授信用途分析如下：

（1）流动资金贷款：用于满足授信申请人日常生产经营周转的合理资金需求，不得用于固定资产、股权等投资。

（2）法人账户透支：用于企业短期流动资金周转，银行多采取支票透支成本使用资金。

（3）过桥贷款：须符合中国银监会《关于规范银行业金融机构搭桥贷款业务的通知》（银监发〔2010〕35号）等规定要求，应说明贷款用途、过桥原因。

（4）银行承兑汇票、商业承兑汇票贴现：说明基础交易背景、买卖双方合作记录等情况，说明出票人与收款人、承兑人与贴现申请人是否有关联关系并分析其影响。

（5）进出口结算类贸易融资（含信用证项下打包贷款）：结合不同授信产品的风险特征分析说明具体业务的基础交易背景、结算方式、结算周期、以往履约记录，并对有关单证条款、进出口国家和地区及进出口商品市场行情等情况进行分析。

（6）保理：说明基础交易背景、买卖双方的合作记录、应收账款的账期及回款方式，是国际保理还是国内保理等，简要分析介绍保理业务方案的主要内容。如为无追索权保理，应确认买方在银行已取得保理买方信用担保额度。

（7）非融资类保函：说明具体用途，明确需要开立的具体保函种类，是涉外保函还是境内保函。贸易类保函应说明交易背景；工程项下单笔单批非融资类保函应简要介绍开立保函的工程情况，如项目名称、位置、业主方、投资规模、工程期限、付款进度安排等。工程项下可循环额度内非融资类保函应简要列明申请人拟参与投标及已中标工程的项目名称、业主方、金额、预计开竣工日期等情况。

（8）融资类保函：说明债项背景情况、受益人融资方案、保函主要条款、融资期间内的管理要求等。

（9）国内信用证：说明基础交易背景、买卖双方合作记录等情况，说明开证申请人与信用证受益人是否有关联关系并分析其影响。

（10）回购担保额度：简要分析核心企业的财务状况，尤其是核心企业采取销售分公司等作为回购主体，应当要求母公司提供连带担保责任。

（11）贷款承诺函：说明开立承诺函的业务背景，承诺的具体贷款内容。

（12）意向性贷款承诺函：说明意向函的收受人及业务背景等。

（13）短期融资券包销额度：说明资金具体用途，简要分析介绍总行投行业务部专业意见的主要内容，说明银行承销的短期融资券份额和预计的发行时间。

（14）理财额度：说明资金具体用途，简要分析介绍发行计划，并说明兑付理财产品的资金来源，以及是否需要银行提供备贷额度。

对于特定业务操作模式项下授信，如货押业务、订单融资、供应链买卖方融资等，应说明交易背景，简要介绍相关业务方案的主要内容。如为出口信用保险项下融资，应说明相关贸易背景、保费缴纳情况、结算方式是否符合信用限额审批单中列明的支付条件，出口商品非国家禁止类出口商品，出口商及/或进口商已经或将获得各种所需的许可证、批准书或者授权。如为银团贷款，须说明银团贷款的组成情况，包括银团牵头行、参加行、贷款总额、期限，说明牵头行、代理行、参加行之间的额度分配，银行身份，银团约定的提款条件，适用法律等。

【点评】

　　银行信贷风险控制最有效的抓手，应当是对借款用途的合理分析及切实掌控。借款用途必须用于借款人最擅长的主业，而非是模棱两可的用途。对借款用途进行合理把握，匹配于企业最擅长的主业务，这样银行才放心。只有信贷资金创造出真金白银的商业价值，前期贷款才会得到清偿。所以在发放贷款的时候，必须严格落实信贷资金的真实去向，通过受托支付切实掌控，随后进行严密的贷后检查，跟踪信贷资金的使用状况，严格做好信贷风控。

【案例】 ××肝胆病医院：供应商供应链融资授信案例

（一）企业基本概况

××肝胆病医院是肝胆疾病专科医院，集医疗、教学、科研于一体，是国家法定传染病收治医院，同时又是省、市医保及新型农村合作医疗定点医院。先后荣获省市百姓满意医院、白求恩杯先进单位、省精神文明先进单位和百家医院联评第一名等多项殊荣。2010年晋升为三级甲等专科医院。

该院开办资金8591万元，经费来源差额补贴，业务范围包括传染病科、肝病专科、内科、外科、妇产科、儿科、肿瘤科、病理科、感染科、疾病基础与临床研究等。

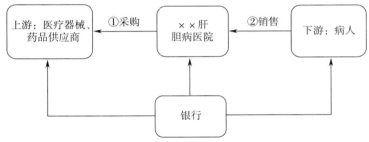

（二）银行授信方案

授信方案						
额度类型	公开授信额度		授信方式	综合授信额度		
授信额度（万元）	1650.00		授信期限（月）	12		
授信品种	币种	金额（万元）	保证金比例	期限（月）	利率/费率	是否循环
保理买方信用担保额度	人民币	1650.00	0	12	按照总行规定执行	是
贷款性质	新增	本次授信敞口（万元）		1650.00	授信总敞口（万元）	1650.00
担保方式及内容	信用					

担保方式由银行为其提供信用授信。

（三）上游供应商情况简介

根据该院的申请，银行将以××肝胆病医院为核心，在上游供应商将其对该院的应收账款整体转让给银行的前提下，由银行对供应商提供集信贷资金支持、应收账款管理及账款收取等服务于一体的综合性金融服务。现拟向××肝胆病医院提供综合授信额度支持。同时，该院现有供应商20余家，经银行深入调查与统计，将针对其中4家与医院合作较为稳定的供应商办理此项保理业务，本次拟核定授信总金额1650万元，符合总行贸金批复中规定的融资比例（合格应收账款的90%以内）。

对供应商要求：（1）在银行开立一般结算账户，以扩大银企深层次合作的广度，从而进一步提高银行的综合收益水平。（2）与供应商签署《银行"1＋N"保理金融服务协议》。（3）在授信审批部门核准的核心企业"1＋N"保理买方信用担保额度内，由银行按照管理办法相关规定为供应商申领保理额度。（4）供应商在申请保理融资时，须向银行提交以下单据：《"1＋N"保理业务申请书》、核心企业签章确认的销售余额明细表、核心企业出具的《"1＋N"保理业务项下核心企业应付供应商款项明细表》。

1. 合作模式。

××肝胆病医院，是集肝胆疾病医疗、科研、康复于一体的专科医院，是省、市医保及新型农村合作医疗定点医院。由于该院与上游供应商结算具有自身行业特点，即付款周期较长，××肝胆病医院为提高供应链的整体实力，同时优化与供应商之间的合作关系，进一步提升医院与上游供应商的合作空间，特向银行申请保理买方信用担保额度1650万元人民币。

2. 重点客户。

本次授信品种是"1＋N"保理授信业务，将对××肝胆病医院上游较大的4户供应商进行融资，通过对上游供应商融资，有效介入其上游供应商客户群，从而带动其在银行办理资金结算业务，拓宽银行中小企业客户群体范围，带动网银业务、代发业务等一系列对公、对私金融服务业务发展；同时，银行将向××肝胆病医院提供阳光理财、对公网银等金融服务。

3. 批量授信核心企业。

对核心企业要求：（1）在银行开立一般结算账户；（2）对供应商融资到期后，核心企业须将款项直接付到银行保理专户；（3）要求核心企业与银行签订制式的《"1＋N"保理业务应收账款转让确认协议》，并在本次保理融资业务中将在银行制式的《"1＋N"保理业务应付供应商账款明细表》上盖章书面确认，积极配合银行叙做"1＋N"保理业务。

4. 银企合作情况。

根据××肝胆病医院与其上游供应商的应收账款实际结算金额与周期提款，该院以经营回笼资金按照付款特点和规律，每月正常付款存入保理监管账户，从而逐月归还贷款。××肝胆病医院主要收入来源为财政拨款、医疗收入、药品收入，其中医疗和药品收入主要来源于门诊收入和住院收入，医院除了现金收入外，省、市医保收入占60%左右，而医保收入返还给医院（一般为1~3个月）和医院的对外支付存在时间上的差异，因此××肝胆病医院在银行授信期间，可根据其资金实际情况，调整支付银行保理账户应付账款的付款频率，从而缓解该院的付款压力。

5. 该院在提高和扩大业务收入的经营策略主要体现在以下几个方面：

（1）在乙丙肝抗病毒及肝性脑病的治疗方面，该院已经总结出一套成功经验。针对不同病情的患者，量身定制治疗方案。

（2）人工肝及血液净化中心，针对危重症肝病患者，根据不同病情开展特色治疗。如：腹水超滤回输或灌洗治疗；血浆置换；血液/血浆灌流吸附；血液透析；血液滤过；胸腔穿刺引流；持续循环式血液净化等技术。

（3）脂肪肝治疗中心建立了脂肪肝预报系统，可以及时准确地作出脂肪肝的早期诊断。同时，开展"二合一整合疗法"，即应用脂肪肝治疗仪将特殊信号作用于肝区穴位，使干细胞获得充足营养，并把中药导入肝脏，从而促进肝细胞修复和再生。

（4）肝胆外科在治疗门脉高压症、脾功能亢进、梗阻性黄疸等方面有着丰富的经验，在省内处于领先地位。在肝癌的治疗方面，针对不同的患者，采用手术、多弹头、体内伽玛刀、介入治疗等技术，对患者提高生活质量、延长生命起到了积极的作用。

（5）消化内镜科全面开展胃、肠、胆胰管疾病的微创治疗，其中各种消化道出血复合止血技术及胆胰管疾病内经综合治疗技术达到国内先进水平，特别是食管胃底静脉曲张出血止血技术及利用ERCP（逆行胆胰管造影）技术治疗胆总管结石、胰管结石更是处于省内领先水平。

（6）肝病检测中心是国家重点实验室，尤其是全自动免疫分析仪和全自动荧光定量 PCR 检测分析仪，采用国际标准试剂，检测结果达到国际认证，是××省能够完成肝炎病毒定量分析的权威机构。

（四）优势分析

1. 政策优势。

医疗行业属于国计民生的社会服务行业，是国民经济建设中的重要环节。近几年，随着国家及各省对医改工作的高度重视，及基本实现全民医保、方便群众就医结算、提高公立医院的服务质量和运行效率等相应政策的出台，较大地降低了患者的医疗成本，提升了患者的满意度，极大地促进了医疗机构就诊人数的增加，综合收益不断增长。借着医改政策优势，××省医疗机构自身经营水平将提升一个新的台阶。

2. 第一还款来源有所保障。

××肝胆病医院是依据国家有关规定，依法设立的具有独立从业资格的公立医疗单位，系××市级三甲专科医院，拥有较好的技术力量和医疗特色，医院经营收入较为稳定。近年来，随着公众生活质量的不断提高，医改政策的推进与实施，医疗机构的收入正向着稳步上升的趋势发展。同时该院与上游多家药商保持着长年良好合作关系，建立了一套较为完备的采购、回款体系，药商依托医院的稳定回款不断壮大，银行以药商转让在医院的应收账款为切入点，以医院的稳定回款作为银行的第一还款来源，凭借核心企业良好的信誉和履约能力，降低了授信融资偿还的风险。

3. 快速扩展中小企业客户数。

中小企业可提供的担保品少，尤其是医院上游供应商，融资难问题更是凸显出来，银行的"1＋N"保理业务模式，是药商迅速解决融资难的有效途径之一，吸引了中小企业客户群体，既快速扩展了银行中小企业客户数，又增加了银行信贷资源。

4. 衍生产品的拉动，实现综合收益最大化。

此项业务的开展，除了能够为银行带来利息收入和保理费收入，增加银行相关收益外，同时还能带动银行网银、信用卡、代发工资等其他业务的发展，以此实现银行综合收益最大化。

综上所述，虽然该院存在上述不确定性因素，但鉴于授信主体（××肝胆病医院）所属行业发展前景良好，其经营收入较为稳定，第一还款来源保障性较好，银行拟同意为××肝胆病医院提供保理买方信用担保额度；授信额度为 1650 万元；授信期限 12 个月，可循环使用；利率为基准利率上浮 15%；担保方式为信用。

具体用信人为上游药品供应商，在 1650 万元保理付款担保额度内，银行为药品供应商办理银行承兑汇票，要求药品供应商至少缴存 30% 的保证金，敞口部分占用 1650 万元的授信额度。

六十四、如何进行授信额度分析

究竟该给客户提供多少金额的授信，这是一个必须认真思考的问题，银行应结合企业经营现金流、企业借款用途和担保物来综合评定。

应在分析客户年度生产计划、原材料采购需求、自有资金、在各家银行现有授信等情况的基础上测算信贷资金需求量，并结合客户行业分析、经营管理分析、财务分析及客户自身经营特点等情况对测算结果进行分析。

根据客户在各家银行的融资情况（包括授信额度、产品结构、担保安排、授信期限、启用条件等）和实际使用情况，结合客户资金需求、承债能力、担保安排及授信占比等因素，合理确定授信规模，防止过度授信。

单一客户、单一集团客户及银行关联方的授信额度应符合监管机构及银行相关规定。

确定授信额度时，还应考虑银行贷款组合管理的限制要求。

以下是《银行流动资金贷款管理暂行办法》规定的流动资金贷款额度的测算方法，对于其他授信品种，应结合基础交易背景、客户实际需求及承债能力等情况合理确定授信额度。

1. 在测算出申请人营运资金量的基础上，按照以下公式估算新增流动资金贷款额度：

新增流动资金贷款额度 ＝营运资金量 － 借款人自有资金
     － 现有流动资金贷款 － 其他渠道提供的营运资金

其中，自有资金计算可参考如下公式：

自有资金 ＝上年末未分配利润 ＋ 本期净利润 ＋ 折旧 － 本期资本性支出
     － 应付股利 － 到期银行借款或其他借款

其他渠道提供的营运资金包括发行债券、股票、股东借款、商业信用等。

2. 在测算营运资金量时，应根据申请人的实际情况和未来发展情况（如申请人所属行业、规模、发展阶段、谈判地位等）分别合理预测申请人应收账款、存货和应付账款的周转天数，并可考虑一定的保险系数。若授信期限内应收账款、存货和应付账款等预计有较大变化，可通过保险系数作适度调整，使测算结果更加接近实际状况。

3. 对集团关联客户，可采用合并报表估算流动资金贷款额度，原则上纳入合并报表范围内的成员企业流动资金贷款总和不能超过估算值。

4. 对小企业融资、订单融资、预付租金或者临时大额债项融资等情况，可在交易真实性的基础上，确保有效控制用途和回款情况下，根据实际交易需求确定流动资金贷款额度。

5. 对季节性生产申请人，可按每年的连续生产时段计算周期估算流动资金需求，贷款期限应根据回款周期合理确定。

【点评】

授信额度核定是门儿技术活，核定少了，企业不够用，经营状况上不去会产生风险；核定多了，企业撑坏了，会挪用信贷资金，也会产生风险。所以合理、适度、准确的信贷金额是风控的核心要点。

【案例】 ××医药有限公司资金总承包商案例

××医药有限公司（以下简称××医药）作为医院药品配套商，长期为××军医大学附属三家医院、××军区联勤部药材供应站等供应药品及器材。在业务合作中，××医药与部队医院建立了稳定的药品配套关系，并借此为部队医院打造专属医药配送平台。

伴随着××医药的成长，某银行作为其战略合作伙伴，从产业链融资业务拓展到传统授信、投行业务、理财业务、私人银行等全面合作局面。经过分行"1＋2＋N"金融管家团队的专业经营，××医药和某银行的银企合作渐入佳境，互利共赢；至此，某银行成为××医药的唯一主办行，××医药是某银行重庆分行的战略客户。

（一）客户介绍

1. 企业经营状况。

××医药成立伊始，其业务主要是为××医药销售有限公司提供药品销售配套服务；××医药成功中标××军医大学附属三家医院及××军区联勤部药材供应站（324医院）的药品配套。此后，××医药迎来了高速发展阶段。

××医药实现销售收入28亿元，预计全年销售收入可超过35亿元，在××军医大学附属三家医院供药体系中，××医药药材供应排名第二位，耗材供应排名第一位，设备供应排名第一位。

2. ××医药经营模式、特点。

××医药与上下游签订购销合同。医院向××医药发出采购指令后，××医药将立刻查询其库存情况，确认是否有库存。若确认有库存，××医药将直接从仓库发货至医院药剂部；若确认无库存，直接安排上游供应商将货物发至医院，并同时向××医药开具发票，××医药在当月内收到的发票将在次月底之前向供应商付款，一般来说，账期为30～45天，结算方式以现金为主，辅以部分银行承兑汇票和信用证（占比一般不超过30%）。

但无论采取何种发货方式，××医药均需保证货物在48小时内送达医院，并在货物送达医院的同时向医院开具送货单及发票。医院财务室在收到××医药相应的送货单及发票后立即挂账，并从次月开始计算应付账款周期，账期为8～18个月，结算方式为支票。

（二）客户价值分析

1. 行业状况。

医药行业是一个多学科先进技术和手段高度融合的高科技产业群体，涉及国民健康、社会稳定和经济发展。随着新医疗改革相关政策的出台和深入，国家对医疗卫生事业支持的力度加大，医疗卫生费用将大幅增长。

医改意见中提到：强化政府管理，实行医药收支分开管理，改革药品加成政策，实行药品零差率销售，通过实行药品购销差别加价、设立药事服务费等多种方式逐步改革或取消药品加成政策，逐步建立分级诊疗和双向转诊制度，严格控制药品流通环节差价率，建立国家基本药物制度，实行招标定点生产或集中采购，直接配送，统一制定零售价。

对此，医药行业产生了如下变化：

（1）医药产业链上的利益格局重新分配，加速医药行业洗牌速度；

（2）对医药商业企业的资金要求更高，回款难度进一步增大；

（3）医改意见中提到由生产企业或委托有现代物流能力的药品经营企业向医疗机构直接配送。

基于此，××药交所应运而生，成为医药生产企业与医院的集中交易平台。但是，出于管理体制的独立性及医药采购的保密性，军队医院需要具有独立的采购体制，不纳入药交所交易。

在医疗改革大背景下，××医药作为军队医院药品配送中标企业，在传统供销合作中加快与部队医院合作建设"药品中心"，共同打造部队医院专属医药配送平台。

2. 机会分析。

在医改的大背景下，分行迅速组建了××医药"1＋2＋N"金融管家团队。通过专业、精准、高效的分析，分行摸清了××医药经营状况、财务状况、业务模式、风险点等要素，成功为××医药提供15亿元人民币综合授信，主要用于其部队医院药品供应交易融资业务。这一举措让同业难以望其项背，并奠定了分行作为××医药的主流银行合作地位。

随着银行授信的介入，××医药实现了爆发性增长。销售收入28亿元，预计全年可实现销售收入35亿元。至此，××医药成为××军医大学及××军医大学附属医院的主流供应商，并参与组建相关部队医院的医药配送平台，发展空间进一步打开。

随着××医药的成长和发展，在深化传统交易融资业务的同时，银行拟进一步在融资租赁、信托理财、私人银行等方面加强与××医药的银企战略合作，预计可为银行带来规模、利润、中间业务收入等方面更大的收益。

3. 难点分析。

（1）部队医院地位强势，应收账款债权控制落实存在难度，操作风险控制难；

（2）授信额度的大幅增加基于对客户未来价值的判断，而授信通常依赖于客户的过去价值分析，存在一定的理念差异；

（3）伴随爆发式增长，××医药存在投资冲动，对其经营行为、财务预算监管存在管理难度。

（三）客户开发方案

1. 开发方案。

（1）交易融资业务：给予××医药 15 亿元交易融资额度，用于其部队医院应收账款交易融资。

（2）现金管理业务：

①××医药协助银行营销其下游客户开立一般结算账户，同时协助银行在医院内设立 POS 机、存取款终端机等；

②银企直联、零余额、跨行资金归集等现金管理产品。

（3）私人银行业务：为××医药实际控制人及高管提供私人银行服务。

（4）信托理财业务：增加保理理财额度，以单一信托模式进行理财融资。

（5）投资银行业务：××医药计划建立医药销售市场，并与部队医院合作建设住院大楼等。对此，银行为其设计了信托理财等投行产品。

2. 总体方案简介。

（1）总体开发策略：从长远角度出发为××医药提供全方位金融服务，主动将银行金融产品、市场营销融入企业战略中，与企业共成长。

（2）总体开发计划：在充分研究××医药发展战略后，通过与其股东、管理层频繁沟通，确定了未来合作的总体思路，即通过提供全方位金融服务，协助客户实现战略目标。

①提供全方位金融服务：随着××医药由传统医药批发企业成长为医药综合配套商，××医药在投资银行、私人银行等方面具有较强业务需求。对此，银行拟为其提供信托理财、"上市直通车"等金融管家服务。

②同时，协同××医药发展战略，银行拟在并购融资、项目融资、财务顾问等方面提供金融支持。

（四）客户开发的组织推动

1. ××医药金融管家团队组建。

针对××医药客户营销，分行营销委员会成立了××医药金融管家团队，组长为分行公司部总经理，副组长为分行公司部副总经理及经营部门总经理，成员包括产品经理、风险经理及客户经理。

金融管家团队成员各司其职、通力合作，组长负责统筹项目进展，副组长负责与××医药高层协调，产品经理负责产品方案设计，风险经理负责产品风险控制，客户经理负责与天瑞医药财务人员沟通。在客户营销过程中，项目团队真正做到专业化服务，以专业和效率赢取了客户信任。

2. 分行营销委员会简介。

××分行营销委员会涵盖公司银行、授信评审、金融市场、票据业务、电子银行、资产监控等部门，每周召开例会，针对重大项目进行专项讨论，并组建项目小组。同时，营销委员会整合分行中后台资源，为一线部门设计营销方案，直接参与营销。授信评审前移，有效控制客户信用风险，解决授信方案操作风险控制难题。营销委员会还借助产品经理的"传、帮、带"效应，手把手传授一线客户经理业务知识和营销技巧，提升全行的技术能力。

（五）客户开发进展、取得收益

通过对××医药金融管家式营销，分行在与××医药的战略合作中分享了客户成长带来的超额收益。××医药在银行贷款余额 7.25 亿元，保理余额 2.7 亿元，保理理财 1.1 亿元，日均存款 9 亿元，实现中间业务收入 1500 万元，开发私人银行客户 1 户。其中，××医药主要开发成果：

1. 第一季度：使用银行授信 7.05 亿元，其中流贷 3.25 亿元、保理代付 2.7 亿元、保理理财 1.1 亿元。

2. 第二季度：

（1）以推动××医药南岸区医药市场项目为契机，联动开发与××医药同类型规模流通企业 3 家，作为储备项目；

（2）××医药实际控制人在异地成立金融租赁公司筹备处，银行作为项目推动及注册资金验资行。

3. 第三季度：××医药提款 1.3 亿元并在银行开展私人银行业务（实现金融资产 1500 万元）。

4. 第四季度：××医药 2 亿元保理理财业务申请报送总行金融市场部，预期第四季度理财额度全部提用，可实现中间业务收入 300 万元人民币。

（六）客户开发亮点

××医药金融管家业务的成功开发，得益于总行制定的"金融管家"发展战略；得益于分行"转变发展观念、调整业务结构"的经营思路；得益于分行管理部门对业务部门"深入了解客户，向客户提供全方位综合金融服务方案"的前瞻性指导；也得益于分行中后台员工和市场一线员工亲密配合的团队合力。

通过本案例可以看出：

1. 大力实施总行"金融管家"战略，加强公司业务转型。××分行在组织架构、考核体制、营销方式、业务模式等方面认真实践总行"金融管家"战略，在内部机制、营销架构、业务模式等方面作出了变革，力争顺利实现公司业务的转型，以及某银行"二次腾飞"的目标。

在××医药服务过程中，××分行组建了以主管行领导、公司银行部、授信评审部、经营机构多部门联动营销，以"1＋2＋N"团队作战模式为企业提供全方位金融服务，为分行进一步做好总行及分行级金融管家客户服务树立了样本。

2. 强大中后台，武装前台。在××医药客户开发过程中，充分体现了重庆分行中后台改革的思路。分行要求不断强化中后台业务能力，为一线提供强有力的营销支持，充分解决前台急需的专业支持和协调效率。

3. 聚焦金融管家客户，分享客户成长收益。从××医药开发过程可以看出，银行选择了什么样的客户，就选择了什么层次的收益及回报。在经过××医药金融管家服务团队专业、精准的分析、论证后，分行认为××医药具备某银行金融管家客户的典型要素，具备银行认可的金融管家客户价值；因此，分行在××医药开发过程中投入了充分的人力、物力、财力。最终，伴随着××医药在部队医院供药体系的全面打开，某银行获得了超额回报。

六十五、如何进行授信期限分析

授信期限与企业资产转换周期相匹配，期限过长导致现金回流后被挪用，期限过短导致贷款到期后经营性现金流不足。

信贷资金和信贷资源的供应一定要与企业的经营现金流匹配，一定要做到两个匹配：一是期限匹配，信贷资金的供应期限和现金流的周转期限匹配；二是金额匹配，企业经营需要的资金与银行提供的融资金额匹配。银行一味地希望提供短期融资或者小金额融资都是不对的。

1. 授信期限应在客户的有效经营期限内，一般应与企业生产经营周期和财务核算周期一致，同时应符合监管机构和银行相应授信品种有关期限的制度规定。例如，过桥贷款期限不得超过一年，且不得展期。

2. 授信期限应与授信风险状况和风险控制要求相匹配。循环授信额度最长期限为一年，满足银行相关制度规定条件的，可给予一年以上、三年（含）以下的循环授信额度。

3. 单笔单批授信额度期限应与实际交易完成期限一致。循环授信额度内具体授信业务期限应结合基础交易合同、营运资金周转周期（营运资金周转周期＝存货周转天数＋预付账款周转天数＋应收账款周转天数－应付账款周转天数－预收账款周转天数）、生产经营的季节性特点及特定还款来源的资金到账时间等因素审慎确定。

4. 对于银行负债规模高、偿债压力大的企业，应合理安排授信期限，避开企业的还款高峰期。

【点评】

银行设定授信的期限应当与企业的生产经营周转期限匹配，信贷资金用于企业的生产经营，在生产经营完毕，生产要素再次转换为货币后，就该退出生产环节，归还银行。

【案例】 ××工程有限公司 BT 保理案例

（一）企业基本概况

××工程有限公司是××建工集团在原集团直属第一工程管理部基础上整合社会资源，改制组建而成的"产权清晰、权责明确、政企分开、管理科学"的股份制公司，经营范围包括房屋建筑工程施工，市政公用工程施工，建筑装修装饰工程施工，建筑材料生产、销售，钢结构加工与安装，房地产开发等。公司拥有各类施工机械设备 1500 余台套，年施工能力达 10 亿元。

××建设投资有限公司采用 BT 模式开展了路网项目，道路总长约 12.6 公里，项目总投资为 1.22 亿元人民币，通过公开招标方式选择××工程有限公司作为建设单位。

××工程有限公司整合社会资源，投资 1.2 亿元建设××科技园路网工程 BT 项目。项目已经建设完工并已经获得建设、代建、设计、勘察、监理、施工等单位联合签发的竣工验收证书。××工程有限公司由此形成财政应收账款超过 1 亿元。该系列项目的建设实施，进一步完备了××科技园基础设施建设，在提升城市功能、投资环境、人居环境的同时，对推动××高新区乃至××市的经济发展起到积极的作用。

××科技园路网建设项目手续齐全，包括项目可研报告的批复、项目路网立项批复、环评审批意见、建设项目选址意见书、建设用地规划许可证、建设工程规划许可证、项目招标书、××工程有限公司中标通知书、项目施工合同、项目竣工验收合同、签署的《××科技园路网 BT 工程 BT（投资建设＋移交回购）合同》、××高新区财政局与××工程有限公司签署的回购承诺函。

项目总金额为 1.22 亿元人民币，回购期为三年，自项目竣工验收合格之日起 12 个月内支付 BT 投资额 40% 的款项，24 个月内和 36 个月内分别支付 BT 投资额 30% 的款项。

××建设投资有限公司投资并由××工程有限公司建设的城建项目为非营利公益性项目，前期建设资金主要由××工程有限公司自筹资金，项目完工后由××建设投资有限公司进行回购，××高新技术产业开发区财政局相应年度财政预算中安排财政拨款来还本付息同时承担连带责任。虽然还款来源有保证，主要依赖于财政建设资金的安排，但由于××建设投资有限公司接收财政拨款的滞后性及项目的建设方式导致××工程有限公司无法一次性获得回购款项，面临着资金上的流动性压力。

（二）应收账款融资方案

授信方案					
额度类型	内部授信额度		授信方式	单笔单批额度	
授信额度（万元）	6500.00		授信期限（月）	36	
授信品种	币种	金额（万元）	保证金比例	期限（月）	利率/费率	是否循环
国内有追索权保理	人民币	6500.00	0	36	按照银行规定	
贷款性质	新增	本次授信敞口（万元）	6500.00	授信总敞口（万元）	6500.00
担保方式及内容	信用				
风险分类调整说明					
同意本次 6500 万元公司财政项下应收账款保理贸易融资业务，按照总行批复的方案严格执行，风险相对可控					

××科技园康乐路、富临路、临港路、规划一路、规划二路、惠民路路网项目以招标方式由××工程有限公司作为中标人采用"投融资＋施工一体化"方式实施，××建设投资有限公司在项目竣工后进行回购，资金分期支付。回购资金由××高新技术产业开发区财政局纳入相应年度的财政预算，按期拨付给××建设投资有限公司用于路网项目的回购。同时，××高新技术产业开发区财政局向××工程有限公司出具了回购承诺函，就××建设投资有限公司在此项目下的义务和违约责任承担连带责任。

　　根据以上思路，××工程有限公司、××建设投资有限公司和银行三方设定以下融资方案：

　　1. 以××建设投资有限公司已竣工路网项目第二期和第三期项目应付回购款，作为××工程有限公司向其待结算的应收款项。

　　2. ××建设投资有限公司以书面形式向银行确认按计划将项目回购款支付计划表中第二期及第三期的应付回购款项拨付至××工程有限公司开在银行的监管账户。

　　3. ××工程有限公司向银行提出融资申请，同时提供工程立项批复、招标文件、中标通知书、建设工程施工合同、竣工验收证书、BT合同、财政回购承诺函、债权确认书、政府财政预算书等文件。

　　4. 银行以这部分应收账款进行中长期融资，融资比例为90%。

　　银行拟为××工程有限公司设计的中长期应收账款融资业务总的授信敞口为6500万元，期限与项目回购款支付计划表相匹配。银行将为××工程有限公司开立监管账户。

　　（三）风险控制措施

　　为了确保银行信贷资金的安全，推动贸易融资业务的稳健发展，提高贸易融资业务综合收益，优化银行的产品结构和收入结构，经过三方沟通，银行拟为××工程有限公司叙做中长期应收账款融资业务。此次中长期应收账款融资业务是指针对××工程有限公司承建的××科技园康乐路、富临路、临港路、规划一路、规划二路、惠民路路网项目等系列道路改造工程产生的合格中长期应收账款，经过××高新技术产业开发区财政局与××投资控股有限公司审核确认，银行向××工程有限公司提供融资，由××投资控股有限公司确认按照还款计划按时进行财政资金的拨付，归还银行融资资金的贸易融资业务。

　　银行拟为××工程有限公司设计中长期应收账款融资业务总的授信敞口

为 6500 万元，循环使用。进行融资的应收账款必须是经过银行认可的合格应收账款。××工程有限公司在银行开立监管账户，××投资控股有限公司按照还款计划将资金划拨至××工程有限公司的监管账户。

（四）此次应收账款融资业务将为××工程有限公司和银行双方带来丰厚的收益

1. 将为××工程有限公司带来以下益处：

（1）通过该业务方案的设计，明确财政、××投资控股有限公司的各方责任，敦促资金安排和拨付；

（2）促进××工程有限公司合理安排和使用信贷资金，避免由于资金流动性压力导致业务发展受到影响。

2. 给银行带来的收益如下：

（1）通过以政府财政应付已完成项目城建资金款项为背景开展中长期应收账款融资业务，改变了以传统信贷业务参与城市建设项目的方式，调整了银行信贷和产品结构。

（2）应收账款融资业务进一步明确信贷投放用途，改变单纯以财政过桥形式进行信贷投放的方式；同时，也通过带有财政背景的资金拨付计划进一步确认未来的还款安排。

（3）增加银行总体收益，同时调整了收益结构，增加中间业务收入。应收账款融资业务在保持正常利息收入的同时增加如贸易融资额度管理费等中间收入，使银行收益和风险能够得到合理的配置。

（4）依托××高新区财政较强的经济实力，通过财政确定并将应收账款具体纳入还款计划，缓解和缓释银行存量信贷风险，保证银行信贷资产质量。同时，银行和××工程有限公司已经达成合作意向，使银行相对其他银行获得业务合作的优先权；有利于银行与××高新区财政局、××工程有限公司、××投资控股有限公司加强战略合作，在保持同业中领先地位的同时继续得到政府和财政的支持。

六十六、如何进行还款来源分析

第一还款的资金来源为销售收入，这是最可靠的资金来源。第二还款的资金来源为企业的其他资金来源，包括应收账款的回款（须准确地知道资金的回款时间）。

（一）申请人自身还款来源分析

根据对授信申请人行业情况、经营管理情况、财务状况的分析，判断借款申请人的还款来源是什么，是否具备按期、足额还款能力。

1. 经营活动现金流还款。

（1）申请人营业收入产生的经营活动现金流是首要还款来源。应审查客户收入规模和收入转化为现金的能力，判断经营活动能否产生持续、稳定、足额的现金流，对偿债能力作出合理估计。

（2）对以特定经营活动现金流作为还款来源的授信，应分析该还款来源的充分性和作为还款保障的可靠程度。如保理业务，应在简要介绍买方客户经营财务状况的基础上，分析其是否具备按期、足额支付货款的意愿和能力。订单融资、供应链买卖方融资等特定业务操作模式项下授信，应分析了解申请人交易对手的资信状况、付款记录及付款实力等。

2. 筹资活动现金流还款。

筹资活动现金流还款主要包括从其他银行、股东或其他企业借款偿还，通常为辅助还款来源。要重点关注客户资信状况和融资能力是否出现不利变化，融资渠道是否保持畅通，以此作为主要还款来源的企业大多表面上履约情况正常，实际资金链较为紧张，应引起警惕。

3. 投资活动现金流还款。

投资活动现金流还款主要以变卖固定资产、无形资产、所持股权、交易性金融资产等所得款项还款。要重点了解还款来源的可行性和变现难易程度。此还款来源将对企业未来持续经营产生较大影响，为非常规手段，不应成为主要还款来源。

（二）其他还款来源分析

1. 判断保证人是否具备担保能力和代偿意愿，能否在授信申请人违约的情况下及时偿还银行授信资金，识别保证担保存在的风险点。

2. 判断抵（质）押担保对银行债权的保障程度。

3. 除保证、抵押、质押等法定担保方式外，还应关注授信是否具备其他途径的还款保障，如股东代偿承诺、核心厂商回购协议、出口信用保险项下赔款转让协议等。根据具体协议约定内容及相应配套操作安排，结合实际交易情境，分析此类还款来源的可靠性和有效性，判断能否发挥有效的风险缓释和抵补作用。识别其中存在的风险点，判断调查人员提出的风险防范和控制措施是否有效。

（三）还款方案分析

1. 本次授信客户是否提出明确、合理的还款计划，判断该还款计划是否与客户经营及现金流状况相匹配。

2. 对于银行负债规模高，偿债压力大的企业，可提出分次提款和分次还款的建议。

【案例】 ××包装制品有限公司订单融资案例

（一）企业基本概况

××包装制品有限公司注册资本 1500 万美元，公司主要生产和销售易拉盖、PET 容器，从事盛装食品饮料用铝制和铁制包装容器及各种易拉盖、未经涂层的铝制和铁制卷、片料、食品饮料用塑料瓶盖的批发等业务，公司拥有年生产易拉盖 30 亿只的能力。

（二）银行切入点分析

1. 优劣势分析。

（1）优势：

××包装制品有限公司所属的××包装集团有限公司是国内最大、亚洲第二的金属包装制品集团，具有明显的品牌优势、规模优势、市场占有率优势、品种结构优势、技术人才优势和科研开发优势。该企业经营状况稳定，管理能力较强，财务状况良好，具有较强的融资能力和还款能力。该企业产品的生产周期较短，应收账款周转率较高，且应收账款的质量优良，说明企业的收现能力较强。近几年，企业的规模不断扩大，盈利能力不断增强，发展势头强劲，具有较强的短期偿债能力。

（2）劣势：

①生产成本的控制。受生产原料铝的成本价格波动、电力依然紧缺、石油煤炭人力资本和储运物流价格持续上升、生产条件和环保要求日益严格及国际汇率和反倾销的影响，未来金属罐盖生产成本的比较优势逐渐下降。

②人才资源的储备。人才短缺制约了金属包装业的进一步发展。企业自主研发能力、科技创新能力、创立自主知识产权的品牌产品的能力还不够强。因此，要实现从价格竞争走向品牌和服务的竞争，实现规模化、集约化整合

并重组联合竞争，从而使自身企业向"专、精、特、新"方向发展以逐步和国际化接轨仍面临挑战。

③本笔授信担保方是关联公司，且关联方与银行也在申报授信，缺乏足值、有效、可变现的实物资产抵押。

2. 授信风险分析及防范措施。

（1）经营风险。管理层有十多年的金属包装行业生产销售经验，在国内市场占有率高。借款人设备先进，产品质量过关，企业获得 ISO 9001 质量体系认证。借款人与多家规模较大的制罐企业存在配套合作关系，主要原材料铝的价格大幅上涨，除造成企业的盈利空间变小外，其他方面影响较小，企业经营业绩尚可。

（2）市场风险。时至年末，若干节庆日的到来，促使食品饮料市场的需求加大，因此该公司的生产也进入销售旺季。该企业已承接多家企业包装用金属盖订单。为保证充足的货源，必须及时购置生产用原材料，该笔授信主要是用于补充主要生产原材料铝及涂料等采购所缺的生产用流动资金，资金用途明确，贸易背景真实。该笔授信的主要风险点在于企业产品的销售市场及销售货款是否按时回笼。从借款企业自身看，其资产规模较大，实力雄厚，具有一定的还款能力。同时，该公司的主要客户多为省内外较知名的食品饮料生产厂家，信誉良好，货款回笼有保障，银行将指定部分货款回笼至银行账户，用于到期银行承兑汇票的对外支付。

（3）关联企业间开票风险。借款人主要生产原材料为铝，铝的材料成本占单位产品成本的 85% ~ 90%，为了节约成本，提高竞争力，企业约有 1/5 的原材料委托关联企业统一采购，造成部分银行承兑汇票的收款人为关联企业。为了确认此类贸易的真实性，规避风险，要求客户在出票时提供增值税发票及相关采购合同，同时要求关联企业在收到银行承兑汇票且将银行承兑汇票背书给原来材料供应商后，30 个工作日内将背书后的银行承兑汇票复印件传真至银行。

针对以上风险点，银行在授信过程中的防范措施归纳如下：

①此次额度使用前完善各项法律手续，做到资料完整，内容真实，从根本上控制风险，使银行在与该公司的合作中处于主动地位，确保银行权益，防止操作风险。

②严格审查贸易背景的真实性，防止政策风险；同时企业必须提供借款人和上游供货商的购销合同、发票等手续。

③为加强合作和控制风险，配合此项业务的贷后检查和客户维护，要经常性地深入企业，了解企业动态，加强贷后管理和深入合作力度。

④将新闻和报刊等作为辅助工具，及时了解国家政策和行业动态，密切关注金属包装制品的价格及市场行情，特别是主要产品成本铝的市场价格波动情况，随时掌握公司与上下游客户结算方式的变化，关注公司整体抗风险能力，有利于发现问题及时采取措施。

供应渠道分析			
	前三名供应商（按金额大小排名）	金额（万元）	占全部采购比率（%）
1	××铝业	9240	28
2	××泰达	3960	12
3	CMPG	2970	9

公司生产用原材料主要有铝材、涂料等，其中铝材料的用量占主要原材料用量的85%~90%，付款方式采用货到付款、预付货款、开立银行承兑汇票或背书转让银行承兑汇票等多种方式，尤其是近年铝材涨价后，该公司仍能凭借与供应商良好的业务合作关系使用银行承兑汇票的优惠方式付款，减少现金支付压力、降低财务成本

销售渠道分析			
	前三名销售商（按金额大小排名）	金额（万元）	占全部销售比率（%）
1	××金制罐有限公司	12800	33
2	××洋制罐有限公司	12000	31
3	CPMC	4200	11

产品质量要求严格，销路稳定，从货款收回安全性考虑，主要承接国内较知名的食品饮料生产厂家的包装订单，下游客户付款方式主要采用现款或银行承兑汇票方式支付；占比较大的两家客户是全国前五名的金属包装容器生产厂家，上述企业付款资信良好，产生坏账的可能性较小

（三）银行授信方案

本笔贷款主要用于企业采购金属铝及其他生产原材料，根据该公司年度采购量计划销售量测算，申请人原材料采购费用在3.5亿~4亿元，其中进口量1000万美元左右，银行授信3800万元与企业生产规模相匹配。

银行授信资金专项用于申请人向上游供应商采购原材料，在确认借款人采购合同与发票金额后，贷款资金直接转入供应商账号，以此锁定贷款用途；同时，借款人在使用银行授信资金前，银行要求申请人与实力较强、应收款回笼较好的下游客户约定将相应的货款打入银行账号（在购销合同中注明或在合同后附加承诺函约定银行为货款回款唯一账号），通过对借款人上下游整体资金流的约束来控制风险。

授信方案					
额度类型	公开授信额度		授信方式	综合授信额度	
授信额度（万元）	3800.00		授信期限（月）	12	
授信品种	币种	金额（万元）	保证金比例（%） 期限（月）	用途	收益
①流动资金贷款	人民币	1000.00	0　　　　　12		
②银行承兑汇票	人民币	2800.00	30.00　　　　12		
授信性质	新增	本次授信敞口（万元）		2960.00	
担保方式及内容	保证人：××五金制品有限公司				
1. 授信前落实合法有效的董事会决议和担保方连带责任保证 　2. 银行授信资金使用前，要求借款人落实其下游销售商将对应使用授信资金所产生的销售回款打入银行指定账户					

【点评】

　　本笔授信属于典型的订单融资案例，银行借助优质的订单给中小企业提供融资，锁定现金回流账户。由于可以有效锁定还款资金来源，银行融资风险较低。

　　本笔授信的优势在于通过贸易链条捆绑了借款人与上游供货商，具有真实的贸易背景，借款人集团公司实力雄厚，是国内行业龙头，发展潜力巨大，通过授信不仅能产生贷款利息收入，同时对企业国际结算、贴现业务的营销有利，也能为银行带来较可观的中间业务收入和部分存款沉淀；预计集团公司上市后规模将得到进一步提升，银行将可获得部分上市资金存款，整体效益显著，预计该笔授信能够派生存款3000万元以上，年利息收入50万元。总体来说，本次授信属于贸易链项下融资，具有真实贸易背景，企业自身生产经营状况较好，实力较为雄厚，盈利能力较强，上下游客户结算情况良好，能够产生正常的现金流入，第一还款来源有保障，且行业发展趋势良好，在风险可控的前提下，本笔授信使用后能给银行带来较为可观的收益，达到银企双赢的效果。

六十七、如何进行授信担保分析

银行的授信风险不可以完全消除，通过担保和抵押的手段仅是将风险降低到可以容忍的程度，完全地消除风险并不现实。

只要风险可以容忍就可以提供信贷，没有任何风险的项目并不存在。不必要过度强调项目的风险，如果收入足够高，又可以通过多个项目的大数概率认为项目的风险可以承受，可以用收入弥补风险。其实，不但担保和抵押品可以作为风险控制的手段，银行的定价也可以作为风险缓释的手段。当你的定价足够高，通过项目本身的结构设计，完全可以控制风险。

> 商业银行就是在经营风险的过程中创造价值，基本没有任何风险的项目，其实并不值得去做。例如，某机构的 10 亿元项目贷款，没有任何风险，但是基本没有收益。这种项目并不值得去做，也不值得炫耀，属于闭眼睛放贷款的项目。

担保分析是根据国家法律法规和银行内部管理制度的要求对授信担保安排进行审查，判断授信担保在合法合规、充足有效等方面存在的风险，包括担保分析的原则、保证担保分析和抵（质）押担保分析等。

（一）担保分析的原则

1. 在担保分析过程中，应对不同的保证人、抵（质）押物分别进行分析。

2. 回购担保虽不属于规范的担保方式，但在其中作为保证人录入，因此纳入保证担保分析的范畴。

3. 对保证人的分析既要分析其担保能力，也要分析其代偿意愿。

4. 对抵（质）押物的分析既要对抵（质）押物的当前价值进行静态分析，也要对其未来变现能力进行动态分析。

5. 对首次授信客户的担保安排应进行全面分析；对于叙做业务的担保安排，应侧重分析保证人和授信抵押物在前次授信期间的变化情况。

（二）保证担保分析

1. 保证人担保能力审查。

（1）如保证人为法人，应对担保人进行行业分析、经营管理分析和财务分析；如保证人为自然人，应说明保证人姓名、身份证号码、与申请人关系、主要学习及工作简历、个人征信记录和个人资产状况。

（2）分析保证人与借款申请人在股权、主营业务上是否存在强关联性，并分析其对保证人代偿能力的影响。

2. 保证人代偿意愿审查。根据保证人与借款申请人之间是否存在密切的经济关系，分析保证人提供担保的动机，判断与申请人是否存在互保、连环担保、地方政府强迫担保等行为；分析保证人的信用记录是否良好，包括对自身债务的还本付息记录和保证人履行担保责任的记录。

3. 其他说明。

（1）如保证人为担保公司，应说明相应的反担保措施。

（2）如为回购担保方式，应说明对回购标的物的监管方式等。

（3）如为联保模式授信，应说明联保体在银行的总体授信敞口。

（三）抵（质）押担保分析

1. 抵（质）押物的审查要点。鉴于税款在欠税在前、抵（质）押在后的情况下有优先权①，因此，对抵（质）押物，应要求抵（质）押人提供相应的完税证明。

对货押业务，审查人员应审查货押方案批复机构是否为有权机构。对总行签约监管公司所属机构以外的监管人，应说明其股东背景、财务状况、监管经验和信用记录；对未来货权质押的供货方，应分析其供货能力，如为钢铁行业，还应分析其是否属于银行指定范围内的供货方。

2. 抵（质）押物的登记。对需办理登记手续的抵（质）押物②，审查人员应根据相关的法律法规说明抵（质）押物的登记机关和登记形式。对于抵

---

① 《税收征管法》第四十五条规定："税务机关征收税款，税收优先于无担保债权，法律另有规定的除外；纳税人欠缴的税款发生在纳税人以其财产设定抵押、质押或者纳税人的财产被留置之前的，税收应当先于抵押权、质权、留置权执行。"

② 以房地产抵押的，须到房地产管理部门依法办理登记；以机器设备抵押的，须到工商部门依法办理登记；以车辆抵押的，须到车辆管理部门依法办理登记；以国有划拨土地使用权为标的物设定抵押，须到土地行政管理部门依法办理抵押登记，其他抵押的要依照法律规定办理抵押生效手续。以上市公司依法可转让股票质押的，须到证券登记结算机构办理出质登记；以非上市公司股权质押的，须在股东名册上记载，并须到工商行政管理部门办理出质登记；以票据或债券质押的，出质人要按照相关规定背书记载"质押"字样；以省级人民政府批准的公路收费权质押的，须到省级交通行政管理部门和当地人民银行一并办理登记；以应收账款办理质押的，应在人民银行征信中心的应收账款质押登记公示系统进行质押登记。

押物，还要说明银行办理抵押登记的顺位。

3. 抵（质）押物价值分析。

（1）说明抵（质）押物的名称、数量、购买原值、地理位置、储存和保管难度，抵（质）押物的成新率/折旧率，抵（质）押物的价值变动趋势（看涨、看跌、平稳）。

（2）抵押物价值的确定是否合理。抵押物是否经过银行认可的、具备资产评估资格的评估机构评估或预评估，评估基准日是否接近抵（质）押时间，评估（预评估）报告是否在有效期内，判断评估方法①是否合理。必要时，应与市价法、迅速变现法等评估方法的估值结果进行比较，防止不当的评估方法高估抵押物价值。以国有划拨用地使用权抵押的，要扣除土地出让金后确认价值。

（3）质押物价值的确定是否合理。对于有明确市场价格的质押品，如国债、上市公司流通股②、存款单、银行承兑汇票、货押业务的押品③等，其公允价值即为其市场价格，其中以外币存单质押的，要按签订抵（质）押合同前一日或当日汇率中间价折算后确认价值；以非上市公司股权质押的，要按上年末每股净资产确认价值。

（4）特殊抵（质）押物的风险因素。

①抵押房地产已列入拆迁（征用）范围，要了解可能收到的赔偿价款，将其作为变现价值的重要依据，可考虑将拆迁赔偿款专户纳入银行管理；拟抵押房地产具有其他法定优先受偿权的，审查是否已从评估价值中扣除了由此可能产生的相关支出和费用。

②以在建工程抵押的，抵押物包括该建设工程的土地使用权、建设过程中逐渐形成的财产及最终形成的财产，审查时，应动态分析抵押物的价值。房地产抵押合同签订后，土地上新增房屋和在建工程不属于抵押财产，应要求及时办理新增房屋和在建工程的追加抵押手续。

---

① 参见国家标准《房地产估价规范》。

② 质押股票市值＝质押股票数量×前七个交易日股票平均收盘价。

③ 货押业务质押货物价格确定方法：取进货发票价格与市价按孰低值；企业自产商品，取不含税的成本价与出厂价孰低值；如果处置质物需要补缴税款，商品购入价应按不含税价格认定；无须补缴税款的，国产商品的购入价可以按包含增值税的价格认定，进口商品的购入价按其进口完税价格加上进口关税、进口环节其他税收后的价格认定；购入价原则上不包括铁路运输、沿海运输或多式联运的运输费用。确定价格时，必须充分考虑过往三年内价格变动情况、市价合理预期变动及技术进步、产品更新换代等无形损耗对货物变现能力的影响。

③以现有的及将有的生产设备、原材料、半成品、产品抵押的，应注意抵押物价值具有浮动性，最终价值取决于实现抵押权时的价值，且抵押权不得对抗抵押财产的买受人。

④审慎接受闲置土地使用权的抵押，审慎接受已提足折旧或在贷款期内将计提完折旧、面临报废的固定资产的抵押。

⑤对于存在租赁关系的物业，应分析如下风险点：

a. 租赁情况如何，承租方的经营与物业定位是否一致；

b. 申请人与承租人是否存在关联关系，若存在关联关系，应核实租金水平是否公允；

c. 审查租金的支付方式和支付记录，确认是否存在长期低价出租、申请人已经收取多年租金的情形，是否存在承租人将租金与出租人对于承租人的其他债务进行了抵消的情形；

d. 审查承租人的租赁期限，判断租赁期限是否短于贷款期限；分析承租人在租赁到期后继续租赁的可能性；

e. 审查租赁合同中是否存在损害银行利益的条款，特别注意承租人依法享有的承租权、优先购买权以及其他权利对银行抵押权的限制和影响；

f. 申请人是否存在通过修改租赁合同，另行签订长期、低租金合同或以其他方式恶意对抗银行抵押权的情况；

g. 申请人、承租人是否能够与银行签订三方监管协议，承租人是否同意将租金直接支付至申请人在银行开立的监管账户；

h. 原则上应要求抵押人（出租人）提供已将本次抵押告知承租人的书面文件，同时银行应与抵押人（出租人）、承租人签订协议或者要求承租人出具相关书面说明，确保银行需行使抵押权时不受租赁行为的影响。

4. 抵（质）押率。

（1）原则上不得超过银行规定的抵（质）押率上限。如果超过，应由调查人员详细说明超过的理由。

（2）以按份共有财产办理抵（质）押的，应以抵（质）押人拥有的权利部分计算抵（质）押率。

5. 保险。一般应要求抵押人、动产质押的质押人进行财产保险，保险金额应与抵（质）押物价值相同，如抵（质）押物价值高于授信敞口金额，则保险金额可不低于授信敞口金额加 3 个约定的计息周期的利息；保险的有效期应至少长于授信到期日后的三个月；原则上银行要为保险第一受益人，由于保险机构提供的保险产品的原因或其他原因使得保险的有效期不能满足前款规定的，应要求抵（质）押人承诺保险到期时必须进行续保。

6. 抵（质）押物变现能力分析。抵（质）押物的变现能力是指银行在实现抵（质）押权、处置抵（质）押物时，抵（质）押物转换为现金的能力。对于变现能力应重点分析：

（1）抵（质）押物的通用性及市场需求。抵（质）押品的用途越专业，变现能力越弱；市场敏感性越强，变现风险越高；此外，抵（质）押品单体价值的大小、地理位置的优劣、可分割性、可控性、成熟度等特点，对抵（质）押品的变现价值都有较大的影响。

（2）出售、交易的难易程度。一般情况下，抵（质）押品的变现时间越短，变现折扣越高，则其变现能力越强，反之则较弱。

（3）银行对处置所得是否有优先受偿权。如银行是否第一顺位抵押；是否触及《海商法》《物权法》《企业破产法》等法律中抵押权人不能优先受偿的条款；是否属于无法交易的押品，如限制流通物虽然可以设定抵押，但变现时不能自由买卖，需按照国家有关规定的处置流程和条件办理；如部分居民住宅房产可作为抵押物，但根据《最高人民法院关于人民法院民事执行中查封、扣押、冻结财产的规定》，被执行人及其所扶养家属生活所必需的居住房屋，人民法院可以查封，但不得拍卖、变卖或者抵债。

（4）变现费用。预测抵（质）押品处置时变现费用，是否要支付高额处置成本，是否需要扣除法定优先受偿权支付金额及拍卖处置的税费等，主要包括押品在入账评估前可能已抵押担保的债权金额，破产企业处置不动产时可能需支付的职工工资和福利费、国家税款，土地使用权应缴纳的使用权出让金，在建工程可能存在的发包人拖欠承包人的建筑工程价款、应交未交的各种政府行政事业性及资源性收费，司法环节的诉讼费、执行费、律师费，拍卖处置环节的评估、拍卖费，交易过户环节的营业税及附加、印花税、所得税、契税等。

【案例】 ××工贸有限公司授信方案（动产质押）

（一）企业基本概况

××工贸有限公司注册资金 1000 万元，公司主要业务范围为玉米收储和销售，经销酒精及饲料。公司上游企业主要为××商事（中国）贸易有限公司，该公司为中日合资公司，是一家有实力、有影响的综合性经营企业，公司主要与××商事（中国）贸易有限公司在上海设立的分公司合作。公司销售玉米的下游客户主要为××生化有限公司，这是一家省政府批准的农业产业化重点龙头企业，年消耗玉米20万吨左右。公司经销酒精及饲料的下游客户则主要集中在北京、天津、石家庄、辽宁、吉林、唐山等地。酒精及饲料销售主要面向二级供应商，销量稳定，客户忠诚度高，产品覆盖面广，市场占用率高。

（二）银行授信方案

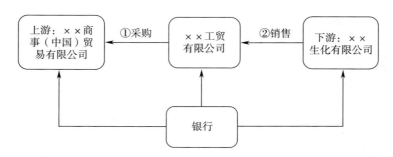

授信方案					
额度类型	公开授信额度		授信方式	综合授信额度	
授信额度（万元）	3000.00		授信期限（月）	12	
授信品种	币种	金额（万元）	保证金比例	期限（月）	利率/费率	是否循环
流动资金贷款	人民币	3000.00	0	12	按总行规定执行	是
贷款性质	新增	本次授信敞口（万元）	3000.00	授信总敞口（万元）	3000.00
担保方式及内容	质押物名称：玉米				

注：担保方式由××工贸有限公司用玉米作为抵押担保。

此次申请的业务品种为流动资金贷款（可串用银行承兑汇票），风险敞口为3000万元，现货质押，质押率为70%。本次授信采用现货质押，银行指定专人负责跟踪质押货物市价变动情况，当质押货物市价下跌幅度超过设定警戒线（10%）时，银行将立即要求申请人保证金或质押物，逾期未补或未补足保证金或质押物的，则要求企业以自有资金偿还银行贷款本息。

（三）风险控制

1. 优势

（1）本次授信符合银行信贷投向政策。

（2）无政策性风险。借款人属于当地龙头企业，有国家政策支持，给其授信，无政策性风险。根据国家新的粮食物流发展规划，粮食行业能得到国家的重视和支持。

（3）资金回款有保障。作为长期经营粮食购销的企业，借款人处于当地行业领先地位，在政策、资源、物流系统、仓储设施等各方面具有优势，收购、运输、销售、仓储各环节都有保障。目前购销模式为以销代购，所以货款回收基本保证。且购买价格与销售价格基本锁定，因此授信的还款来源较有保障。

（4）行业风险低。粮食属于战略储备物资，关系到国计民生，近几年价格一直呈上涨趋势，行业风险低。

（5）综合收益高。本次授信属现货货押业务，50%为保证金。通过此笔业务，可带动资产业务、负债业务、中间业务的全面提高，综合贡献度高。

2. 劣势

（1）利润低。粮食行业的特殊性决定了经营粮食企业必然是微利企业，但企业规模和行业地位决定了企业的运营思路，未来必然有一个大踏步发展的前景。银行与企业开展合作，也是看中了规模效应，通过上规模，求得长期、全面、稳定的银企合作。

（2）粮食收购时间集中度高。玉米的收购时间主要集中在每年10月至次年4月，如收购期开始不能保证收购资金的充裕，将错失市场，影响企业利润。

3. 分析本次授信的风险是否可控及效益与风险能否平衡

（1）市场风险：根据企业历年粮食购销水平和粮食市场的现状，可以判定此次授信的业务背景真实合理；从粮源方面，粮库位于粮食主产区，又因为企业同农民长期合作，价格合理，信誉良好，农民愿意将粮食卖给企业，所以企业能够保证充足的粮源。从下游分析，公司与各地的粮食、酒精和饲料需求商保持良好的合作关系，市场前景良好。

（2）价格风险：本次授信采用现货质押，银行指定专人负责跟踪质押货物市价变动情况，当质押货物市价下跌幅度超过设定警戒线（10%）时，银行将立即要求申请人追加保证金或质押物，逾期未补或未补足保证金或质押物的，则要求企业以自有资金偿还银行贷款本息。

（3）操作风险：本次授信属货押业务，采用现货质押。严格按照总行货押方案批复操作业务，由银行指定机构进行粮食货物监管，能够保证货物安全，更能从根本上锁定风险。同时，银行定期或不定期地按每月 1~2 次的频率对借款人的仓库进行巡查，及时检查质押物数量是否短缺、质量是否变化、出库是否合规。

（4）质押货物风险：本次为货押业务，所质押的货物为玉米，银行对质押物做到"三专"（专人、专仓或专垛、专账）、"四落实"（数量、质量、品种、地点），严格控制质押风险。

（四）相关效益分析

本次与××工贸有限公司建立业务合作，将为银行带来资产、负债、中间业务等全面综合性收益。目前，企业尚处于行业发展上升阶段，一旦此次货押合作成功，将实现银企双赢，为双方合作打下坚实的基础，对于后续双方将业务做大做深具有非常深远的意义。银行认为该笔授信风险可控，综合收益度高，与企业合作未来前景良好。本次授信属现货货押业务，50% 为保证金。通过此笔业务，可带动资产业务、负债业务、中间业务的全面提高，综合贡献度高。

六十八、调查报告评价和授信总体评价

（一）对授信调查报告的评价

1. 上报材料是否齐全、完整、信息充分、前后一致，和书面材料之间是否一致，分析意见是否充分、全面和基本合理。

2. 审查人员将审查中要求重点解释说明的问题以书面形式向调查人员沟通落实，并简述概况过程和结果；对经反馈仍不能达到相关要求的授信项目，审查人员应作出说明。

3. 审查人员是否参与了平行作业及其相关参与情况。

4. 审查人员对调查报告进行评分后，将自动生成评分结果。

（二）对授信的总体评价

1. 综合归纳本次授信的优势和风险点。

2. 对本次授信的风险是否可控，以及收益与风险能否平衡作出明确的判断，提出明确的授信审查审批意见、放款前必须落实的前提条件、授信叙做和授信后管理的相关要求。其中：

（1）对审查否决的项目，全面总结否决原因（包括在合规性、行业、经营、财务、担保等部分已经揭示的风险），并逐条列示。

（2）对审查同意的项目，揭示其存在的主要风险隐患，提出具体和有效的防范、控制措施；需要缩减额度或者增加授信条件的，应说明具体原因。

（3）对贷新还旧、展期、重组类项目，可根据具体情况参照以下格式明确审查结论：

①鉴于借款申请人无力一次性偿还对银行的债务，通过法律手段也不能有效清收，该申请方案风险敞口较现状有所减少，为保全银行信贷资产，在先归还本金××万元，不欠利息的条件下，同意贷新还旧/重组/展期××万元。

②鉴于申请人到期无力偿还银行债务，总行/分行保全部出具了专业的贷新还旧/重组/展期意见，为化解风险、最大限度保全资产，同意按上述方式授信。

【点评】

好的授信调查报告就是一篇优秀的议论文，观点清晰、论据充分、论证严密，对借款人的经营状况进行真实、合理、简洁、有效的分析，让审批人员可以清晰地通过信贷调查报告分析，得出借款的真实经营状况评价。

六十九、审查报告撰写及复核要求

审查报告是审查人员在完成上述分析的基础上出具的记录审查过程和结果的报告。

审查人员负责有关数据的审核，包括客户名称、组织机构代码、号、行业类型、行业补充分类、股东信息、股权投资情况等。其中，重点数据项有：

1. 客户评级与评级推翻。客户评级包括申请人和保证人评级。

（1）具备模型评级条件的客户必须进行模型评级。审查人员须在"客户评级"部分核实客户经理是否依照最新的年报进行评级，核对无异议后，进行模型评级。如果本年度内进行过评级，则直接选择"评级引用"；如果本年度首次评级，则选择"正式评级"。审查人员应对客户评级中的定性信息进行严格审核，如发现客户经理录入的定性信息不符合要求，可修改调整，重新进行评级。模型评级后，审查人员结合其他情况判断得出主观认为合理的评级结果，如与模型评级结果不一致，需阐述原因。

（2）如果客户不具备模型评级条件，则由审查人员依据专业经验及客户评级核心定义直接确定信用评级。

2. 债项评级。债项评级是指对银行法人客户授信业务的预期损失程度的评估，分为 12 级。

债项评级分为一般债项评级和专业贷款[①]评级。专业贷款评级须通过专业贷款评级模型/打分卡直接测算，如同一笔授信申请或批复的暴露分类包含多种专业贷款类型，则须对不同类型的专业贷款分别进行专业贷款评级。

审查人员在进行债项评级时应判断担保安排是否属于以合格的抵（质）押品、净额结算、保证和信用衍生工具等方式转移或降低信用风险。

3. 风险分类。审查人员须在客户经理"风险分类"的基础上，参照信用评级映射的分类，按照风险分类的核心定义得出分类结果，若映射分类与分类结果不一致，应说明调整原因。

如为次级类以下贷款，则需对调查人员计算的预计损失金额和预计损失率进行复核。

在风险分类过程中，对具有较高信用评级从而映射分类相应较高的授信，应对照核心定义判断是否需要调整，避免出现简单使用映射评级结果造成风险分类与实际风险程度严重偏离的现象。

---

① 专业贷款是指公司风险暴露中同时具有如下特征的债权：债务人通常是一个专门为实物资产融资或运作实物资产而设立的特殊目的实体；债务人基本没有其他实质性资产或业务，除了从被融资资产中获得的收入外，没有独立偿还债务的能力；合同安排给予贷款人对融资形成的资产及其所产生的收入有相当程度的控制权。按照上述三个原则，如果存在：（1）公司除融资形成资产产生的现金流外，其自身还有其他业务或资产可创造足以偿还银行融资的现金流；（2）银行对融资形成资产和现金流控制力度较弱、无法保证其现金流会被用于偿还银行融资；（3）低风险业务。以上情况所对应的债项不应纳入专业贷款范畴。

额度类型	1. 额度类型分为公开授信额度和内部授信额度
授信方式	2. 授信方式分为单笔单批额度和综合授信额度。对单笔单批额度，将额度类型默认为内部授信额度；对综合授信额度，应正确区分是公开授信额度还是内部授信额度
授信额度	3. 对授信方式是综合授信额度的，应确保授信额度等于各授信品种的金额之和
授信品种	4. 按照对授信品种的分类填写授信品种，对没有列明的授信品种，需用"其他授信品种"代替，但应在授信批复的备注项内作出具体说明
期限	5. 综合授信项下具体品种的期限不得长于授信额度的期限
利率/费率	6. 应填写"按银行规定执行"，如果有特殊要求，不能按照银行规定执行的，直接填写利率/费率的具体数值
串用说明	7. 对允许串用，且串用符合银行规定的，应填写"按银行规定串用"；对允许串用且串用不符合银行规定或银行规定不明，以及限定串用范围的授信品种，应具体说明如何串用，一般选用"可串用为……""仅可串用为……"对不许串用的，则应明确填写"不可串用"
本次授信敞口	8. 本次授信额度扣除保证金之后的余额，贷款意向函、理财信用风险限额的授信敞口为零
授信总敞口	9. 本次批复生效后，该客户在银行所有有效批复的授信敞口之和
担保方式及内容	10. 对混合担保的，应分开不同担保方式，分别填写；对保证担保的，应明确具体的保证方式，如填写"××公司提供连带责任保证担保"等；对抵（质）押担保的，应明确抵（质）押物名称、抵押人（出质人）名称和抵（质）押物明细项目（权证号、面积、位置等）；对于仓单质押，应明确质押率，如"申请人以其自有的××公司出具的××仓单提供质押担保，质押率不超过××%"；动产质押，应明确质押率，如"申请人以其自有的，由××公司监管的××现货动产提供质押担保，质押率不超过××%"；对股票质押，应明确股票质押警戒线和平仓线对应的股票价格；对多种担保方式同时提供担保的，应明确是共同提供全额担保还是按比例分割担保等
备注	11. 不属于授信前需落实条件和授信要求，但需要提示和说明的事项在此填写，如本笔授信纳入（额度集团）××有限公司在银行的授信限额管理、本批复抄送/抄报总行××部、××分行

七十、授信前需落实的条件

银行可以将很多在授信前期不容易确定的事项，设定为在授信批准放款前的落实条件，往往这些条件并不构成对借款人的经营还款能力判断的障碍。只是，如果借款人配合银行完成了很多烦琐的手续，一旦项目被否决，借款人的成本就会较高。

1. 由于客户方面的原因，授信申请人及担保人有权机构出具的同意向银行申请授信或提供担保的决议、公章和法定代表人的签字样本等合规性资料在授信审查审批阶段难以提供，可在"授信前需落实条件"中注明"授信启用前须提供申请人／保证人／抵（质）押人有权机构（有权人）出具的同意向银行申请该笔授信的相关资料，确保银行债权合法有效"，要求在放款审核环节提供。

2. 为保证授信的合法合规性，在审查要点中发现应予落实但在审查审批阶段尚未落实的条件，应在"授信前需落实条件"中明确，包括房地产开发贷款的"四证"、新开工项目的"八项条件"等，如"申请人××项目立项、用地、环评等前期审批手续齐全有效，方可启用本批复"。

3. 抵押、质押方面的要求，如"按监管部门和银行相关规定办妥抵押物评估、登记、保险等相关手续"。

4. 对于混合担保，明确"在保证合同中约定银行抵押权的实现和对保证人的追索不分先后顺序"。

5. 对每年重新审批的三年期综合授信。

（1）该额度项下具体业务最长合同期限不超过 12 个月。

（2）为有效控制银行授信风险，在综合授信协议中至少补充以下内容：

①银行有权随时终止该循环授信额度。

②授信额度每一年期满后（自授信额度启用之日起），申请人接受银行的年度重检安排，银行有权根据申请人的包括但不限于财务状况、经营实际、政策变化、外部环境的变化等情况调整授信额度、授信期限、担保方式或终止授信及提前到期。

（3）上述条款经银行法律合规部门审核同意后方可签订综合授信协议。

6. 其他应在授信前落实的条件。

7. 授信要求。针对授信项目的具体特点，在此部分明确在授信叙做、授信后管理中的个性化要求，对于银行相关制度已有明确规定的一般性要求则无须重复。授信要求的表述要准确、简明扼要，包括以下七个方面。

（1）贷款用途的约定。

①对于流动资金贷款，明确"按照《银行流动资金贷款管理暂行办法》及有关规定执行"。

②对于固定资产贷款或项目融资，要求"本笔授信专项用于××建设，并按照《银行固定资产贷款/项目融资管理暂行办法》及有关规定执行"。

③对过桥贷款，明确"××事项完成后应即归还银行贷款"。

④对信用证业务，明确"进口开证授信仅限于额度内开立即期信用证/或90天以内远期信用证，信用证受益人限定为××"，"进口开证授信和进口开证押汇额度仅限用于申请人自身/代理××公司/代理××集团下属企业进口××产品/××设备/购买生产经营用原材料"，"国内信用证开证授信仅限于额度内开立即期信用证/或90天以内远期信用证"，"国内信用证开证授信及买方押汇额度仅限用于申请人采购××产品/××设备/购买生产经营用原材料，信用证受益人限定为××"。

⑤对船舶预付款保函，明确"仅限用于为××与××公司签订的船舶建造合同（合同编号为××）项下××船（船舶编号为××）开立预付款保函，在建船舶具备抵押条件时须办妥在建船舶抵押登记，申请人须投保船舶建造险，并指定银行为第一受益人，买方将预付款全部汇入银行账户"。

（2）分期还款的要求。如"本次贷款实行分期还款，贷款发放后前××年为宽限期，第××年归还贷款本金不少于××万元……贷款到期结清全部本息；若不能全额提款，按上述分期还款金额占全部贷款比例制订分期还款计划"。

（3）贷款的要求。如"银行具体贷款条件不低于××银行于××年×月×日出具的《××银团贷款信息备忘录》中所列条件，银行贷款金额不超过××万元，且承贷比例不超过××%；银团筹组成功，且相关贷款条件和合同协议等经分行风险总监审批同意后方可启用本授信"。

（4）转授权使用的要求。如"转授权下属公司使用时须按照银行相关转授权办法执行"。

（5）无在先抵押的要求。如"申请人出具书面承诺，至少明确以下内容：该项目所形成固定资产在本笔授信未结清之前不得设定在先抵押权，即不得抵押给任何其他第三方"。

（6）报备的要求。如"要求经办行就贷款期限超过 10 年事项向当地银监局报备""要求经办行就申请人对外股本权益性投资已超过其净资产总额的 50% 事项向当地银监局报备"。

（7）单笔单批额度分次签订合同。如"本笔授信可分次签订××合同"。

七十一、审查报告模板

除固定资产贷款（含项目融资）、房地产开发贷款、经营性物业抵押贷款外，授信审查报告应按以下要求进行撰写，并在规定的时限内提交复核。固定资产贷款（含项目融资）、房地产开发贷款、经营性物业抵押贷款应执行专项指引提供的审查报告模板。

审查人员应按以下模板提示的要求，根据授信项目的具体特点撰写审查报告各部分内容。审查人员完成报告后，应删除模板提供的提示性语言，在行业分析、经营管理分析和财务分析部分可选取有价值的分析点来撰写，避免出现用问答式的"有"和"无"；对于适于列表说明的事项应列表说明。

审查报告模板格式：

审查要点	（一）对审查要点结果进行说明 1. 通过审查，应按如下格式进行表述："本人已按规定对本项目进行了审查要点，经审查，本项目在资料完整性、产品准入、担保准入等方面符合相关规定"； 2. 如果合规性方面存在问题，可按如下格式进行表述："本人已按规定对本项目进行了审查，经审查，本项目在资料完整性、产品准入、担保准入等方面存在如下问题：……"
授信沿革及授信用途	（二）授信沿革 1. 说明申请人在银行该笔授信属于首次授信、叙做授信、追加授信、展期、贷新还旧、重组、额度重启或复议的哪一类。 2. 叙做业务需说明的内容。 （1）说明申请人在银行授信沿革情况，重点分析最近一次授信批复情况（至少应包括批复时间、终审机构、授信额度、授信敞口、业务品种、期限、用途、利费率、保证金、担保方式、授信前提条件、授信要求）、当前授信余额、未使用授信额度、债项评级状况。 （2）简要评价通过授信后检查报告、平行作业、授信回访等渠道了解到的存量授信执行情况和客户风险状况，说明是否银行低质量客户和特别关注客户。 （3）对集团客户授信，判断集团客户的认定是否合理，说明已核定的集团客户授信限额和可用限额，各成员单位的授信品种、额度及余额。 （4）对贷新还旧、展期、重组类授信，说明本次授信的原因。 3. 复议项目需说明的内容。

续表

授信沿革及授信用途	说明上次授信批复的时间、内容，及本次申请复议事项及复议原因或理由，如上次批复为否决项目，说明否决理由。 4. 授信用途。 （1）本次授信的实际用途。对于单笔单批授信，用途描述应明确具体，应说明交易背景、合作记录、业务模式等情况，重点关注授信调查人员是否提供交易合同或协议等相关资料证明。 （2）对于循环授信额度，应说明额度内具体业务的授信用途和交易背景等情况。如申请人未提供具体交易合同或协议，可根据其以往经营业绩及授信期间内的经营计划，分析实际资金需求，并判断用途的合理性。 （3）如为银团贷款，须说明银团贷款的组成情况，包括：银团牵头行、参加行、贷款总额、期限、利率及其他收费（可包括安排费、承诺费、代理费等）、财务约束条款和其他约束条件。 （4）如为重点客户，说明本授信由本部使用还是授权下属公司使用。如授权下属公司使用，说明下属公司的经营状况和授信用途。 （5）需要银行相关部门就授信方案出具专业审查意见或批复的，简要介绍专业意见或业务方案的主要内容，注明有权批复机构和批复编号。 5. 授信额度。 （1）说明本次授信申报的授信额度和具体业务品种。 （2）对于流动资金贷款，按照《银行流动资金贷款管理暂行办法》的规定估算营运资金需求量和新增流动资金贷款额度，并简要列明计算过程，若估算结果与申报方案出现较大差异，审查经营单位是否作出相关解释、解释是否合理。 （3）对于其他授信品种，应结合基础交易背景、客户实际需求及偿债能力等情况合理确定授信额度。 6. 授信期限。 授信期限是多长时间？是否与客户的生产经营周期相适应？如存在差异，应说明原因。
行业分析	（三）行业分析 1. 说明对调查人员填报的"国标行业门类/大类""行业分类""国标实际投向""投向补充行业分类""银行投向大类"等数据项的审核结果。如属于中小企业部管辖客户，应予以明确。 2. 说明外部行业准入审查结果。对照国家相关规定，判断授信申请人是否符合准入条件，判断授信申请人主要工艺、设备、产品是否属于国家《产业结构调整指导目录》的限制类、淘汰类；对焦炭、焦化、炼油、水泥等实行名单制管理的行业，还应判断授信申请人是否列入国家主管部门准入名单之内。 3. 说明内部行业准入审查结果。依据授信实际投向行业，引述《银行大中型企业信

续表

行业分析	贷投向政策》、区域营销指引等文件对该行业和授信申请人的相关规定；对公共管理、房地产、土地储备、钢铁等实行名单制的行业，还应判断授信申请人是否列入名单之内。判断是否为行业投向政策例外客户，如为政策例外客户，说明政策例外的原因，判断是否符合政策例外的准入标准。 4. 对该行业从所处产业链、成熟度、基本特征、主要经济指标、技术状况、规模经济效应、集中度、竞争结构等方面进行分析。 5. 归纳授信申请人的行业分析结论。总结在行业所处产业链、成熟度、基本特征、主要经济指标、技术状况、规模经济效应、集中度、竞争结构分析中该行业的主要风险点和客户的优劣势。 6. 录入行业专家意见的主要内容。 7. 其他应分析或关注的问题。
申请人经营管理情况	（四）股东背景和集团客户分析 1. 分析客户的股东构成和股东的属性（控股股东、战略投资者、财务投资者、小股东等），股东与企业之间有无业务联系。 2. 对于集团客户，要深入分析与股东、其他关联公司之间的关系，了解客户在整个家谱树状图中所处的位置，明确实际控制人，分析其经营策略和战略规划对客户经营与还款能力的影响。 （五）经营许可分析 1. 说明申请人的主营业务范围，判断授信用途是否在经营许可范围内。对于煤炭、有色金属开采、成品油经营、外贸进出口等客户判断是否按规定取得相关业务许可或权证，经营许可有效期是否覆盖银行授信期限。 2. 如授信投向用于新建、在建项目，说明项目的合规性手续是否齐全。对不符合国家节能减排政策规定和国家明确要求限制、淘汰的落后产能违规在建项目，不得提供任何形式的新增授信支持，对违规已经建成的项目，不得新增任何流动资金贷款。 3. 通过全国法院被执行人信息查询系统等途径，审查客户及其重要关联企业是否存在诉讼、重大商业纠纷。如有，请具体列示，并作出风险分析。 （六）经营管理情况分析 1. 行业地位：是（当地）行业龙头，中型追随者，还是小企业；主要产品的市场占有率。 2. 技术水平、设备状况：与同业先进水平相比的差异是什么。 3. 产品特性：产品质量与技术先进性如何，与同业产品相比差异是什么，产品品牌的知名度如何，产品销售半径，影响生产成本的主要因素是什么，产品处于生命周期的哪个阶段（进入、成长、成熟和衰退），产品的替代性如何，结合前述行业分析，判断申请人的经营状况及产品特性是否与其所处行业特点吻合，如不吻合，分析具体的原因和风险。

申请人经营 管理情况	4. 产品销售：近三年的销售增长情况，对主要销售渠道是否有控制能力，是否有长期销售合同，销售的结算方式是否稳定，是否易受汇率波动的影响，客户集中度和地区集中度是否太高，是否受运输能力影响。 5. 原料供应：行业内代表性产品的主要原材料成本的构成，对主要原料供应商和定价是否有控制能力，是否有长期供货合同，是否易受汇率波动的影响，是否受运输能力影响。 6. 业务多元化：主营业务是否突出，主要产品在总销售收入和毛利中的占比情况，产品销售形势、竞争能力和货款回收情况，业务多元化是否有过度扩张的风险。 7. 主要资金需求的解决方式是什么。 8. 管理质量：法人治理结构是否完善，对管理层的基本评价，是否依法合规经营。 9. 有无近期发生和未来将要发生的相关重大事项，对客户经营的主要影响如何。 （七）相关信息查询情况 1. 穆迪查询：申请人及其母公司、下属子公司、担保人为国内外上市公司的，进行信息查询，列示查询结果，并对指标和变化趋势作出风险分析和判断。 2. 风险警示客户、预警客户和其他特殊客户：列示生效的预警信息，对于有"定性预警"信息和"风险警示名单客户"，说明风险预警委员会的相关纪要内容；低质量客户，说明低质量客户压缩方案的主要内容；特别关注客户，说明特别关注客户授信调整方案的主要内容等。 3. 人民银行个人征信系统查询：列示查询结果，对查询异常的事项作出分析和判断。 4. 千里眼及外部查询：列示查询结果，对查询异常的事项作出分析和判断。 5. 环保查询：对"环保信息查询—处罚信息"及其他环保信息查询结果异常的事项作出分析和判断。 6. 通过海关、税务机关等其他渠道查询的信息。 （八）归纳授信申请人的核心竞争优势和存在的主要问题
申请人财务 情况	（九）财务报表的齐全性 1. 审核资料授信时，若发现财务报表提供的不齐全或者未提供会计报表附注，应说明原因；如提供的报表为汇总口径报表，应注意是否存在集团内通过关联交易、相互投资等方式虚增了总资产、净资产、经营规模、利润、现金流量等。如存在前述情况，应作出说明和分析，并判断其实际的资产、经营规模、利润、现金流等，使其与合并报表数据具有可比性。 2. 近三年合并财务报表的编制范围是否发生变化。如有变化，详细说明原因，并对关键财务指标进行调整，使连续三年的财务数据具有可比性。 3. 列示近三年财务报表的编制基础［《企业会计准则》（2006）、《企业会计制度》(2000)、《小企业会计制度》等其他会计制度］，若三年财务报表的编制基础不同，三年来财务报表数据是否具有可比性。如无可比性，应对关键财务指标进行相应会计调整。

申请人财务情况	4. 客户会计政策是否发生重大变化。简要说明这些变化，包括折旧政策、存货计价、无形资产摊销、收入确认、或有事项、关联交易和销售政策。
	（十）报表审计情况
	1. 近三年的合并及本部财务报表是否经过审计。
	2. 审查审计意见的格式和内容是否规范，是否符合《中国注册会计师审计准则》第1501 号、第 1502 号的规定，对于不符合规定的，应判断审计报告的可靠性。
	3. 审计报告是否是标准无保留意见。如不属于标准无保留意见，应明确审计意见类型以及强调事项段、保留意见段、否定意见、无法表示意见的具体内容；对审计机构出具无法表示意见或否定意见的企业，原则上不予授信。
	4. 三年来是否更换审计机构，合并报表与本部报表的审计机构是否一致。若频繁更换审计机构或合并报表与本部财务报表的审计机构不一致，说明原因。
	（十一）财务报表及详情录入的完整性
	1. 是否已完整录入近三年及最近期（三个月以内）的财务报表。
	2. 录入的财务数据是否与提供的纸质财务报表数据一致。如不一致，说明原因。对属于期初追溯调整原因造成的，在撰写审查报告时揭示追溯调整的情况。
	3. 选择的财务报表模板是否准确。如不准确，应要求调查人员予以修改。
	4. 授信调查报告中"财务分析—主要资产质量"（包括应收账款分析、存货分析、固定资产分析、无形资产分析、对外担保和或有负债分析）内容是否已完整填写，与会计报表附注相对照，分析填写内容是否准确。
	（十二）人民银行征信系统查询情况
	1. 查询并记录人民银行征信系统中"信息查询""信用报告"的查询日期和查询结果。信息查询包括但不限于未结清的信贷信息及五级分类、已结清的不良贷款、已结清欠息、垫款记录、对外担保信息、未决诉讼、社保信息、纳税信息、处罚信息；信用报告包括但不限于企业组织架构图、财务报表详情等信息。若有异常，应说明原因并分析对企业的影响。
	2. 核对未结清信贷信息与借款申请人报表数据，若有异常，审查人员应作出说明。
	3. 结合对外担保信息，分析是否超出企业的承贷能力，根据对外担保的客户分析企业关联客户的互保及连环担保现象，分析企业的经营风险。银行必须认真分析企业在人民银行的征信记录，这是我们判断企业诚信的主要依据。
	（十三）分析存在的主要问题或优势
	在分析授信申请人年度财务报表的基础上，还应分析近期财务报表的异动数据及异动指标对企业经营的影响；集团授信申请人申请授信，除分析合并财务报表外，还应分析本部财务报表数据。
	1. 分析企业三年来资产规模、经营规模、现金流及主要财务指标的变化趋势，分析企业发展是否稳健，是否符合行业整体发展趋势，并说明原因。
	2. 分析资产负债率水平是否合理，资金来源中权益资金与负债资金比重是否合理，

续表

申请人财务情况	负债资金中付息负债与非付息负债比重是否合理，分析长期偿债能力。 3. 各项资产占用是否合理，增减变化与销售收入、利润变动等是否匹配，是否存在坏账、减值风险。 4. 企业负债主要源于银行债务还是商业信用，企业是否存在对供应商或其他无息债务的过度占用，并与企业经营状况相互印证，分析在产业链中的地位。 5. 分析企业短期有息债务规模以及企业短期偿债能力指标是否处于行业合理水平，并与营业收入和经营活动现金流量相比较，分析企业借款规模的增大是否带来营业收入的同步增加。是否存在短贷长用现象，企业的资金链是否紧张，是否具有继续融资能力。 6. 分析企业的各种资产营运效率，一方面与行业整体营运效率比较，分析是否与行业整体资产周转速度的差异；另一方面比较企业三年来资产营运效率的变化，并说明原因。 7. 分析营业收入的行业结构、产品结构、行业毛利率、产品毛利率，判断其主要的利润贡献点，判断企业的发展方向与发展趋势。 8. 利润构成中非经常性损益（投资收益、营业外收入、补贴收入等）比重是否过高，利润增长是否主要依靠非经常性损益的增长。 9. 营业收入与利润变动是否一致，营业收入与利润是否有现金流，分析销售、利润受关联交易的影响。 10. 分析不同性质现金流量的均衡性，是否符合企业所处的生命周期、企业经营发展的特点。 11. 分析经营活动净现金流是否稳定，是否为正值，是否与营业收入呈现同向变化。分析企业的创造现金流能力。 12. 分析投资活动、筹资活动净现金流，分析投资活动现金流入来自回收投资还是取得投资收益，或是由于企业转产或变卖资产，分析对未来现金流的影响；对于投资活动现金流出，分析具体投资内容，是否符合客户发展战略，是否带来固定资产增长；分析是否主要依靠筹资活动现金流入弥补经营活动形成的现金缺口或满足投资活动的资金需求；投资的资金来源是否过多地依赖于举债。 13. 企业关联交易是否频繁。是否存在关联交易及关联公司间转移资金的现象。集团内是否存在吞噬利润的企业。 14. 授信申请人近期是否对外提供新的大额担保或大量资产被抵押；对外担保、未决诉讼、有追索权的票据贴现等或有负债，近期有多大可能成为实际负债。 15. 授信申请人在其他银行有无不能及时还款的情况；在他行授信和再融资能力如何；向其他银行的信贷申请是否被拒绝，曾提供较大授信支持的其他银行是否非正常退出。 16. 列示其他异动科目，并分析原因及对客户经营状况的影响。 （十四）财务分析结论 1. 揭示授信申请人财务分析中发现的主要风险点。

续表

申请人财务情况	2. 判断授信申请人财务状况是否总体正常，借款人财务结构是否符合该行业特点；申请人财务近年来财务状况是较为稳定，存在明显波动，还是很不稳定；判断未来发展趋势。
担保分析	（十五）对保证担保，按以下格式撰写 1. 保证人担保能力分析。如保证人为法人，应对担保人进行行业分析、经营管理分析和财务分析；如保证人为自然人，应说明保证人姓名、身份证号码、与申请人关系、主要学习及工作简历、个人征信记录和个人资产状况。分析保证人与借款申请人在股权、主营业务上是否存在强关联性，并分析其对保证人代偿能力的影响。 2. 代偿意愿分析。根据保证人与借款申请人之间是否存在密切的经济关系，分析保证人提供担保的动机，判断与申请人是否存在互保、连环担保、地方政府强迫担保等行为；分析保证人的信用记录是否良好，包括对自身债务的还本付息记录和保证人履行担保责任的记录。 3. 其他说明。 （1）如保证人为担保公司，应说明相应的反担保措施。 （2）如为回购担保方式，应说明对回购标的物的监管方式等。 （3）如为联保模式授信，应说明联保体在银行的总体授信敞口。 （十六）对抵（质）押担保，按以下格式撰写 1. 说明抵（质）押人是否提供相应的完税证明。对于货押业务，说明货押方案批复机构是否为有权机构。对于总行签约监管公司所属机构以外的监管人，应说明其股东背景、财务状况、监管经验和信用记录；对于未来货权质押的供货方，应分析其供货能力，如为钢铁行业，还应分析其是否属于银行指定范围内的供货方。 2. 对需办理登记手续的抵（质）押物，根据相关的法律法规说明抵（质）押的登记机关和登记形式。对于抵押物，还要说明银行办理抵押登记的顺位。 3. 抵（质）押物价值分析。 （1）说明抵（质）押物的名称、数量、购买原值、地理位置、储存和保管难度，抵（质）押物的成新率/折旧率，抵（质）押物的价值变动趋势（看涨、看跌、平稳）。 （2）抵（质）押物价值的确定是否合理。分析其评估方法是否科学，与抵（质）押物的实际价值是否偏离过大，明确抵（质）押物价值是否充足，分析判断抵（质）押物的价值稳定性如何（良好、一般或存在明显问题），是否存在浮动性、是否投保，在价值充足或稳定性方面存在风险的，应予以明确说明。 （3）对于存在租赁关系的物业，应分析相应的风险隐患及采取的应对措施。 4. 抵（质）押率是否符合银行相关规定。如有超过，分析其理由。 5. 抵（质）押物变现能力分析。通过对抵（质）押物的通用性、变现难易程度、是否存在优先受偿权、处置费用、登记过程合法与否等风险点的审查，明确抵（质）押物变现能力如何（较强、一般或存在明显问题），存在明显问题的应加以说明。 （十七）对信用授信，明确"此笔授信为信用方式"

续表

还款来源 分析	（十八）还款来源分析 1. 本次授信的还款来源包括哪些，还款能力是否充足、可靠、稳定。 （1）分析还款来源的具体渠道（经营活动、筹资活动、投资活动产生的现金流），并分析每一种具体还款来源的可实现程度。对集团客户授信，还应分析是由借款人本身偿还还是由母公司偿还贷项。中长期贷款说明具体的还款计划。 （2）对于以特定经营活动现金流为还款来源的授信，应分析该还款来源的充分性和作为还款保障的可靠程度。如保理业务，应在简要介绍买方客户经营财务状况的基础上，分析其是否具备按期、足额支付货款的意愿和能力。订单融资、供应链买卖方融资等特定业务操作模式项下授信，应分析申请人交易对手的资信状况、付款记录及付款实力等。 2. 分析还款能力、还款方式、还款计划存在的风险点及风险控制措施。还款来源分析必须客观、具体，企业还款来源可以从销售收入现金流角度做重点分析。
对调查报告 的评价	（十九）对调查报告的评价 1. 上报材料是否齐全、完整、信息充分、前后一致，和书面材料之间是否一致，分析意见是否充分、全面和基本合理。 2. 审查人员将审查中要求重点解释说明的问题以书面形式向调查人员沟通落实，并简要概括过程和结果；对经反馈仍不能达到相关要求的授信项目，审查人员应作出说明。 3. 审查人员是否参与了平行作业、授信后回访及其相关参与情况。
授信的总体 评价	（二十）对于贷新还旧/重组/展期项目，引述其他部门出具专业意见的主要内容 （二十一）综合归纳本次授信的优势和风险点 对本次授信的风险是否可控，以及收益与风险能否平衡作出明确的判断，总结得出客观公正的审查结论。其中： 1. 对审查否决的项目，全面总结否决原因（包括在合规、财务、经营、第二还款来源等部分已经揭示的风险），并逐条列示。 2. 对审查同意的项目，揭示其存在的主要风险隐患，提出具体和有效的防范、控制措施；需要缩减额度或者增加授信条件的，应说明具体原因。 3. 对贷新还旧、展期、重组类项目，可根据具体情况参照以下格式明确审查结论： （1）鉴于借款申请人无力一次偿还对银行的债务，通过法律手段也不能有效清收，该申请方案风险敞口较现状有所减少，为保全银行信贷资产，在先归还本金××万元，不欠利息条件下，同意贷新还旧/重组/展期××万元。 （2）鉴于申请人到期无力偿还银行债务，总行/分行保部出具了专业的贷新还旧/重组/展期意见，为化解风险、最大限度保全资产，同意按上述方式授信。 （二十二）对申请人/保证人信用评级、债项评级、风险分类、风险暴露分类的审核意见

授信批复：企业向银行发出贷款申请后，提交相关资料给银行审查，银行经审查后会对前述申请给予批复，同意或者不同意，又或有条件地同意。在批复中会对银行同意的授信金额、品种、用途、利率等要素作明确的答复。授信批复是商业银行通过审慎研究后作出的决策，对银行有明确的约束力。

七十二、审查报告复核

审查报告复核的主要内容如下：

1. 审查人员是否按要求进行了全面准确的审查。

2. 审查报告是否按要求对申请授信客户的行业前景、经营情况、财务状况、授信用途和还款来源、授信担保等进行了全面分析。

3. 审查报告对授信风险的揭示与评估是否充分、准确、客观，提出的风险控制措施与建议是否可行。

4. 审查人员是否针对审查分析意见提出合理的授信方案。

5. 授信审查分析意见与审查结论是否一致，审查结论、放款前必须落实的前提条件、授信要求是否明确。

6. 其他与审查工作和审查报告有关的事项。

【点评】

客户经理一定要做好信贷的调查，精细做好授信方案的设计。前期的信贷调查越仔细，授信方案的设计越精密，后期的信贷审查越容易，信贷审批速度越快。

贷前存在风险，是因为我们对客户了解得不够，真正能够控制风险是对客户的了解，而不是担保和抵押；贷后存在风险，是因为我们没有控制客户的现金流，真正能够控制风险是我们彻底控制了客户的现金流。

七十三、授信审议审批

（一）授信审议审批原则

1. 授信审批应坚持适度、均衡、可持续发展的指导思想，在防范风险的前提下促进业务发展；坚持统一的授信标准，并与当地具体情况相结合，顺势而为，因地制宜；遵循信贷流程和要求，将授信过程管理和节点管理相结合；根据授信方案在授信批复中明确放款前必须落实的前提条件、授信叙做和授信后管理的相关要求。

2. 各授信项目按有关规定通过个人审批、会议审批等模式进行审议审批。符合个人审批条件的授信项目可按规定实行个人审批，需由各级授信审批会议审议审批的授信项目应符合上会条件。

3. 总行各会议审批机构/分行授信评审委员会会议应执行相应的议事规则；信贷审批委员/分行授信评审委员应遵守会议制度。

4. 批复复核人员应及时进行复核并发送生效。

5. 对于本级审批机构终审的个案政策例外项目，不论审批通过与否，分行由审查人员、总行由初级审批人负责通过及时报备。

6. 超出本级审批机构权限的项目，除绿色通道项目外，原则上需提前一个工作日提交上级审批机构。

7. 上级审批机构召开视频会议前原则上通过电话、短信或网站公示等方式至少提前半天通知下级审批机构。

---

1. 各级审批机构应确保个人审批和会议审批项目适用标准的一贯性，不应因个别特殊项目而随意选用。

2. 各级审批机构应确保授信调查报告、审查报告、分行评审委员会意见、各级审批决议、授信批复在时间上的顺序性。

（二）各级信贷审批机构的工作要求

各级信贷审批机构的工作要求如下：

审批机构	工作要求
总行信贷审批委员会	1. 总行信贷审批委员会会议由主任委员/副主任委员主持召开，参会委员不少于 5 人，参会委员三分之二（含三分之二，不足 1 人按 1 人计算）以上同意方为通过；会议秘书做好会议记录，及时制作信审会决议并由参会委员签署意见、会议主持人签发后生效。 2. 原则上应有该行业的专业评审委员参与评审。 3. 对于授权权限内项目及否决的超权限项目，信贷审批委员会直接批复，批复复核人员应及时对会议秘书提交的批复进行复核并发送生效。 4. 信审委员应提前阅览上会项目，准时参加信审会。 5. 主持人不得率先发表倾向性意见、不得提示诱导。 6. 信审委员应依据国家产业和货币政策、行业发展状况、客户经营管理和财务状况、银行信贷政策等情况，对项目作出独立、客观、公正的判断，并发表明确意见。 7. 信审委员应执行关联方回避和会议保密等制度。 8. 信审委员在信审会上不得从事与信审会议无关的其他事项。 9. 应在规定期限内完成审批工作。 10. 对于同意的超权限项目，按照银行授信审批流程规定报批。 11. 对于复议项目，须按银行有关规定由有权人签署复议申请书同意复议后，方可按复议项目审批流程提请审批。
总行信贷审批部有权审批人	12. 符合个人审批条件的授信项目，无须召开信审会，经初级审批人提出初级审批意见后，由有权审批人个人直接审批。 13. 应在规定期限内完成审批工作。 14. 对于授权权限内项目及否决的超权限项目，信贷审批部有权审批人直接批复；批复复核人员应及时对有权审批人提交的批复进行复核并发送生效。 15. 对于同意的超权限项目，按照银行授信审批流程规定报批。 16. 对于复议项目，须按银行有关规定由有权人签署复议申请书同意复议后，方可按复议项目审批流程提请审批。
分行风险总监	17. 符合下列条件的授信项目，方可进入风险总监个人审批程序： （1）对公授信管理中心主任复核通过。 （2）需要召开授信评审委员会的项目，分行评审委员会评审通过。分行评审委员会由风险总监召集（风险总监因故不能召集的，由主管公司业务行长召集），主管公司业务行长应出席会议，参会委员不少于 4 人，到会委员三分之二（含三分之二，不足 1 人按 1 人计算）以上同意方为通过，否则视为否决。

续表

审批机构	工作要求
分行风险总监	（3）分行主管公司业务行长已经签署同意意见。 （4）不需要召开授信评审委员会的项目，分行主管公司业务行长已经签署同意的意见。 18. 应在规定期限内完成审批工作。 19. 对于授权权限内项目及否决的超权限项目，分行风险总监审批后按相关规定报分行行长并出具批复或直接出具批复；批复复核人员应及时进行复核并发送生效。 20. 对于同意的超权限项目，按照银行授信审批流程规定报批。 21. 对于复议项目，须按银行有关规定由有权人签署复议申请书同意复议后，方可按复议项目审批流程提请审批。

七十四、初级审批人工作要求

（一）初级审批人至少应从以下方面进行审核、分析，并提出明确的审批意见

1. 对历史授信情况进行描述和评价。

2. 对申请人行业前景、经营情况、财务状况、授信用途和还款来源进行分析评价。

3. 对授信担保进行全面分析。

4. 对沟通反馈过程进行必要的揭示。

5. 对信贷资产进行风险分类和风险暴露分类。

6. 对调查及审查报告进行评分。

7. 对授信进行总体评价。通过对授信项目的全面分析，在综合考虑客户承受能力、客户的实际资金需求、担保代偿能力、前一级审批机构或经营单位提出的风险控制措施、分行营销方案等的基础上，提出明确的审批意见、放款前必须落实的前提条件、授信要求。

8. 如有必要，可对客户经理贷前调查和审查人员授信审查中提供的有关信息资料进行核实。

（二）初级审批人认为审查人员审查工作不到位或审查报告内容不完善，需要进行补充调查、审查的，应明确提出补充完善要求并通知相关人员补充或退回修改

（三）初级审批人应签署初级审批意见

七十五、授信决议和批复

授信决议和批复的格式化表格填写要求如下：

（一）完整性要求

审批决议/批复的表格内各项内容都应填写，不得空项。但单笔单批额度的"是否循环"和"串用说明"两项系统设置为空，对不涉及保证金的授信，"保证金"一项可以填"0"。

（二）各部分填写要求

审批人员应仔细核对客户评级、额度类型、授信方式、授信品种、贷款性质、金额、敞口、串用规则、风险分类、风险暴露、担保方式、前提条件、授信要求等所有批复要素的完备性和准确性。

××银行审批批复

批复编号：_____

申请人名称	××重型汽车集团有限公司				
呈报行、部	××分行解放路支行		借款人评级	客户经理	AAA
				审查员	AAA
申请信息					
额度类型	公开授信额度		授信方式	综合授信额度	
授信额度（万元）	90000.00		期限（月）	12	
授信品种	业务品种细项	币种	金额（万元）	保证金比例	期限（月）	利率/费率
①流动资金贷款		人民币	30000.00		12	按规定
	银行账户信用风险暴露分类	一般公司风险暴露	分类说明			
②保兑仓回购担保		人民币	60000.00		12	按规定
	银行账户信用风险暴露分类	一般公司风险暴露	分类说明			

续表

担保方式及内容	信用	授信敞口（万元）	90000.00

批复意见

根据银行相关审批工作制度，个人审议此项目。审批意见如下：

同意并按照以下方式给予授信

额度类型	公开授信额度	授信方式	综合授信额度
授信额度（万元）	90000.00	期限（月）	12

授信品种	币种	金额（万元）	保证金比例	期限（月）	利/费率	是否循环	串用说明
①流动资金贷款	人民币	30000.00	0	12	按银行规定执行	是	按银行规定串用
②经销商回购担保	人民币	60000.00	0	12	按银行规定执行	是	不可串用

业务品种细项			
贷款性质	新增	本次授信敞口（万元）90000.00	授信总敞口（万元）90000.00
风险分类	正常五级	预计损失金额（万元）	

担保方式及内容	信用
授信前需落实条件	授信启用前须提供申请人有权机构出具的同意向银行申请该笔授信的有效决议，确保银行债权合法有效。
其他授信要求	1. 要求经办行加强贷后管理，确保银行信贷资金仅用于其日常生产经营，严防银行信贷资金流入股市、房市，并不得用于股本权益性投资； 2. 密切关注汽车行业发展情况和企业生产销售情况，防范授信风险； 3. 转授权下属公司使用时须按照银行相关转授权办法执行，优先转授权给申请人主要收入和盈利来源，以及具有产品等竞争优势的下属核心企业使用，并择优选择银行信贷政策支持的产品。
备注	保兑仓回购担保额度专项用于申请人所生产保兑仓回购担保，该额度仅是对申请人承担回购担保能力的认定，不能作为经销商能否在银行获得授信的审批依据，额度项下具体业务根据网络协议具体要求报相关部门审批。

审批机构：××银行　信贷审批委员会

日期：_____/_____/_____

附录　本书中使用到的相关协议文本

附录1

董事会决议

_____公司

　　会议类别：□临时会议　□第_____届董事会第_____次会议

　　召开时间：_____年____月____日

　　召开地点：_____

　　会议主持：_____

　　职务：_____

　　董事到会情况：应到_____人，实到_____人

　　董事表决情况：同意表决_____人；

　　　　　　　　　反对表决_____人；

　　　　　　　　　弃权表决_____人。

　　表决内容：向_____银行申请如下授信额度。

品种	金额
1. 流动资金贷款	
2. 银行承兑汇票	
3. 国内信用证	
4. 银行保函	
5. 商业承兑汇票保贴	
6. 保兑仓回购担保	
7. 保理付款担保	

　　依照《中华人民共和国公司法》以及本公司章程的有关规定，上述表决事项应经_____以上董事表决通过。

　　本次董事会另有公司监事会成员和其他部分高级管理人员列席会议，其召集、通知、议事方式和表决程序均符合《中华人民共和国公司法》和本公司章程的有关规定，下列董事签名均真实、有效。

参加会议董事签字

同意：
反对：
弃权：

（公司盖章）

附录2

<h2 style="text-align:center">授权委托书</h2>

授权人：

住　　所：

法定代表人（负责人）：

电　　话：

被授权人：

身份证号码：

授权事项：

1. 授权范围：兹授权被授权人全权代表授权人办理与授权事项相关的一切事宜，包括但不限于与 _____ 银行北京分行/ _____ 支行签署 _____ 、 _____ ，以及其他相关法律文件。

2. 授权期限：自本授权委托书签发之日起至本授权委托书中授权事项办理完毕之日止。

3. 被授权人在其授权范围内所从事的活动及签署的法律文件，授权人均予以认可，并承担相应的法律责任。

4. 如本授权委托书所述事项发生变更，授权人对于在书面变更通知送达 _____ 银行北京分行/ _____ 支行之前，依据本授权委托书所发生的行为和签署的法律文件均予以认可，并承担相应的法律责任。

5. 被授权人有权转委托。

6. 本授权委托书符合相关法律、法规及本公司章程的有关规定，一经签发即具有法律效力。如因本授权委托书违反相关法律、法规及本公司章程的有关规定而存在无效或被撤销等情形，授权人仍对本授权事项承担法律责任。

授权人（企业公章）：

法定代表人或负责人（签字）：

　　　　　　　年　月　日

附录3

最高额保证担保合同

（　　）外最高保担字（　　）第（　　）号

贷款人：

借款人：

保证人：

鉴于借款人与贷款人将按照本合同的约定，由贷款人为借款人提供借款，为保障贷款人债权的实现，保证人自愿为贷款人与借款人之间形成的相关债权提供保证。经贷款人、借款人和保证人充分协商达成一致，特订立本合同并共同遵守。

第一条：借款货币、金额、期限和借款用途

一、本合同项下的借款货币为_____。

二、本合同项下的借款最高限额为（大写）_____（指本合同期限内任一时点实际形成的借款余额合计总额，本合同项下每一笔借款的金额、期限以借款借据或相关借款凭证为准）。

在该借款最高限额内，贷款人根据借款人的实际需要和贷款人的可能，在借款人提出书面申请后，向借款人逐笔审核发放。

三、本合同的期限为____年____月____日起至____年____月____日止。

四、在本合同约定的限期和最高限额内，借款人可申请循环使用上述信贷资金。

本合同项下的每一笔借款的种类、用途、金额、借款日期、还款日期、提款条件等以借款借据或相关债权凭证为准。本合同项下的借款只能转账支出，不得提现。

第二条：借款利率与计息方法

一、借款利率：在本合同项下每一笔借款的具体利率，以借款借据或相关债权凭证为准。

二、计息方法：本合同项下每一笔借款利息按借款人实际借款额和实际占用天数计算。贸易融资合同另有约定的，按约定执行。

三、借款人须按照每一笔借款的付息日当日付息，借款人同意贷款人也可以从借款人的任何账户中直接扣收。

四、如借款人未按还款期限或还款计划还款，且又未就展期事宜与贷款人达成协议即构成贷款逾期，贷款人有权就逾期借款部分按日息万分之____的利率计收逾期利息。

五、如借款人未按约定的用途使用贷款，贷款人有权就违约使用部分在违约使用期间按日息万分之____的利率计收罚息。

六、对本合同项下每一笔借款的应付未付利息，贷款人有权按照中国人民银行规定计收复利。

第三条：借款的归还

一、本合同项下的借款的还款方式为_____。

二、借款人必须严格按本合同项下每一笔借款借据或相关债权凭证确定的还款期限或还款计划，归还本合同项下贷款。借款人提前还款的，应当向贷款人提出书面申请，并征得贷款人同意。提前还款时利率不变，贷款人有权按照约定的借款期限计收利息。

三、借款人如需就上述还款期限或还款计划的任何部分作调整，必须在取得保证人的书面同意后，在相应贷款到期日前 30 天向贷款人提出书面申请。是否同意调整还款期限或还款计划，由贷款人最终决定。

四、本合同项下借款人支付的款项和贷款人从借款人账户扣收的款项应首先用于支付到期利息，然后用于偿还到期本金。

五、借款人未按还款期限或还款计划还款时，贷款人有权从借款人在贷款人及其辖下机构开立的任何账户中扣收相应款项。

第四条：保证

一、担保范围

保证人的保证范围为本合同约定以及本合同项下发放的借款所形成的全部债务，包括但不限于：全部借款本金、利息、逾期利息、复利、罚息、违约金、损害赔偿金和贷款人实现债权的一切费用（包括但不限于诉讼费、律师费等）。因汇率变化而实际超出最高余额的部分，保证人自愿承担担保责任。

二、担保方式

保证人提供的保证为连带责任保证。

保证人对根据本合同发放的每一笔借款都提供担保，在发放每一笔借款时不再逐笔办理担保手续。

三、保证期间

本合同项下的保证期间为从本合同生效之日起，至根据本合同发放借款中以最后还款期限的借款所约定的借款人履行债务届满之日起两年。

四、保证人保证有足够的清偿能力承担上述担保责任，保证在接到贷款人书面索偿通知后＿＿＿日内清偿上述款项。

五、保证人保证不因借款人或保证人的财务状况的改变或主管部门的任何指令等任何原因拒绝承担保证责任，并接受贷款人的信贷检查与监督。

六、本合同项下债务履行期间，如遇保证人财务状况恶化或因其他原因导致偿债能力下降，致使担保能力明显减弱或丧失时，借款人和保证人应及时书面通知贷款人，贷款人有权要求借款人更换保证人或采用其他担保方式。

七、本合同解除后，保证人对债务人因本合同产生的债务应当承担连带保证责任。

八、即使本合同项下借款人与贷款人的借款关系被确认为无效的，保证人仍应对借款人的债务承担连带保证责任。

保证人不得与借款人串通欺骗贷款人发放贷款。由于保证人与借款人串通造成贷款人损失的，保证人与借款人对贷款人的所有损失应当承担连带赔偿责任。

九、保证期间内，贷款人与借款人可以协议变更借款内容的有关条款，不必取得保证人同意，保证人仍应承担保证责任。

但贷款人与借款人变更借款内容明显加重借款人债务的，借款人应事先征得保证人同意，否则保证人对借款人加重的部分不承担保证责任，但因中国人民银行利率调整而加重借款人债务的，保证人应对由此加重的债务承担保证责任。

十、除非本合同另有约定，对于保证人为履行保证责任而向贷款人支付的任何款项按下列顺序清偿：

（一）实现债权之费用；

（二）损害赔偿金；

（三）违约金；

（四）主债权的逾期罚息；

（五）主债权的利息；

（六）主债权的本金。

第五条：借款人、保证人的承诺和义务

一、借款人、保证人保证为本合同项下借款而向贷款人提交的所有文件、资料、报表和凭证等是准确、真实、完整和有效的。

二、借款人必须依照本合同的约定使用借款。

三、借款人、保证人存在下列事件之一的，借款人、保证人应在发生后五个工作日内书面通知贷款人：

（一）与借款人、保证人有牵连的重大违纪、违法或索赔事件；

（二）未审结的诉讼、仲裁事件；

（三）借款人、保证人承担的债务，或向第三人提供的抵押、质押担保；

（四）在本合同项下及其与银行机构签订的借款合同或担保合同项下，借款人、保证人不能依合同约定履行义务的；

（五）借款人、保证人经营出现严重困难或财务状况发生恶化；

（六）借款人、保证人发生隶属关系的变更、高级管理人员的变动、公司章程的修改及内部组织结构的调整等；

（七）借款人、保证人发生债权债务纠纷引起诉讼、仲裁等事件；

（八）借款人、保证人进行重大产权变动和经营方式的调整；

（九）借款人、保证人因停止项目生产经营、终止营业、责令停业或被宣告破产，被解散、吊销营业执照、撤销的；

（十）变更名称、法定代表人、住所等工商登记事项，以及电话、传真等联系方式的；

（十一）其他可能影响借款人、保证人财务状况和偿债能力的情况。

四、借款人、保证人实施以下行为，应提前三十日书面通知贷款人并征得贷款人书面同意：

（一）改变资本结构或经营方式（包括但不限于转股、改组、合并、分立、股份制改造、合资、合作、联营、承包、租赁、经营范围和注册资本变更）；

（二）保证人、借款人为第三人债务提供保证担保或以其他主要资产为自身或第三人债务设定抵押、质押担保，可能影响其履行本合同项下担保责任的。

即使贷款人同意保证人、借款人为自身或第三人债务提供保证担保或以其他主要资产为自身或第三人债务设定抵押、质押担保的，该担保也不得损害贷款人的利益。

五、借款人、保证人的声明与承诺：

（一）借款人、保证人是依法成立的法人或其他组织，具有签订和履行本合同所必需的民事权利能力和行为能力，能独立承担民事责任。

（二）保证人自愿为借款人提供担保。

（三）借款人、保证人提供的与本合同有关的一切文件、报表及陈述均合法、真实、准确、完整的。除已向贷款人书面披露的情形以外，保证人没有任何可能影响本合同履行的其他任何重大负债、重大违约行为、重大诉讼、重大仲裁事项或其他影响其资产的重大事宜未向贷款人披露。

（四）借款人未履行债务，保证人自愿履行保证责任。

如保证人未按本合同的约定履行义务的，保证人授权贷款人直接从保证人在贷款人开立的任何账户中扣收和/或对贷款人合法占有和管理的保证人财产或财产权利行使处分权利。

六、借款人按本合同约定的方式归还借款本息和有关费用。

七、借款人、保证人应按贷款人的要求提供最新财务报表、报告。借款人、保证人应定期或随时应贷款人要求，随时提供借款人、保证人的经营状况、财务状况的报告、报表等文件和资料。

八、借款人、保证人应接受贷款人的信贷检查与监督，并给予足够的协助和配合。

九、借款人在本贷款项下项目有关产品的销售结算以及结、售汇等业务在贷款人或其分支机构办理，其结算业务量达到贷款人的要求。

十、与本合同有关的费用均由借款人支付或偿付，有关费用包括但不限于：公证费、登记费、评估费、审计费等费用，以及贷款人为实现债权而支出的律师费、诉讼费等所有费用。

十一、本合同解除后，借款人和保证人对因本合同产生的债务及赔偿责任应当承担连带责任。

第六条：违约责任

一、发生下列事件之一即构成借款人、保证人在本合同项下的违约：

（一）借款人未按本合同约定的用途使用贷款。

（二）借款人未按本合同约定偿还或支付到期本金、利息、费用及其他任何应付款项。

（三）借款人、保证人违反本合同任一条款或借款借据及相关债权凭证等法定或约定的义务。

（四）借款人、保证人在本合同中所作声明与承诺、保证等为不真实、不准确、不完整或故意使人误解，给贷款人造成损失的，借款人、保证人应承担连带赔偿责任。

（五）其他任何违反合同约定义务的情形。

二、出现上述任何违约事件，贷款人有权分别或同时采取下列措施：

（一）要求借款人限期纠正违约事件；

（二）取消借款人尚未使用的借款额度；

（三）提前收回借款或解除合同，并可从借款人在银行及其辖下机构开立的任何账户中扣收款项；

（四）要求保证人立即承担连带保证责任，并有权从保证人在贷款人及其辖下机构开立的任何账户中扣收款项；

（五）采取其他制裁措施。

第七条：合同的补充、变更和解释

一、本合同经各方书面同意可以修改或补充；本合同的任何修改和补充均构成本合同不可分割的一部分。

二、本合同未尽事宜，应由协议各方另行协商解决。

三、本合同的有关条款的解释，依照有关的法律法规和交易习惯进行解释。

第八条：法律适用和合同争议的解决

本合同适用于中华人民共和国法律。

在合同有效期内，各方如有任何争议或纠纷，应首先协商解决。协商不成的，各方一致同意由贷款人所在地人民法院管辖。

第九条：附件

下列附件是本合同不可分割的部分：

1. 借款申请书；

2.

3.

4.

5.

6.

7.

8.

第十条：合同的生效

本合同经贷款人、借款人和保证人三方的法定代表人或授权代理人签字并加盖公章后生效。

本合同各方一致同意，本合同经过公证机关办理公证后，若借款人、保证人不履行义务，贷款人有权向人民法院直接申请强制执行。

本合同一式____份，均具有同等法律效力，贷款人、借款人、保证人各执____份，其余____份送____备案。

贷款人（公章）：

法定代表人（或授权代理人）：

地址：　　　　　　　　联系电话：

营业执照号码（或法人代码证号码、身份证号码）：

借款人（公章）：

法定代表人（或授权代理人）：

地址：　　　　　　　　联系电话：

营业执照（或法人代码证号码、身份证号码）：

保证人（公章）：

法定代表人（或授权代理人）：

地址：　　　　　　　　联系电话：

营业执照（或法人代码证号码、身份证号码）：

合同签订地点：

合同签订时间：

附录4

<h1 style="text-align:center">借款合同</h1>

编号：

借款人：_____

贷款银行：_____

<h2 style="text-align:center">第一章　总　则</h2>

借款人因业务经营需要，向贷款行申请贷款。贷款行经审查，同意根据本合同的条款和条件向借款人发放贷款。

为明确双方当事人的权利、义务，根据我国有关法律法规的规定，经双方协商一致，自愿达成以下条款，以供遵守。

<h2 style="text-align:center">第二章　贷款用途</h2>

第一条　经双方协商确定：

1. 本合同项下的贷款，借款人只能用于_____。

2. 未经贷款行事先书面同意，借款人不得改变本合同中确定的贷款用途。

<h2 style="text-align:center">第三章　贷款币种、金额、期限和划付</h2>

第二条　本合同项下的贷款币种、金额（大写）为_____。

第三条　本合同项下的贷款期限自_____年____月____日起，至_____年____月____日止。

第四条　在本合同第十一条规定的先决条件完全得到满足的情况下，贷款行应按照下列第____款规定的方式将贷款金额划入借款人在贷款行处开立的账户：

1. 一次划付，贷款行于_____年____月____日将贷款金额全部划入借款人在贷款行处开立的账户；

2. 分次划付，具体划付金额和日期如下：

第一次划付：

（1）划付金额为：（大写）_____；

（2）划付日期为＿＿＿＿＿年＿＿月＿＿日。

第二次划付：

（1）划付金额为：（大写）＿＿＿＿＿＿＿＿＿＿＿；

（2）划付日期为＿＿＿＿＿年＿＿月＿＿日。

第三次划付：

（1）划付金额为：（大写）＿＿＿＿＿＿＿＿＿＿＿；

（2）划付日期为＿＿＿＿＿年＿＿月＿＿日。

其他约定：＿＿＿＿＿＿＿＿＿＿＿＿＿＿＿＿＿

本合同项下贷款本金一经贷款行划出贷款行账户，即视为贷款已经放款，该笔贷款从划出之日起开始生息。

第四章　贷款利率和计息方法

第五条　借款人应按照本合同规定，对贷款行在本合同项下所发放的贷款向贷款行支付贷款利息，本合同项下的贷款年利率为＿＿％。

第六条　双方同意在本合同贷款期限内，贷款利率＿＿＿＿＿＿（保持不变/按月/按季度/按年）调整。

如贷款期限内中国人民银行调整贷款基准利率或计息方法，并适用于本合同项下的贷款时，贷款行有权根据调整后的贷款基准利率或计息方法，确定本合同新的贷款利率，并有权从规定的调整日起，按调整后的贷款利率或计息方法计收利息。

第七条　本合同项下的贷款按＿＿＿＿＿＿（季度/月）结息，结息日为＿＿＿＿＿＿。

第八条　本合同项下的贷款计息以每年 360 天为基数，从贷款划出贷款行账户之日起，按照实际划出贷款行账户的贷款金额和占用天数计收。

第九条　如果借款人未按照本合同的约定偿还贷款本金的，贷款行有权自该等贷款本金逾期之日起按照逾期罚息利率计收利息，直至借款人清偿全部贷款本息为止。逾期罚息利率为本合同第五条所约定的贷款利率水平上加收＿＿＿＿＿＿（30% ~50%）。

如果借款人未按照本合同的约定用途使用贷款的，贷款行有权自借款人未按照合同约定用途使用贷款之日起，按照挪用罚息利率计收利息，直至借款人清偿全部贷款本息为止。挪用罚息利率为本合同第五条所约定的贷款利率水平上加收_____（50% ~ 100%）。

第十条 对于借款人不能按时支付的利息，贷款行有权按罚息利率计收复利。

第五章 放款和用款

第十一条 除非满足下列先决条件，否则贷款行无义务向借款人提供本合同项下的贷款：

（一）贷款行要求提供的文件，借款人已全部提供，并且其所载明的情况没有变化，并且该等文件持续有效，或者借款人已就发生的变化作出令贷款行满意的解释和说明。

（二）借款人已填妥与本次提款有关的借据/贷款凭证。借据/贷款凭证是本合同的组成部分，与本合同具有同等法律效力。在本合同项下的贷款金额、贷款期限、贷款利率等如果与借据/贷款凭证记载不相一致时，以借据/贷款凭证的记载为准。

（三）借款人须按有关法律法规的规定，办妥与本贷款有关的政府许可、批准、登记及其他法定手续；若贷款行要求，还应办妥本合同的公证手续等。

（四）若本合同项下贷款有担保，借款人应确保根据贷款行要求办妥担保合同的公证、登记和/或担保品的保险等法律手续，且该担保、保险持续有效。

（五）未发生本合同所列之任一违约事件。

在满足上述提款条件的前提下，贷款行可按本合同第四条的规定安排划付贷款至借款人在贷款行处开立的账户。

第六章 还 款

第十二条 借款人应按本合同约定支付利息，并按本条下列第_____款的约定偿还贷款本金。

（一）一次还本，借款人应于_____年____月____日偿还全部贷款本金；

（二）分次还本，具体还本金额和日期如下：

第一次还本：

1. 偿还本金金额：（大写）_____；

2. 还本日期为_____年____月____日。

第二次还本：

1. 偿还本金金额：（大写）_____；

2. 还本日期为_____年____月____日。

第三次还本：

1. 偿还本金金额：（大写）_____；

2. 还本日期为_____年____月____日。

若遇还款日为非贷款行工作日，则顺延至其后的第一个贷款行工作日还款，该非贷款行工作日计入贷款实际占用天数。借款人在偿还最后一期贷款本金时，应利随本清，不受本合同第七条约定的结息日的约束。

第十三条 借款人应在借款到期日向贷款行按时足额归还本合同项下的贷款。如果借款人未按时还本付息，贷款行有权从借款人开立在贷款行处或贷款行系统内所有分支机构的任何账户中依次扣收借款人应付费用、贷款利息及复利、贷款本金。

第十四条 如果在某一还本付息日，借款人所偿还的一笔款项不足以偿还当期到期应付款项，则该笔款项应首先被用于支付借款人应付的费用，然后用于支付贷款利息及复利，最后用于偿还贷款本金。

第十五条 借款人如欲提前归还贷款，应提前 30 日向贷款行提出书面申请，并征得贷款行的同意。

提前归还贷款时的利息计收标准为：_____。

第七章　　担　保

第十六条 本合同项下贷款的担保方式为：_____。

1. 由_____（保证人）提供连带责任保证担保；《保证合同》编号为_____。

2. 由_____（抵押人）提供抵押担保；《抵押合同》编号为_____。

3. 由_____（出质人）提供_____（质物/出质权利）的质押担保；《质押合同》编号为_____。

第十七条 贷款行与担保人应就具体担保事项签订相应的担保合同，并办理担保合同的公证和/或担保品的保险、登记等手续。

第八章　费用的承担和补偿

第十八条　借款人应当承担贷款行发生的与本合同和相应的担保合同有关的所有费用支出，包括但不限于律师服务、会计服务、审计、保险、公证、鉴定、评估、登记的费用。一经贷款行要求，借款人即应向贷款行支付上述费用。

第十九条　一经贷款行要求，借款人应立即向贷款行全额支付和补偿贷款行为行使其在本合同项下的任何权利所发生的所有费用和开支，包括但不限于诉讼费用、律师费、差旅费及实现债权的其他费用。

第九章　借款人陈述、保证和承诺

第二十条　借款人是一家依照中国法律成立并有效存续的法人实体/其他组织，具有独立的民事行为能力，并享有充分的权力、授权及权利以其全部资产承担民事责任并从事经营活动。

第二十一条　借款人具有充分的权力、授权及权利签署本合同及进行本合同项下的交易，并已采取或取得所必要的所有法人行为及其他的行动和同意以授权签署和履行本合同。本合同由借款人的法定代表人或其委托代理人有效签章，并加盖公章。

第二十二条　借款人已取得为签署本合同所需的一切政府部门的批准和第三方同意，借款人签署及履行本合同不违反借款人的法人组成文件/批准文件（如有）及其作为一方当事人的任何其他合同或协议。

第二十三条　借款人为了签署和进行本合同项下的交易向贷款行提供的所有文件、资料和凭证等都是真实、完整、准确和有效的，借款人所提交的财务报表真实地反映了该财务报表在出具时借款人的财务状况。

第二十四条　本合同是合法有效的，对借款人构成具有法律约束力的义务。

第二十五条　借款人在贷款行处开立账户，本借款合同项下的资金，通过该账户结算使用。

第二十六条　为确保本合同的合法性、有效性或可强制执行性，借款人已完成或将完成所需的所有登记、备案或公证手续。

第二十七条　借款人没有发生对其履行其在本合同项下义务的能力具有

实质不利影响的任何诉讼、仲裁或行政程序。

　　第二十八条　借款人的陈述、保证和承诺在本合同项下贷款本息全部清偿完毕前，须始终保持正确无误，并且借款人将随时按照贷款行的要求提供有关文件。

　　第二十九条　借款人未发生或存在任何违约事件。

　　第三十条　借款人已仔细阅读并完全理解接受本合同的内容，借款人签署和履行本合同是自愿的，其在本合同项下的全部意思表示真实。

　　第三十一条　借款人应当按照贷款行的要求，如实提供资料（法律规定不能提供者除外），积极配合贷款行的调查和审查。

　　第三十二条　借款人应当自觉接受并积极配合贷款行对其有关生产、经营及财务情况的调查、了解及监督；并有义务按月向贷款行提供最近一个月份的资产负债表、损益表等财务报表或其他反映借款人资信情况的资料。

　　第三十三条　借款人在本合同有效期间内，如发生借款人名称和法定代表人变更、法定地址变更等事项应提前三十个贷款行工作日通知贷款行。

　　第三十四条　借款人在清偿其在本合同项下的全部债务之前如进行承包租赁、股份制改造、联营、合并、兼并、合资、分立、资产有偿转让、申请停业整顿、申请解散、申请破产，以及进行其他足以引起本合同之债权、债务关系变化或者可能足以影响贷款行权益的行动时，应提前三十个贷款行工作日以书面形式通知贷款行，并经贷款行书面同意，同时落实债务清偿责任或者提前清偿责任，否则不得进行上述行动。

　　第三十五条　借款人保证在本合同有效期内，未经贷款行同意将不为其他企业法人、其他组织或个人承担足以影响借款人偿还本合同项下贷款能力的债务，或提供足以影响借款人偿还本合同项下贷款能力的保证担保，或以借款人资产、权益设定足以影响借款人偿还本合同项下贷款能力的抵押或质押。

　　第三十六条　借款人如发生除上款所述事件之外的对其正常经营构成危险或对其履行本合同项下还款义务产生重大不利影响的任何其他事件，应立即书面通知贷款行。

第十章　违约事件

　　第三十七条　下述任一事件，均构成本合同项下的违约事件：

1. 借款人未按本合同规定按期支付利息或归还本金。

2. 借款人未按本合同规定的用途使用贷款。

3. 借款人向贷款行提供虚假的或者隐瞒重要事实的资产负债表、损益表或其他财务报表，或者拒绝接受贷款行对其使用贷款情况和有关生产经营、财务活动的监督、检查。

4. 借款人或担保人在本合同项下作出的陈述、保证和承诺或担保人在有关担保合同项下作出的陈述、保证和承诺被证明是不真实的，或是具有误导性的。

5. 借款人或担保人在其为一方的其他合同项下违约。

6. 借款人或担保人经营、财务状况严重恶化。

7. 与本合同项下贷款有关的抵押物、质物/出质权利贬值、毁损或灭失。

8. 借款人或担保人被合并、分立或进行股份制改造时，未能作出令贷款行满意的偿还安排或债务重组。

9. 借款人或担保人破产、被解散、关闭或撤销。

10. 借款人未将以下情况及时通知贷款行：

（1）其章程的任何重大修改及其经营活动的任何实质性变化；

（2）其会计原则的重大修改；

（3）其或其子公司或其母公司的财务、经济和其他方面的任何重大变化；

（4）涉及借款人的，并将会对借款人的财务状况或借款人根据本合同履行其义务的能力构成严重不利影响的任何诉讼、仲裁或行政程序。

11. 借款人违反了本合同的任何其他条款，并未能作出令贷款行满意的补救。

12. 发生任何其他事件或情况，实质性地对贷款行在本合同项下的权利产生不利的影响。

第三十八条 上述违约事件是否发生，由贷款行作出判断并通知借款人。上述任何违约事件发生后，贷款行有权采取以下任何一项或多项措施：

1. 停止本合同项下贷款的划付；

2. 宣布所有已发放的贷款立即到期，并要求借款人立即偿还全部已发放的贷款本金、利息或其他应付款项；

3. 要求借款人追加或更换保证人、抵押物、质物/出质权利；

4. 从借款人在贷款行或贷款行系统内的任何分支机构开立的任何账户中

直接扣划本合同项下借款人应付而未付的任何款项；

    5. 宣布实施或实现有关贷款的任何担保项下的权利；

    6. 贷款行认为适当的其他方式。

第十一章　其　他

第三十九条　合同双方应当对为签署和履行本合同的目的而了解到的对方有关其债务、财务、生产、经营资料及情况保密，但对依法查询借款人有关情况的除外。

第四十条　未经贷款行事先同意，借款人不得转让或以其他方式处分其在本合同项下的全部或部分义务。

第四十一条　无须事先征得借款人的同意，贷款行可将本合同项下的债权转让予任何第三人，只需在转让后书面通知借款人。

第四十二条　借款人在本合同项下应付的所有款项应全额支付，不得作任何性质的冲抵、扣减或预提，也不得同贷款行所欠借款人的任何债务相抵销。如果任何法律要求借款人对其支付给贷款行的任何款项进行扣减或预提，则借款人应向贷款行支付一笔额外的款项，以保证贷款行收到的金额相等于在不作此类扣减或预提时所应收到的款项。

第四十三条　贷款行给予借款人任何宽限、优惠或延缓，均不影响、损坏或限制贷款行依本合同和法律、法规而享有的一切权利；并不应被视为贷款行对本合同项下权利和权益的放弃，也不影响借款人在本合同项下承担的任何责任和义务。

第四十四条　如果在任何时候，本合同的任何条款在任何方面是或变得不合法、无效或不可执行，本合同其他条款的合法性、有效性或可执行性不受任何影响或减损。

第四十五条　对本合同的任何修改和补充应以书面形式作出，并应经本合同双方有效签章。

第四十六条　本合同的小标题仅为方便阅读而加入，不得被用于对本合同的解释或任何其他目的。

第四十七条　本合同双方互相发出与本合同有关的通知、要求，应以书面方式作出，发送至本合同首页列出的有关方的地址或传真。任何一方如变更其地址或传真，需及时通知对方。

第四十八条　双方之间的文件往来，如以专人送递，在交付后即被视为送达；如以挂号信方式发送的，在挂号信寄出后三天即被视为送达；如以传真发送，在发出时即被视为送达。但借款人发给贷款行的文件，则需在贷款行实际收到后方可视为送达。

第十二章　合同的生效、变更和解除

第四十九条　本合同经双方法定代表人或其委托代理人签章，并加盖公章后开始生效。

第五十条　本合同生效后，任何一方不得擅自变更或提前解除本合同，如需要变更或解除本合同时，应经双方协商一致，并达成书面协议。书面协议达成之前，本合同条款依然有效。

第十三章　附　件

第五十一条　本合同未尽事宜，双方可另行达成书面协议，作为本合同附件。

第十四章　附　则

第五十二条　本合同正本一式＿＿＿＿＿份，借款人＿＿＿＿＿份、贷款行＿＿＿＿＿份，具有同等法律效力。

第五十三条　本合同于＿＿＿＿年＿＿月＿＿日于＿＿＿＿＿＿签订。

（本页为合同双方签署页，无正文）

借款人（盖章）：

法定代表人：
（或委托代理人）

贷款行（盖章）：

法定代表人/负责人：
（或委托代理人）

附录5

综合授信合同

合同编号：（　　）银授字第_____号

授信人：_____银行（以下简称甲方）

受信人：_____有限公司（以下简称乙方）

依据我国《商业银行法》《商业银行授权、授信管理暂行办法》等有关法律、法规之规定，甲、乙双方本着平等诚信的原则，经协商一致，于_____年____月____日在_____订立本合同，以兹共同遵照执行：

第一章　授信额度及类别

第一条　在本合同规定的条件下，甲方同意在授信额度有效期间内向乙方提供人民币_____元整（合美元_____）的授信额度。在授信额度的有效期限及额度范围内，乙方使用上述授信额度时，不限次数，并可循环使用。上述授信额度用于下列授信业务的额度暂定为：

（1）贷款：_____元人民币（或_____美元）；

（2）银行承兑汇票：_____元人民币；

（3）银行保函：_____元人民币；

（4）国际贸易融资：_____元人民币（_____美元）。

第二条　本合同项下授信额度的授信范围为乙方在甲方申请办理的人民币及外币业务，包括但不限于贷款、银行承兑汇票、银行保函以及国际贸易融资（如信用证、押汇等）。乙方在授信额度内申请办理其他业务须经甲方书面认可。上述各项授信业务所用额度经甲方同意，乙方可相互调剂使用，但各项业务累计余额不得超过人民币_____元整（其中包括_____美元）。

第二章　授信期间

第三条　本合同项下授信额度的有效使用期间为_____年，自_____年____月____日起至_____年____月____日止，但贷款额度的有效使用期限应受相关借款合同的约定。

第四条 甲方有权对本合同项下授信额度使用情况进行不定期审查，如出现本合同第六章述明的情形，甲方有权调整授信期间。

第三章 授信额度的使用

第五条 在本合同约定的授信期间和授信额度内，乙方可一次或分次向甲方书面申请使用该授信额度。

（1）保函授信额度的使用

a. 本合同项下保函授信额度的使用范围为乙方在甲方申请开立的投标保函、履约保函、预付款保函或经甲方认可的其他种类的保函。

b. 在本合同规定的授信期间内，乙方有权在保函授信额度内向甲方提出开具保函的申请。乙方要求甲方开具保函时，应按照规定的格式逐笔填制＿＿＿＿＿＿＿＿＿＿银行保函申请表（代保证书）（以下简称保函申请表）并与甲方书面要求的有关资料一起提交甲方。

c. 甲方对乙方使用保函授信额度的项目或交易的真实性、有效性和合法性不承担实质审查的义务。

d. 在具体办理每笔保函业务时，甲方在收到由乙方提交的保函申请表并出具保函后，即将保函授信项目纳入本协议项下的授信额度统一管理。在本协议生效之前，甲方为乙方已出具的但尚未结清的保函统一纳入本协议项下的授信额度。

e. 乙方应及时向甲方提供其申请的保函所涉及的业务的相关资料，包括但不限于主债务合同、政府部门的批准文件、其他背景材料等，但法律法规另有规定的除外。

f. 甲方有权根据自身的保函审批程序，对乙方的保函申请进行审核；审核通过后，由甲方出具保函正本一式一份；如果审核未获通过，甲方应及时通知乙方或其下属公司，并将申请材料退还乙方。

g. 对于保函授信额度的使用情况，以甲方按季度向乙方提供的保函余额明细表作为依据。

（2）免保开证额度的使用

a. 乙方每次使用此免保开证额度时，须逐笔填制开证申请书和开证申请人承诺书，并提交开证所需的其他材料，由甲方审核同意后及时对外开证。

b. 甲方接到受益人、出口方银行或者其他当事人提交的单据，应在二个工作日内通知乙方；乙方应指定专人负责承办付款或承兑工作。

c. 乙方在收到甲方的进口信用证单据通知书后，必须在甲方收到单据之日后六个银行工作日内书面向甲方办理付款、承兑或拒付手续。如果乙方同意付款或承兑，应在进口信用证单据通知书上做好有效签章，并注明相应付款账户的账号。如果乙方未按本条规定时间办理付款、承兑手续，视为乙方同意办理付款、承兑。

d. 乙方有义务在甲方依照相关信用证的约定支付该笔款项之前，向甲方支付信用证项下应付款加其他应付费用。如对外拒付，则按甲方有关规定办理。乙方应不迟于距甲方支付二个工作日之前将款项划入其在甲方的付款账户；如乙方是以人民币买汇付款，须提前办妥一切买汇手续。

e. 本协议项下授信额度（人民币贷款额度除外）限于乙方主营并且记载于企业法人营业执照的进出口业务。在本合同生效前已经发生的甲方已经对外支付但乙方尚未清偿的信用证款项纳入本合同的授信额度。

（3）保函垫款或信用证垫款

a. 如果发生保函受益人要求甲方履行保函授信项目下的付款义务时，甲方有权直接从乙方在甲方或甲方其他分支机构开立的账户中扣收相应的款项以向保函受益人偿付，但甲方在扣划后应及时通知乙方；

b. 如果乙方在甲方开立的账户中存款不足以偿付保函受益人索偿的款项时，甲方有权要求乙方在自甲方通知送达之日起五个工作日内将相应的款项存入上述账户，并由甲方直接扣划；和/或乙方在自甲方通知送达之日起五个工作日内将相应款项汇入甲方指定账户。如果乙方未能在收到甲方上述通知后三十个工作日将相应存款存入账户或者相应款项汇入甲方指定账户，则甲方有权要求乙方提前清偿本合同项下所有债务，并有权终止本合同。

c. 对甲方垫付的任何保函款项，乙方应向甲方支付利息。除此以外，乙方还应支付违约金。每迟延一日，应按垫付金额万分之二点一支付违约金。

d. 乙方保证对甲方为其开出的信用证按期履约付款。若乙方违反本约定，使甲方发生垫款，则甲方在相关信用证项下的垫款构成乙方对甲方一项单独的债务。如垫款币种非人民币，则甲方有权自主以该币种在垫款发生当日的银行卖出价折合成人民币作为该笔债务的本金，乙方保证对此不提出异议。乙方除有义务向甲方偿还垫款金额外，还应向甲方支付逾期利息。逾期利息自垫款之日起至实际偿还之日止，按垫款数额每日万分之二点一逐日计算。

e. 如自甲方垫付信用证款之日起逾 30 日，乙方仍未按前款约定向甲方清偿垫付金额及逾期利息，甲方有权要求乙方提前清偿本合同额度项下的全部债务，并有权终止本合同。

f. 如信用证发生甲方垫款，甲方以该信用证项下的货物作为抵押物，乙方负责补偿甲方因货物滞留所垫付或支付的一切费用，其中包括但不限于：

第一，海关所征收的关税及代征的增值税、消费税等；

第二，因逾期申报和缴纳关税所征收的滞报金以及海关收取的其他有关费用；

第三，因逾期提货所发生的仓储费、保管费等；

第四，其他相关费用。

（4）银行承兑汇票额度的使用

a. 乙方申请开立的银行承兑汇票必须以真实的商品交易为基础，并提供每笔交易的商品购销合同正本和合同当事人企业法人营业执照复印件。

b. 乙方在申请开立每笔银行承兑汇票前须向甲方提交承兑申请书，并附该笔交易的商品购销合同复印件，复印件须加盖乙方公章。

c. 每笔汇票开出之前，乙方须向甲方支付承兑手续费，手续费按票面金额的万分之五计算。

d. 汇票到期日前二个工作日内，乙方必须将应付票款足额交付甲方。

e. 甲方对乙方的每笔承兑申请进行审查，如乙方发生重大不利变化或购销合同中存在不利条款或者购销合同没有真实的交易基础，甲方有权拒绝为乙方开出承兑汇票，并终止剩余额度的使用。

f. 承兑汇票到期日，甲方凭票无条件支付票款，如到期日之前乙方不能足额交付票款时，甲方对不足部分自票据到期日起转作逾期贷款。乙方除应支付逾期贷款利息外，还应支付违约金，违约金每日按逾期贷款金额的万分之四计算。同时甲方有权要求乙方提前偿还本合同项下的所有债务，并终止本合同项下所有剩余额度的使用。

g. 承兑汇票如发生任何交易纠纷，均由出票人和持票人双方自行处理，甲方不承担任何责任。

（5）其他授信额度的使用

在本合同约定的授信期间内，乙方可一次或分次向甲方书面申请使用其他授信额度。该书面申请应载明授信类别、使用期限、使用金额等。甲方经审查认为符合本合同的约定，应该与乙方再签订相应授信业务的具体合同或协议。

第六条　乙方申请使用的授信额度余额（即使用中尚未归还的累计本金数额）在任何时候都不得超过本合同第一条约定的授信额度。在授信期间内，乙方对已归还的授信额度可循环使用，授信期间内未使用的授信额度在授信期间届满后自动取消。

第七条　乙方必须在本合同第四条约定的授信期间内申请使用授信额度，每笔授信项目的开始使用日期不得超过授信期间的截止日，该截止日包括调整后授信期间的截止日。每笔授信项目的使用期限依所签的合同或协议约定。

第八条　本合同项下的银行承兑汇票、银行保函、国际贸易融资等业务中甲方应计收的费用，票据贴现的贴现率，贷款和进出口押汇业务中所需确定的利率、汇率等，除非在本合同中已有约定，否则均由甲方与乙方在每项授信业务的具体合同或协议中依法约定。

第九条　甲方与乙方就每一项具体授信所签订的合同或协议与本合同不一致的，以该合同或协议为准，但乙方一起对本合同项下或与本合同相关的具体业务合同或协议项下的任何和一切债务承担的连带责任不得因此无效或得以解除。

第四章　甲方的权利与义务

第十条　如果乙方申请使用授信额度符合本合同的约定，甲方应批准申请并按所签的合同或协议及时履行。

第十一条　除有本合同第六章约定情形外，甲方不得随意对授信期间和最高授信额度作出不利于乙方的调整。

第十二条　对乙方在本协议及具体协议项下的到期未付应付款项，甲方有权从乙方在甲方处及甲方其他机构开立的任何账户中扣款而无须事先征得乙方或其下属公司的同意，并且甲方有权对资金使用情况随时进行检查。

第五章　乙方的权利与义务

第十三条　对于授信资金的使用，应符合法律的规定和合同或协议的约定。

第十四条　在授信期间内按甲方要求不定期报送真实的财务报表及所有

开户银行账号、存贷款余额等情况。

第六章　担　保

第十五条　为保证本合同项下形成的债权能得到清偿，_____公司将与甲方签订编号为_____《最高额保证合同》（以下简称保证合同），为乙方履行本合同及与本合同相关的每笔具体业务合同或协议项下债务提供担保。

第七章　合同生效、变更和解除

第十六条　本合同自双方法定代表人或委托代理人签字和加盖公章后成立，与担保合同同时生效。本合同生效后，甲、乙双方任何一方不得擅自变更或提前解除本合同。需要变更或解除时，应经双方协商一致，并达成书面协议。

第八章　争议和解决

第十七条　甲、乙双方在履行本合同中如发生争议，首先由双方协商或者通过调解解决。如双方协商或调解不成，则应提交中国国际经济贸易仲裁委员会按照该会届时有效的仲裁规则在北京仲裁。仲裁裁决是终局的，对双方具有约束力。

第九章　附　则

第十八条　本合同一式二份，甲方与乙方各执一份，每份法律效力同等。

第十九条　甲方与乙方依据本合同就每一项具体授信所签订的合同或协议均为本合同的组成部分，并构成一个合同整体。

甲方：（公章）_____银行

法定代表人（或授权代表）：_____

乙方：（公章）_____有限公司

法定代表人（或授权代表）：_____

附录6

银行承兑协议

编号：

承兑申请人：＿＿＿＿＿＿＿＿＿＿＿＿＿

承　兑　行：＿＿＿＿＿＿＿＿＿银行

第一章　总　则

承兑申请人因商品交易需要，特向承兑行申请商业汇票银行承兑，承兑行经审查，同意根据本协议的条款和条件为承兑申请人办理商业汇票银行承兑业务。

为明确双方当事人的权利、义务，根据《中华人民共和国票据法》等法律、法规的规定，经承兑行和承兑申请人在平等、自愿基础上协商一致，特订立本协议。

第二章　银行承兑汇票内容

第一条　本协议项下的银行承兑汇票的出票人（承兑申请人）情况如下：

名　　称：＿＿＿＿＿＿＿＿＿＿＿＿＿

开 户 行：＿＿＿＿＿＿＿＿＿＿＿＿＿

账　　号：＿＿＿＿＿＿＿＿＿＿＿＿＿

第二条　本协议项下银行承兑汇票情况如下：

汇票号码	汇票金额（大写）	签发日	到期日	收款人全称、开户银行、账号	基础商品交易/劳务合同编号

第三条 出票人确认其委托承兑行无条件支付上述银行承兑汇票款项。

第三章 承兑手续费及费率

第四条 承兑申请人应按本协议第二条约定的银行承兑汇票票面金额的万分之 _____ （大写），共计（写明币种、金额大写）_____，向承兑行支付承兑手续费。

第五条 承兑申请人应于本协议第二条列示的银行承兑汇票由承兑行承兑时，向承兑行一次交清承兑手续费。

第四章 担 保

第六条 承兑申请人应于承兑行承兑之日向在承兑行处开立的专用账户（账户名：_____，账号：_____）中存入或汇入金额相当于银行承兑汇票票面金额百分之_____（大写）的保证金。在承兑行向持票人付款前，承兑申请人不得支取或动用该保证金。

第七条 本协议项下的银行承兑汇票的担保方式为：

由_____（保证人）提供连带责任保证担保，《保证合同》编号为_____。

由_____（抵押人）提供_____（抵押物）的抵押担保，《抵押合同》编号为_____。

由_____（出质人）提供_____（质物/出质权利）的质押担保，《质押合同》编号为_____。

本协议项下的银行承兑汇票属于_____年____月____日承兑申请人与承兑行签订的编号为_____的《综合授信协议》项下的单项业务合同，《综合授信协议》项下的所有担保方式均适用于本协议项下的银行承兑业务。

第八条 承兑行与担保人应就具体担保事项签订相应的担保合同。该担保合同独立于本协议，本协议无效不应导致该担保合同无效。

第五章 承兑申请人的陈述与保证

第九条 承兑申请人在此向承兑行作出如下陈述和保证：

1. 承兑申请人是一家依照中国法律成立并有效存续的法人实体/其他组

织，具有独立的民事行为能力，并享有充分的权力、授权及权利以其全部资产承担民事责任并从事经营活动。

2. 承兑申请人具有充分的权力、授权及权利签署本协议及进行本协议项下的交易，并已采取或取得所必要的所有法人行为及其他的行动和同意以授权签署和履行本协议。本协议由承兑申请人的法定代表人或其委托代理人有效签章，并加盖公章。

3. 承兑申请人已取得为签署本协议所需的一切政府部门的批准和第三方同意，承兑申请人签署及履行本协议不违反其法人组成文件/批准文件（如有）及其作为一方当事人的任何其他合同或协议。

4. 承兑申请人已仔细阅读并完全理解接受本协议的内容，承兑申请人签署和履行本协议是自愿的，其在本协议项下的全部意思表示真实。

5. 承兑申请人申请本协议项下的银行承兑汇票是以真实、合法的商品、劳务交易为基础，且本协议第二条所列示的基础交易合同真实有效。

6. 承兑申请人如实向承兑行提供信用调查、审查过程中需要的资料，积极配合承兑行的调查和审查。

7. 为确保本协议的合法性、有效性或可强制执行性，承兑申请人已完成或将完成所需的所有登记或备案手续。

8. 本合同是合法有效的，对承兑申请人构成具有法律约束力的义务。

9. 未发生或存在任何违约事件。

承兑申请人的上述陈述和保证在本协议有效期内须始终保持正确无误。

第六章 承兑申请人的承诺

第十条 承兑申请人向承兑行承诺如下：

1. 承兑申请人应遵守与本协议有关的一切法律和法规，严格履行和遵守本协议项下的责任和义务。

2. 承兑申请人应及时将有关承兑申请人的任何重大事项及可能影响本协议项下责任和义务的履行的任何事件通知承兑行。在承兑行认为该等事件可能影响本协议项下责任和义务的履行时，承兑行可要求承兑申请人提供进一步的、承兑行认可的担保。

3. 承兑申请人应立即通知承兑行任何以下事件：

（1）任何违约事件的发生；

（2）任何涉及承兑申请人的诉讼、仲裁或行政程序。

4. 承兑申请人于本协议项下的银行承兑汇票到期前将票款足额存入其在承兑行开立的账户上，由承兑行于银行承兑汇票到期日将该款项支付给持票人。

5. 承兑申请人与持票人之间在任何情况下发生和存在的任何纠纷，不构成其拒绝履行本协议项下责任和义务的理由。

6. 如果承兑行在银行承兑汇票项下垫付任何款项，该等垫付款项自垫付之日起即转成承兑申请人欠付承兑行的逾期贷款，无须签订其他形式的合同和协议，承兑申请人对该逾期贷款承担还款义务，并须按照本协议约定的逾期罚息利率向承兑行支付利息，直至逾期贷款本息全部清偿为止。如承兑申请人未能支付该等利息，承兑行有权计收复利。

第七章 其 他

第十一条 协议双方应当对为签署和履行本协议的目的而了解到的对方有关其债务、财务、生产、经营资料及情况保密，但依法需要披露的情形除外。

第十二条 如果在任何时候，本协议的任何条款在任何方面是或变得不合法、无效或不可执行，本协议其他条款的合法性、有效性或可执行性不受任何影响或减损。

第十三条 本协议的小标题仅为方便阅读而加入，不得被用于协议的解释或任何其他目的。

第十四条 本协议双方互相发出的与本协议有关的通知、要求，应以书面方式作出，发送至本协议首页列出的有关方的地址或传真。任何一方如变更其地址或传真，需及时通知对方。

双方之间的文件往来，如以专人送递，在交付后即被视为送达；如以挂号信方式发送的，在挂号信寄出后 3 日即被视为送达；如以传真发送，在发出时即被视为送达。但承兑申请人发给承兑行的文件，则需在承兑行实际收到后方可视为送达。

第八章 协议的生效、变更和解除

第十五条 本协议经承兑申请人和承兑行双方法定代表人（或委托代理人）签章并加盖公章后成立，至本协议第四章约定的条件满足后与担保合同同时生效。

第十六条　本协议生效后，承兑申请人和承兑行任何一方不得擅自变更或提前解除本协议，如需变更或解除本协议时，应经承兑申请人和承兑行双方协商一致，并达成书面协议。书面协议达成之前，不影响本协议条款效力。

第九章　附　则

第十七条　本协议正本一式_____份，承兑申请人_____份、承兑行_____份，具有同等法律效力。

第十八条　本协议于_____年___月___日于_____签订。

（此页为合同双方签署页，无正文）

承兑申请人（盖章）

法定代表人：
（或委托代理人）

承兑行（盖章）

法定代表人/负责人：
（或委托代理人）

讨论题

1. ××电力公司是银行的黄金客户，准备在四川建设一个大型火电厂，项目建设期2年，发电量预计70万千瓦，预计投资金额30亿元，公司主要支出：

（1）建设期：支付工程款、采购电力设备等费用。

（2）经营期：采购煤炭、支付工程维护费用等。

公司邀请各家银行投标，请设计银行的综合融资服务方案。

要求：能够有效降低企业的融资成本，同时能够实现银行的交叉营销。

2. ××交通集团是特大型企业集团，公司在省内有超过15家子公司，公司执行原材料的统一采购，集团统一对外支付，公司是银行的重点客户，但是公司在银行一直是单一贷款较大，沉淀资金很少。请设计银行的综合融资服务方案。

要求：能够有效降低企业的融资成本，同时能够实现银行的关联营销。

3. ××电器集团是特大型家电企业集团，公司在省内成立有多家专业子公司，空调子公司、电视子公司、小家电子公司，公司希望能够强化集团内的票据集中管理。

要求：能够有效降低企业的融资成本，同时能够实现一定的票据理财。

4. ××汽车制造有限公司是特大型汽车制造集团，公司在全国有超过30家经销商，公司对这些经销商有着强大的控制力，该公司资金流非常好。请设计金融服务方案。

要求：能够有效降低帮助企业促进该公司产品的销售，实现银行的供应链营销。

5. 北京××钢铁经销集团为特大型钢铁经销商，为北京首钢一级经销商，公司有超过15家二级经销商，集团年销售钢铁超过30亿元，公司每年收到大量银行承兑汇票，请设计以票据为核心的金融服务方案。

要求：能够有效降低企业的财务费用，保证钢材的顺畅采购，实现银行的供应链营销。

6. 武汉××钢铁经销集团为特大型钢铁经销商，为武汉钢铁集团一级经销商，集团年销售钢铁超过 40 亿元，公司大量从武钢采购钢铁，由于冬季厂商提供较多折扣，企业需要提前打款订货，希望银行能够提供银行承兑汇票支持。

基础条件：该公司为流通企业，本身不能提供有效的担保，也没有房产供抵押。

请设计以票据为核心，以货物为抵押的融资金融服务方案。

7. 北京××房地产开发有限公司为本地的知名房地产企业，公司的上游合作单位包括北京××建设公司、北京××混凝土供应公司、北京××灯具有限公司、北京××家电有限公司等。银行为其核定 2 亿元授信，请设计供应链融资方案。

8. 青岛××房地产开发有限公司为本地中小房地产公司，公司管理规范。公司承揽本地某烟草公司职工宿舍楼开发项目，预计项目总投资达到 3 亿元，某烟草公司提供地皮，并提供 3000 万元预付款。青岛××房地产开发有限公司可以自筹 7000 万元资金，缺口 2 亿元资金向银行申请贷款。

请设计融资方案，要求能够控制银行融资风险，同时交叉销售银行卡等。

9. ××油料有限公司常年从新加坡进口燃料油，向中石化某炼化有限公司供应燃料，中石化某炼化有限公司一般为收到燃料后 15 天内付款。

请设计供应链融资方案，要求能够控制银行融资风险，同时交叉销售多项银行产品。

提示：可以引入专业的物流公司。

立金银行培训中心名言

1. 贷前问用途做沙盘推演；贷后问效果懂得复盘。要做个有心的客户经理，在申报信贷项目时，要仔细甄别企业的借款用途，看用途是否合理；在办理信贷项目后，要看企业使用信贷资金后的经营效果，对企业使用信贷资金的效果进行评价，扎扎实实控制风险。

2. 每个客户经理必须记住，要做好"对公信贷＋现金管理"业务的捆绑销售，在销售对公信贷的同时销售现金管理，以销售现金管理业务促进对公信贷销售。对公信贷为企业提供不断的融资，为银行创造利润；现金管理业务牢牢控制企业的经营现金流，牢牢控制银行信贷风险。

3. 没有授信就没有存款，没有存款就没有贷款，没有贷款就没有利润。所以说银行是授信立行，请牢牢记住。存款和利润都是正确经营授信业务的结果。

4. 银行客户经理，首先应该熟悉自己的产品，找出银行产品亮点，找到客户需要和银行产品功能契合点，然后把银行产品功能全面展示出来。产品需要由我们的客户来定义，我们更需要在实践中去把握产品背后隐藏的东西，让客户感觉到这个产品对客户非常适用。

5. 供应链融资不是一定做钢铁、汽车等热门行业，每个行业都可以做供应链融资，针对一个中小企业的付款采购环节，我们有效控制企业的信贷资金，不是简单地提供流动资金贷款，而是多提供商业承兑汇票，这就是最简单、最实惠的供应链融资。

6. 刺激企业使用银行承兑汇票额度的方法——灵活定价：缴存50%的保证金，可以5个月填满敞口；缴存40%的保证金，可以4个月填满敞口；缴存10%的保证金，必须1个月填满敞口。通过这种灵活的用信方式，银行会获得惊人的存款回报。

7. 票据有两种变现方式，一种是贴现，另一种是质押，两种方式属于平行的方式。贴现会给我们贡献利润，质押会给我们贡献存款。银行应当根据客户的承受能力和银行的考核指标来选择营销的思路。

8. 做客户经理，你如果想要有所成就，首先就要耐得住寂寞，因为成功的钥匙往往就藏在寂寞的口袋里。对于那些成功的行长和客户经理，大部分人总是惊叹于他们夺目的光环，却很少看到他们成功之前的寂寞。"宁忍一时之寂寞，不受一世之凄凉。"只要能在每一个寂寞的日子里辛勤耕耘，总有一天，你会看到成功的花儿朵朵绽放。

9. 给所有客户经理一个最真实的忠告，"最好的资源是自己，最好的客户是中小，最好的产品是授信"。在拉存款问题上，这个世界靠谁都靠不住，还是要靠自己。银行营销客户最好选择一些中小的客户，这些客户忠诚度较好，营销较为容易，积小胜为大胜。银行客户经理最应当学习的银行产品是授信产品，请牢牢记住。

10. 银行应当建立自己精准的客户定位，然后再根据客户定位决定产品定位，在产品中，还要区分哪些产品是做存款的，哪些产品是做利润的，通过营销建立自己的客户组合和产品组合，并且让每一款产品都有竞争力，每个客户都有极好的贡献度。客户经理要把每个客户，每个产品作为完成自己任务指标的抓手。

常用银行公司业务信贷产品（100个）

票据类	保函类	信用证	贷款	承诺及投行	供应链融资
敞口银行承兑汇票	投标保函	全额保证金国内证	流动资金贷款	固定资产贷款承诺函	明保理
全额保证金银行承兑汇票	履约保函	敞口国内信用证	项目贷款	流动资金贷款承诺函	暗保理
准全额保证金银行承兑汇票	预付款保函	银票质押国内证	股权质押贷款	贷款＋保理	反向保理
买方付息	质量保函	商票质押国内证	增发贷款	法人透支承诺	保理银票
代理贴现	预售资金监管保函	国内信用证买方押汇	并购贷款	信贷证明	
银票拆分	安全生产保函	国内信用证卖方押汇	商标权质押贷款	流动性支持承诺函（发债）	买方信贷
商票保贴	并购保函	国内信用证议付	固定资产贷款	意向性授信承诺	出口退税账户质押贷款
商票保押银票	后续出资保函	国内信用证福费廷	小镇贷款	集团授信承诺	新能源补贴质押贷款
票据池	租赁保函	国内信用证银票议付	飞机融资	主动授信	投标定向贷款
银票错配	监管保函		房地产开发贷款	商票保兑承诺	政府购买贷款
银票提前填满敞口	PPP项目投标保函	进口信用证	住房按揭贷款	短融	政府中标贷款
银票收益权融资	PPP项目履约保函	进口信用证押汇	委托贷款	中票	海陆仓贷款
商票收益权融资	PPP项目交付保函		军品见证贷款		封闭动产质押贷款
银票质押贷款	海关关税保函		银团贷款		
商票拆分	业绩承诺保函	出口信用证打包贷款			三方保兑仓
财票贴现	双向保函	出口信用证议付			四方保兑仓
小票换大票	税收保函				